# Sammlung

# Aufserdeutscher Strafgesetzbücher

in Deutscher Uebersetzung.

Herausgegeben von der Redaktion

der

**Zeitschrift für die gesamte Strafrechtswissenschaft.**

XIII.

**Strafprozefs-Ordnung für das Königreich Ungarn.**

BERLIN.

**J. Guttentag, Verlagsbuchhandlung,**

G. m. b. H.

1899.

# Strafprozefs-Ordnung

für

## das Königreich Ungarn.

---

Sanktioniert am 4. Dezember 1896.

BERLIN.
**J. Guttentag, Verlagsbuchhandlung,**
G. m. b. H.
1899.

# Inhalt.


| | | | Seite |
|---|---|---|---|
| I. | Kapitel. | Allgemeine Bestimmungen. §§ 1—13 . . . . | 1 |
| II. | „ | Richterlicher Wirkungskreis und Zuständigkeit. §§ 14—32 . . . . . . . . . . . . . . . . | 4 |
| III. | „ | Die königl. Staatsanwaltschaft. §§ 33—40 . . | 7 |
| IV. | „ | Der Privatankläger und die Privatpartei. §§ 41 bis 52 . . . . . . . . . . . . . . . . . | 9 |
| V. | „ | Die Verteidigung. §§ 53—63 . . . . . . . | 14 |
| VI. | „ | Ausschliefsung und Ablehnung von Richtern, Protokollführern und von Mitgliedern der königl. Staatsanwaltschaft. §§ 64—76 . . . . . . . | 17 |
| VII. | „ | Entscheidungen des Gerichts und Mitteilung derselben. §§ 77—82 . . . . . . . . . . . . | 19 |
| VIII. | „ | Die Nachforschung. §§ 83—101 . . . . . . | 21 |
| IX. | „ | Die Untersuchung. §§ 102—129 . . . . . . | 26 |
| X. | „ | Die Ladung des Beschuldigten vor die Behörde und Verhör desselben. §§ 130—140 . . . . . | 33 |
| XI. | „ | Vorläufige Festnahme und Untersuchungshaft. §§ 141—168 . . . . . . . . . . . . . . | 37 |
| XII. | „ | Beschlagnahme, Haus- und Leibesdurchsuchung. §§ 169—191 . . . . . . . . . . . . . . | 47 |
| XIII. | „ | Zeugen. §§ 192—224 . . . . . . . . . . | 53 |
| XIV. | „ | Richterlicher Augenschein und Sachverständige. §§ 225—253 . . . . . . . . . . . . . . | 60 |
| XV. | „ | Die Anklageschrift, die Einwendungen und das hierauf bezügliche Verfahren. §§ 254—280 . . | 69 |
| XVI. | „ | Unmittelbare Ladung zur Hauptverhandlung. §§ 281—284 . . . . . . . . . . . . . . | 76 |
| XVII. | „ | Vorbereitung der Hauptverhandlung. §§ 285—292 | 77 |
| XVIII. | „ | Hauptverhandlung vor dem Gerichtshofe. §§ 293 bis 336 . . . . . . . . . . . . . . . . | 80 |
| XIX. | „ | Hauptverhandlung vor dem Schwurgerichte. §§ 337—377 . . . . . . . . . . . . . . | 96 |
| XX. | „ | Rechtsmittel und Ausbesserung. §§ 378—443 . | 108 |

| | | | Seite |
|---|---|---|---|
| XXI. | Kapitel. | Wiederaufnahme. §§ 444—462 | 129 |
| XXII. | „ | Rechtfertigung. §§ 463—468 | 135 |
| XXIII. | „ | Verfahren gegen Unbekannte, Abwesende und Flüchtige. §§ 469—473 | 137 |
| XXIV. | „ | Verfahren in Auslieferungsangelegenheiten. §§ 474—476 | 138 |
| XXV. | „ | Verfahren im Falle des § 62 des Gesetzes-Artikels V vom Jahre 1878. §§ 477 und 478 | 139 |
| XXVI. | „ | Die Kosten des Strafverfahrens. §§ 479—485 | 140 |
| XXVII. | „ | Geltendmachung und Sicherstellung des privatrechtlichen Anspruches. §§ 486—493 | 142 |
| XXVIII. | „ | Vollzug. §§ 494—520 | 144 |
| XXIX. | „ | Verfahren vor dem Bezirksgerichte. §§ 521—560 | 151 |
| XXX. | „ | Verfahren einer im Wege einer Druckschrift begangenen strafbaren Handlung. §§ 561—575 | 165 |
| XXXI. | „ | Entschädigung im Falle der unschuldig erlittenen vorläufigen Festnahme, Untersuchungshaft und Strafe. §§ 576—589 | 167 |
| XXXII. | „ | Schlufsbestimmungen. §§ 590—592 | 170 |

# Gesetz-Artikel vom Jahre 1896,

## über die Strafprozefs-Ordnung.

(Sanktioniert am 4. Dezember 1896. — Kundgemacht im „Országos Törvénytár" am 22. Dezember 1896.)

---

### I. Kapitel.

#### Allgemeine Bestimmungen.

§ 1. In einer Strafsache kann ein Gerichtsverfahren nur im Sinne des Gesetzes, auf Grund einer Anklage und nur gegen denjenigen eingeleitet werden, welchen ein gewichtiger Verdacht eines Verbrechens, Vergehens oder einer Übertretung belastet.

Wegen einer strafbaren Handlung kann eine andere Strafe nicht angewendet werden, als welche eine mit der richterlichen Gewalt gesetzlich bekleidete Behörde im gesetzlichen Verfahren verhängt hat.

§ 2. Die Anklage vertritt in der Regel die königl. Staatsanwaltschaft.

In den im § 42 bestimmten Fällen kann anstatt der königl. Staatsanwaltschaft der Verletzte (§ 13) die Vertretung der Anklage übernehmen.

Hinsichtlich einer im Sinne der Strafgesetze nur über Bevollmächtigung oder auf Verlangen zu verfolgenden strafbaren Handlung ist zur Vertretung der Anklage ausschliefslich die königl. Staatsanwaltschaft berechtigt.

Im Falle eines über Privatanklage zu verfolgenden Vergehens und einer Übertretung (§ 41) vertritt die Anklage in erster Reihe und in der Regel der Verletzte.

§ 3. Wegen einer nur über Privatantrag zu verfolgenden strafbaren Handlung kann vor der Antragstellung (§ 90) eine Nachforschung nicht stattfinden, eine Anklage nicht erhoben werden, und ein richterliches Verfahren nicht statthaben.

§ 4. In jenen Fällen, in welchen die Verfolgung irgend einer strafbaren Handlung im Sinne der Strafgesetze von einer Bevollmächtigung oder einem Verlangen abhängt, kann das ohne Erteilung derselben, beziehungsweise ohne Stellung des letzteren eingeleitete Verfahren über die Nachforschung hinaus sich nicht erstrecken.

§ 5. Der Verletzte oder dessen Rechtsnachfolger kann bis zur Beendigung der Hauptverhandlung, beziehungsweise der bezirksgerichtlichen Verhandlung auch beim Strafgerichte seinen privatrechtlichen Anspruch gegen den Thäter und den Teilnehmer, sowie den Hehler und den Begünstiger geltend machen.

In diesem Falle erstreckt sich das Strafverfahren und das Urteil auch auf den privatrechtlichen Anspruch.

Wenn es jedoch erwiesen ist, dafs das Zivilgericht bezüglich des privatrechtlichen Anspruches bereits geurteilt hat, oder vor demselben ein Prozefs anhängig ist, oder wenn die Klarstellung des Anspruches die Beendigung des Strafverfahrens bedeutend verzögern würde, so entscheidet das Zivilgericht über die privatrechtliche Forderung.

Gegen diesen Beschlufs ist ein Rechtsmittel nicht zulässig.

§ 6. Der privatrechtliche Anspruch kann nur vor dem Zivilgerichte geltend gemacht werden:

1. wenn die als Grundlage des Anspruches dienende strafbare Handlung im Sinne der Strafgesetze nicht strafbar ist, beziehungsweise wenn wegen desselben das Strafverfahren nicht eingeleitet werden kann;

2. wenn das Strafverfahren auf unbestimmte Zeit ausgesetzt ist, oder

3. wenn das Strafgericht die Angelegenheit mittelst eines Strafbefehles (§ 532) beendet hat.

§ 7. Wenn die Feststellung dessen, ob und welche strafbare Handlung vorliege, von der vorhergehenden Entscheidung einer öffentlich- oder privatrechtlichen Frage abhängig ist, entscheidet das Strafgericht in dieser Frage nach diesem Verfahren.

Das auf eine derartige vorläufige privatrechtliche Frage bezügliche Erkenntnis des Gerichtes, oder welcher anderen Behörde immer ist für das Strafgericht in der Frage der Strafbarkeit nicht bindend.

Wenn eine hinsichtlich der Entscheidung der Strafsache erhebliche privatrechtliche Frage nur auf Grund eines längeren Verfahrens entschieden werden kann, so kann das Strafgericht einen der Interessenten unter Festsetzung eines Präklusivtermins auf ein besonderes Verfahren verweisen und das Ergebnis des einzuleitenden oder bereits eingeleiteten Verfahrens abwarten.

In der Regel ist das Urteil des Zivilgerichtes abzuwarten, und bis dahin das Strafverfahren auszusetzen, wenn die Vorfrage sich auf die Giltigkeit oder Ungiltigkeit einer Ehe bezieht.

Wenn die zu einem besonderen Verfahren angewiesene Partei dasselbe innerhalb der anberaumten Frist nicht einleitet, oder wenn die Beendigung des eingeleiteten besonderen Verfahrens sich derart verzögert, dafs die Vereitelung des Zweckes des Strafverfahrens zu besorgen steht, kann das Strafverfahren fortgesetzt werden.

§ 8. Bei Einleitung des Strafverfahrens ist die in den Strafgesetzen festgestellte Qualifikation der strafbaren Handlung mafsgebend.

Jene Umstände, infolge welcher das Verbrechen auf Grund des § 92 des Ges.-Art. V vom Jahre 1878 in ein Vergehen umzuwandeln ist, sind nur bei der Urteilsfällung in Betracht zu nehmen.

Insofern in diesem Gesetze die Anwendung irgend einer Verfügung auf den Thäter von der Art oder der Dauer der in den Strafgesetzen auf die strafbare Handlung festgesetzten Strafe abhängig gemacht ist, erstreckt sich diese Verfügung auch auf die des Versuches oder der Teilnahme an der strafbaren Handlung Beschuldigten.

§ 9. Die vorgehenden Behörden und behördlichen Organe sind verpflichtet die belastenden und erschwerenden, sowie die Milderungs- und entlastenden Umstände mit gleicher Sorgfältigkeit in Erwägung zu ziehen. Sie sind ferner verpflichtet, den Beschuldigten über die ihm zustehenden Rechte und den Gebrauch der gestatteten Rechtsmittel auch in jenen Fällen zu unterrichten, in welchen das Gesetz dies ausdrücklich nicht anordnet.

§ 10. Dringende Verfügungen sind auch an Sonn- und Feiertagen anzuordnen und auszuführen.

§ 11. Die in diesem Gesetze festgesetzten Termine können nur in den besonders bestimmten Fällen verlängert werden.

In den Termin ist der Tag nicht einzurechnen, an welchem die den Beginn des Termins feststellende Verfügung, Handlung oder das Ereignis erfolgte.

Der Sonn- oder ein Feiertag nach gregorianischem Kalender kann nicht eingerechnet werden, wenn derselbe auf den letzten Tag des Termins fällt.

§ 12. Die auf Grund dieses Gesetzes bemessenen Geldstrafen und Geldbufsen sind zu denselben Zwecken zu verwenden, zu welchen die auf Grund der Strafgesetze bemessenen bestimmt sind.

Die uneinbringliche Geldbufse kann niemals, die uneinbringliche Geldstrafe aber kann nur in jenen Fällen in Einsperrung umgewandelt werden, in welchen dieses Gesetz es gestattet. Ein fünf Kronen nicht übersteigender Betrag kann in Einsperrung bis zu zwölf Stunden, ein Betrag von fünf bis zwanzig Kronen aber in eine eintägige Einsperrung umgewandelt werden.

§ 13. Unter Ankläger sind sowohl die königl. Staatsanwaltschaft, als der Haupt- und Ersatz-Privatkläger (§§ 41 und 42) zu verstehen.

Beschuldigter ist derjenige, gegen welchen das Strafverfahren im Zuge ist.

Der einer strafbaren Handlung Verdächtigte ist jener Beschuldigte, gegen welchen die Anordnung der Untersuchung noch nicht beantragt, oder die Anklageschrift nicht eingereicht ist.

Angeklagter ist jener Beschuldigte, gegen welchen ein Anklagebeschlufs gefafst, oder ohne Anklagebeschlufs die Hauptverhandlung angeordnet worden ist.

Unter Parteien sind zu verstehen: die königl. Staatsanwaltschaft, der Haupt- und Ersatz-Privatankläger, sowie derjenige, gegen welchen ein Strafverfahren im Zuge ist.

Verletzter ist derjenige, dessen Recht irgend eine begangene oder versuchte strafbare Handlung verletzt oder gefährdet hat.

Unter dem Verletzten ist auch dessen gesetzlicher Vertreter, und wenn er nicht besonders erwähnt ist, auch der zum Privatantrag Berechtigte zu verstehen.

Eine Privatpartei (§ 51) ist derjenige Verletzte oder sein Rechtsnachfolger, der behufs Geltendmachung des privatrechtlichen Anspruches sich dem Strafverfahren angeschlossen hat.

Zum Privatantrage berechtigt ist jenes Privatindividuum, von dessen Antrag (§ 110 Ges.-Art. V vom Jahre 1878) die Einleitung des Strafverfahrens abhängt.

Das Wort „Militär" bezieht sich auf die Armee, die Kriegsmarine, die Landwehr, den Landsturm und die Gendarmerie.

Unter bewaffneter Macht (§ 2 Ges.-Art. VI vom Jahre 1889) sind die Armee, die Kriegsmarine, die Landwehr und der Landsturm zu verstehen.

## II. Kapitel.

### Richterlicher Wirkungskreis und Zuständigkeit.

§ 14. Den Wirkungskreis der Strafgerichte bestimmt ein besonderes Gesetz.

§ 15. Seinen Wirkungskreis und seine Zuständigkeit untersucht das Gericht von Amtswegen.

§ 16. Zum Strafverfahren ist in der Regel dasjenige Gericht zuständig, auf dessen Gebiet die strafbare Handlung verübt worden ist, wenn auch das Ergebnis anderswo eingetreten ist.

Wenn die strafbare Handlung auf dem Gebiete mehrerer Gerichte, oder an der Grenze des Gebietes mehrerer Gerichte verübt worden, oder wenn es ungewifs ist, auf welchem Gerichtsgebiete sie verübt wurde, so ist von diesen Gerichten jenes zuständig, welches dem andern zuvorgekommen ist.

Ein Zuvorkommen obwaltet dann, wenn in der betreffenden Angelegenheit das eine Gericht früher als das andre irgend einen Beschlufs gefafst oder irgend welche Verfügung getroffen hat.

Wenn der Ort der Verübung vor Einreichung der Anklageschrift offenkundig geworden, so ist das Verfahren bei dem nach dem Verübungsort zuständigen Gerichte fortzusetzen.

§ 17. Das Gericht, auf dessen Gebiet der Beschuldigte wohnt oder sich aufhält, wird dann zuständig, wenn es dem Gerichte des Ortes, wo die That verübt wurde, zuvorgekommen ist.

Auch in diesem Falle jedoch ist die Sache an das nach dem Verübungsorte der That zuständige Gericht abzutreten, wenn die königl. Staatsanwaltschaft dies vor Einreichung der Anklageschrift beantragt. Über die bis zu dem obenbezeichneten Zeitpunkte vorgebrachte Bitte des Privatanklägers oder des Beschuldigten kann der Anklagesenat des nach dem Wohn- oder Aufenthaltsorte zuständigen Gerichtshofes die Abtretung der Angelegenheit anordnen.

Das nach dem Verübungsorte zuständige Gericht kann die an dasselbe abgetretene Angelegenheit nicht zurückweisen.

§ 18. Das Gericht des Thäters ist zuständig bezüglich des Mitschuldigen, des Hehlers und des Begünstigers sowie auch bezüglich sonstiger von denselben gesondert oder mit andern vereint verübten strafbaren Handlungen.

Wenn die strafbare Handlung des Mitschuldigen, des Hehlers oder des Begünstigers eine so schwere ist, dafs auf dieselbe der Wirkungskreis des Gerichtes des Thäters sich nicht erstreckt, wird dasjenige Gericht vorgehen, welches zuständig wäre, wenn die strafbare Handlung des Thäters eine gleich schwere wäre.

Die nach diesem Paragraphen zusammenhängenden Angelegenheiten sind womöglich zu vereinen und mittelst Gesamturteiles zu erledigen.

§ 19. Wenn ein und dasselbe Individuum mehrere strafbare Handlungen belasten, sind die abgesondert anhängigen Angelegenheiten in der Regel zu vereinen und in denselben nach Möglichkeit ein Gesamturteil zu fällen.

Zur Vereinigung und zum ferneren Verfahren ist unter mehreren zuständigen Gerichten jenes berufen, dessen Wirkungskreis keine der strafbaren Handlungen überschreitet. Sind solcher Gerichte mehrere, so geht unter diesen das in Hinsicht auf die schwerste strafbare Handlung kompetente Gericht, im Zweifelfalle aber jenes Gericht vor, welches den übrigen zuvorgekommen ist.

Wenn jedoch jemand eine vor das Schwurgericht gehörige und eine sonstige strafbare Handlung belastet, so ist bezüglich aller dieser Angelegenheiten zum Ausspruche der Vereinigung und zum ferneren Verfahren das Schwurgericht zuständig. Diese Vorschrift kann nicht angewendet werden, wenn von den zusammenhängenden strafbaren Handlungen jene, welche vor das Schwurgericht gehört, mittelst einer Druckschrift begangen worden ist. Im Falle von mittelst einer Druckschrift begangenen mehreren strafbaren Handlungen kann die Vereinigung dieser Angelegenheiten ausgesprochen werden.

§ 20. Mit andern strafrechtlichen Angelegenheiten können jene nicht vereint werden, in welchen das Gericht erster Instanz bereits ein Urteil oder einen Einstellungs-Bescheid erbracht hat.

Die zu einem einzelnen Gerichtshofe als Ausnahmsgericht gehörenden Angelegenheiten, die mittelst einer Druckschrift begangenen, und vor das Schwurgericht gewiesenen Angelegenheiten, ferner die Gefälls-Übertretungs-Angelegenheiten können dem zuständigen Gerichte aus dem Grunde des Zusammenhanges (§§ 18 und 19) nicht entzogen werden.

§ 21. Das auf Grund der §§ 18 und 19 vorgehende Gericht kann aus wichtigen Gründen die Vereinigung und vereinte Erledigung der Angelegenheiten unterlassen oder einstellen und das Verfahren in einzelnen Angelegenheiten oder gegen einzelne Beschuldigte abgesondert fortsetzen, eventuell einer andern zuständigen Behörde überlassen.

Die zuständige Behörde kann die an sie abgetretene Angelegenheit nicht zurückweisen.

§ 22. Wenn jenes Gericht, welches in Betreff einer im übrigen vor eine Behörde mit geringerem Wirkungskreise gehörenden Angelegenheit auf Grund des Zusammenhanges der Angelegenheiten oder aus dem Grunde vorgeht, weil der Ankläger die Handlung schwerer qualifizierte, hinsichtlich der seine Zuständigkeit feststellenden strafbaren Handlung das Verfahren vor Anordnung der Hauptverhandlung eingestellt hat; so überläfst es bezüglich der vor die Behörde mit geringerem Wirkungskreise gehörenden strafbaren Handlung das fernere Verfahren der im übrigen zuständigen Behörde.

§ 23. Im Falle gegenseitiger Ehrenbeleidigung, Verläumdung oder körperlicher Verletzung ist jenes Gericht, welches auf Grund der einen Anklage das Verfahren eingeleitet hat, insolang als es das Verfahren mittelst Urteils oder Einstellungsbescheides nicht beendet hat, auch bezüglich des Verfahrens auf Grund der andern Anklage zuständig, insofern die Beurteilung der letzteren Anklage seinen Wirkungskreis nicht übersteigt. Das Gericht kann diese Angelegenheiten vereinen, vereint verhandeln und mit einem Urteile erledigen.

Im Falle einer wegen sofort erwiderter wechselseitiger Ehrenbeleidigung (§ 275 Ges.-Art. V vom Jahre 1878) erhobenen Widerklage sind demungeachtet diese Angelegenheiten vereint zu verhandeln und mit einem Urteile zu erledigen.

Das Fallenlassen der einen Anklage hindert nicht die Fortsetzung des auf Grund der anderen Anklage eingeleiteten Verfahrens.

§ 24. Wenn im Falle des § 62 Ges.-Art. V vom Jahre 1878 das Strafverfahren gegen niemanden eingeleitet werden kann, ist zur Rechtsprechung hinsichtlich der Konfiskation und Vernichtung jener Gerichtshof zuständig, dessen Untersuchungsrichter die Beschlagnahme der Druckschrift, der Schrift oder bildlichen Darstellung, beziehungsweise der Muster oder Platten zuerst angeordnet hat.

§ 25. Hinsichtlich einer im Auslande begangenen strafbaren Handlung ist zum Verfahren jenes ungarische Gericht zuständig, auf dessen Gebiet der Beschuldigte wohnt oder sich aufhält.

In Ermangelung eines Wohn- oder Aufenthaltsortes ist jenes Gericht zuständig, auf dessen Gebiet der Beschuldigte in die Gewalt der ungarischen Behörde gelangt ist.

Ist die strafbare Handlung auf einem ungarischen Schiffe, jedoch im Ausland oder auf hoher See begangen worden, so ist in gleicher Weise jenes ungarische Gericht zuständig, auf dessen Gebiet der Ausgangs-Hafen (Mutter-Hafen), ferner jenes, auf dessen Gebiet jener ungarische Hafen gelegen ist, wohin das Schiff zuerst anlangte, schliefslich jenes ungarische Gericht, auf dessen Gebiet der Schuldige habhaft gemacht worden ist. Unter diesen Gerichten entscheidet das Zuvorkommen.

Hinsichtlich einer durch einen im Auslande die Exterritorialität oder die persönliche Immunität geniefsenden ungarischen Staatsbürger dort begangenen strafbaren Handlung ist jenes ungarische Gericht zuständig, auf dessen Gebiet der Beschuldigte zuletzt gewohnt hat, und wenn ein solcher Wohnort nicht festgestellt werden kann, das Budapester Gericht.

§ 26. Die Zuständigkeit bestimmt nach Anhörung des Kronanwaltes die königl. Kurie, wenn eine ausländische Behörde einer ungarischen Behörde die Auslieferung eines einer strafbaren Handlung beschuldigten Individuums anbietet, oder wenn auch ohne dem um die Auslieferung eines solchen Individuums angesucht werden mufs, und die Zuständigkeit zweifelhaft ist.

Wenn jedoch vor Anordnung der Hauptverhandlung die ordentliche

Zuständigkeit unzweifelhaft geworden ist, so hat das durch die königl. Kurie bezeichnete Gericht die Angelegenheit dem nach den ordentlichen Vorschriften zuständigen Gericht abzutreten.

§ 27. Wenn eine ausländische Behörde um die Auslieferung ersucht, so ist zur erforderlichen Amtshandlung jener Gerichtshof zuständig, auf dessen Gebiet das auszuliefernde Individuum wohnt, oder sich aufhält, wenn aber dies nicht festgestellt werden kann, jener Gerichtshof, auf dessen Gebiet dasselbe zu stande gebracht wurde.

§ 28. Über hinsichtlich des Wirkungskreises oder der Zuständigkeit entstehende Konflikte entscheidet endgiltig, nach Anhörung des königl. Staatsanwaltes, der königl. Gerichtshof, wenn der Konflikt zwischen den in seinem Sprengel befindlichen königl. Bezirksgerichten entstanden ist; in sonstigen Fällen nach Anhörung des königl. Ober-Staatsanwaltes die königl. Gerichtstafel, wenn der Konflikt zwischen den auf ihrem Gebiete befindlichen königl. Gerichten und nach Anhörung des königl. Kronanwaltes die königl. Kurie, wenn der Konflikt zwischen auf dem Gebiete verschiedener königl. Gerichtstafeln befindlichen königl. Gerichten oder zwischen mehreren königl. Gerichtstafeln entstanden ist.

§ 29. Die königl. Kurie delegiert auf Grund des Antrages, welcher immer der Parteien oder über Vorstellung des Gerichtes, nach Anhörung des Kronanwaltes, statt des zuständigen Gerichtes ein anderes mit gleichem Wirkungskreise:

1. wenn das zuständige Gericht aus dem Grunde der Ausschliefsung (§§ 64—66) nicht vorgehen kann; oder

2. wenn vom zuständigen Gerichte oder von den an seiner Seite zur Mitwirkung berufenen Geschworenen ein unparteiisches Vorgehen und ein solcher Beschlufs nicht erwartet werden kann.

Ein anderes Gericht kann die königl. Kurie auf Grund des Antrages des Kronanwaltes auch dann entsenden, wenn sie es im Interesse des öffentlichen Friedens oder der öffentlichen Sicherheit für notwendig erachtet.

§ 30. Dieses Gesetz berührt die auf den Wirkungskreis der Militärgerichte bezüglichen Vorschriften nicht.

§ 31. Wenn dem Beschuldigten die Begünstigung der Exterritorialität oder der persönlichen Immunität zukommt, oder wenn diesbezüglich ein Zweifel auftaucht, so ist von diesem Falle vor Einleitung des Strafverfahrens, oder wenn dieses bereits eingeleitet worden ist, unter Aussetzung desselben an den Justizminister unverzüglich Bericht zu erstatten.

Über das Obwalten und die Ausdehnung der Exterritorialität und der persönlichen Immunität entscheidet auf Grund der internationalen Verträge und der Gepflogenheit der Justizminister.

§ 32. Das Immunitätsrecht der Reichstags-, sowie der Delegations-Mitglieder wird durch dieses Gesetz nicht berührt.

## III. Kapitel.

### Die königl. Staatsanwaltschaft.

§ 33. Pflicht der königl. Staatsanwaltschaft ist, in betreff der zu ihrer Kenntnis gelangten, von Amtswegen zu verfolgenden strafbaren

Handlungen die Nachforschung zu veranlassen und im Strafverfahren die öffentliche Anklage zu vertreten.

Wenn die königl. Staatsanwaltschaft die Anklage vertritt, kann bezüglich derselben ohne ihre Anhörung ein meritorischer Beschlufs nicht gefafst werden.

§ 34. Die königl. Staatsanwaltschaft kann die Vertretung der Anklage verweigern, wenn nach ihrer Überzeugung die angezeigte Handlung nicht strafbar ist, oder wenn der zum Erfolge des Verfahrens notwendige Beweis nicht beschafft werden kann.

Die königl. Staatsanwaltschaft ist jedoch verpflichtet, den Verletzten, welcher die Anzeige (§ 89) oder den Privatantrag (§ 90) gestellt hat, eventuell nach der vorgenommenen notwendigen Ermittelung von der Verweigerung der Vertretung der Anklage, mittelst motiviertem, schriftlichem Beschlusse je eher zu verständigen.

§ 35. Die königl. Staatsanwaltschaft kann, obzwar sie die Vertretung der Anklage verweigert, oder die Anklage im Laufe des Verfahrens fallen gelassen hat, in die Schriften auch während des auf Grund der Privatanklage eingeleiteten beziehungsweise fortgesetzten Strafverfahrens Einsicht nehmen, oder die Übersendung derselben auf kurze Zeit verlangen und die Vertretung der öffentlichen Anklage wann immer übernehmen.

§ 36. Die Zuständigkeit der königl. Staatsanwaltschaft bestimmt die Zuständigkeit jenes Gerichtes, an dessen Seite sie bestellt ist.

Im Dringlichkeitsfalle jedoch ist auch die nicht zuständige Staatsanwaltschaft verpflichtet die auf ihrem Gebiete sich ergebenden Agenden des öffentlichen Anklägers zu versehen. Hiervon ist die zuständige königl. Staatsanwaltschaft je eher zu verständigen.

§ 37. Zwischen königl. Staatsanwaltschaften entscheidet in bezüglich der Zuständigkeit auftauchenden Konflikten der Oberstaatsanwalt.

Wenn der Konflikt zwischen mehreren Staatsanwaltschaften oder zwischen zum Sprengel mehrerer Oberstaatsanwaltschaften gehörenden Staatsanwaltschaften auftaucht, entscheidet der Justizminister.

§ 38. Die königl. Staatsanwaltschaft hat das Recht die Anklage motiviert umzuwandeln.

Die Staatsanwaltschaft kann bis zum Beginn der zum Zwecke der Urteilsfällung abgehaltenen geschlossenen Sitzung (§ 321), im schwurgerichtlichen Verfahren bis zur Feststellung der an die Geschworenen gerichteten Fragen (§ 363 erster Absatz), im Verfahren vor dem Bezirksgerichte bis zur Beendigung der Verhandlung (§ 541 fünfter Absatz), wenn sie jedoch die Erlassung eines Strafbefehles beantragt hat, bis zur Hinausgabe desselben die Anklage motiviert fallen lassen.

Das Fallenlassen der Anklage im späteren Stadium des Verfahrens beschränkt den Beschlufs des Gerichtes nach keiner Richtung.

Wenn jedoch das Gericht erster Instanz auf Grund der Hauptverhandlung oder der Verhandlung kein Urteil schöpft, beziehungsweise der hinausgegebene Strafbefehl infolge Einspruches seine Wirkung verliert, so erhält die Staatsanwaltschaft das Recht zum Fallenlassen der Anklage zurück.

Der Antrag auf Einstellung des Verfahrens ist als Fallenlassen der Anklage anzusehen.

§ 39. Die Polizeibehörden und Organe des Staates, der Munizipien, der Städte mit geregeltem Magistrat und der Gemeinden sind verpflichtet, den seitens der königl. Staatsanwaltschaft im amtlichen Wirkungskreis an dieselben gerichteten Aufträgen beziehungsweise Ersuchen unverzüglich und pünktlich zu genügen.

Im Falle dringenden Erfordernisses kann die königl. Staatsanwaltschaft wegen Beorderung der bewaffneten Macht unmittelbare Ersuchen richten.

§ 40. Wegen Aufhebung des Immunitätsrechtes richtet das zuständige Gericht das Ersuchen im Wege des Oberstaatsanwaltes an das betreffende Haus oder die Delegation.

## IV. Kapitel.

## Der Privatankläger und die Privatpartei.

§ 41. Der Verletzte als Hauptprivat-Ankläger kann ohne vorläufige Aufforderung der königl. Staatsanwaltschaft zur Vertretung der Anklage in den Fällen von nach den §§ 258 und 259, 261, 327, 332, 418 und 421 des Ges.-Art. V vom Jahre 1878 zu bestrafenden Vergehen, sowie in dem Falle des im § 301 Ges.-Art. V vom Jahre 1878 bestimmten Vergehens der leichten körperlichen Verletzung, ferner in den Fällen der in den §§ 126 und 127 des Ges.-Art. XL vom Jahre 1879, schliefslich der in den §§ 8 und 9 des Ges.-Art. XLI vom Jahre 1895 umschriebenen Übertretungen die Anklage erheben.

Nichtsdestoweniger ist, wenn im Falle der erwähnten Vergehen und Übertretungen ein Gerichtshof oder ein Schwurgericht die Hauptverhandlung abhält, vom Termine derselben die königl. Staatsanwaltschaft zu verständigen.

Im öffentlichen Interesse kann die königl. Staatsanwaltschaft die Vertretung der Anklage hinsichtlich der oben aufgezählten Vergehen und Übertretungen auch während der ganzen Dauer der Verhandlung übernehmen. In diesem Falle vertritt die königl. Staatsanwaltschaft in erster Reihe die Anklage und gebührt dem Privatankläger nur ein Aushilfs-Wirkungskreis. Behufs Geltendmachung desselben kann der Privatkläger in die Akten Einsicht nehmen, ist in allen jenen Fällen zu verständigen und vorzuladen, in welchen das Gesetz dies bezüglich der königl. Staatsanwaltschaft anordnet und kann derselbe auch in betreff der Strafbarkeit des Angeklagten, sowie des gegen denselben anzuwendenden Strafsatzes Anträge stellen, er darf jedoch in seinem Antrage bezüglich der Höhe der Strafe sich nicht äufsern.

§ 42. Wenn die königl. Staatsanwaltschaft in jenen Fällen, in welchen ihr das Recht der Erhebung der Anklage zusteht, die Vertretung der Anklage ablehnt, so kann der Verletzte, mit Ausnahme der im § 4 bestimmten Fälle, innerhalb acht Tage von der Einhändigung des abweislichen Beschlusses der königl. Staatsanwaltschaft gerechnet, entweder die

Vertretung der Anklage übernehmen, oder an den Oberstaatsanwalt rekurrieren.

Wenn der Oberstaatsanwalt den königl. Staatsanwalt zur Anklageerhebung nicht anweist, so kann der Verletzte innerhalb acht Tage von der Einhändigung des Beschlusses des Oberstaatsanwaltes gerechnet die Vertretung der Anklage übernehmen.

Wenn die königl. Staatsanwaltschaft die Anklage im Laufe des Verfahrens fallen läfst, so kann der Verletzte die Vertretung derselben übernehmen. Zu diesem Zwecke fordert das Gericht, beziehungsweise das das Verfahren leitende Mitglied desselben jenen Verletzten, welcher eine Anzeige (§ 89) oder einen Privatantrag (§ 90) gemacht oder seinen Anspruch (§ 51) angemeldet hat, mündlich oder schriftlich auf, die Vertretung der Anklage zu übernehmen, weil im entgegengesetzten Falle das Gericht das Verfahren einstellen wird. Ist der Beschädigte vor Gericht persönlich anwesend, so ist er verpflichtet, auf die Aufforderung allsogleich mündlich zu antworten, im entgegengesetzten Falle aber seine Erklärung innerhalb acht Tage vom Empfange der schriftlichen Aufforderung des Gerichtes gerechnet schriftlich einzureichen oder zu Protokoll zu geben.

Wenn innerhalb der anberaumten Frist keiner der Berechtigten die Vertretung der Anklage übernommen hat, stellt das Gericht das Verfahren ein.

Derjenige Verletzte, welcher vom Zurücktritt der königl. Staatsanwaltschaft von der Anklage nicht verständigt wurde, kann die Vertretung der Anklage innerhalb dreifsig Tage vom Zurücktritt gerechnet übernehmen.

Wenn wer immer von den zur Erhebung der Privatanklage Berechtigten die Vertretung der Anklage übernimmt, ist ohne Verständigung der Übrigen beziehungsweise ohne ihre Erklärung abzuwarten, das Verfahren einzuleiten oder fortzusetzen.

Der Verletzte, welcher die Vertretung der seitens der königl. Staatsanwaltschaft aufser dem Falle des § 41 nicht übernommenen oder fallen gelassenen Anklage übernommen hat, ist Ersatz-Privatankläger.

§ 43. Der Haupt- und der Ersatz-Privatankläger üben bezüglich der Vertretung der Anklage im allgemeinen die Rechte der königl. Staatsanwaltschaft aus.

Es gebühren jedoch dem Privatankläger nicht die aus dem Charakter der königl. Staatsanwaltschaft als öffentlicher Behörde zustehenden Rechte, besonders aber kann derselbe die Thätigkeit der Behörden und deren Organe behufs der Vornahme der Nachforschung obligatorisch nicht in Anspruch nehmen, die Übermittelung der Akten an ihn nicht verlangen; die Unterlassung der Untersuchung und mit Ausnahme des Falles im § 282 Absatz 2 die unmittelbare Vorladung zur Hauptverhandlung nicht beantragen, schliefslich kann derselbe gegen die Beschlüsse des Anklagesenats mit Ausnahme des Falles der Einstellung des Verfahrens ein Rechtsmittel nicht in Anspruch nehmen.

Der Ersatz-Privatankläger kann um die Wiederaufnahme des Verfahrens nicht ansuchen.

§ 44. Wenn das Recht zur Erhebung der Privatanklage auf Grund einer strafbaren Handlung mehreren Verletzten zusteht, wird aus der Reihe derselben derjenige der Privatankläger, welcher bei Gericht zuerst sich gemeldet hat, wenn jedoch mehrere auf einmal sich gemeldet haben, derjenige, welcher in der Eingabe oder im Protokoll zuerst genannt ist. Die Verletzten können jedoch hiervon einverständlich wann immer abweichen und feststellen, wer von ihnen die Anklage vertreten soll.

§ 45. Wenn mehrere Verletzte berechtigt sind die Privatklage zu erheben, können dem auf Grund der Anklage des einen derselben eingeleiteten oder fortgesetzten Verfahren auch die Übrigen sich anschliefsen. Auch nach dem Anschlusse bleibt jener Verletzte der Privatankläger, auf Grund dessen Anklage das Verfahren eingeleitet beziehungsweise fortgesetzt worden ist.

Die Verletzten können jedoch einverständlich zur Vertretung der Anklage einen andern Verletzten bezeichnen.

Die sich Anschliefsenden besitzen nur den Wirkungskreis der Kontrolle und Aushilfe, und haben das Recht, behufs Geltendmachung desselben in die Akten der Angelegenheit Einsicht zu nehmen und Anträge zu stellen. Die Qualifizierung und die Bemessung der Strafe anbelangend haben sie jedoch kein Recht zur Antragstellung.

Infolge des Anschlusses kann weder die Zahl der Anklageschriften, noch die der Anklagereden vermehrt werden. Das Gericht teilt seine Beschlüsse nur dem Privatankläger mit, und erhalten die sich Anschliefsenden eine besondere Vorladung nur zur Hauptverhandlung.

Das Gericht kann die sich Anschliefsenden in jedem Stadium der Verhandlung zur Wahl eines gemeinsamen Bevollmächtigten anweisen.

Wenn der Privatankläger vor der Hauptverhandlung die Anklage fallen gelassen hat, sind die sich Anschliefsenden gemäfs der Vorschriften des § 42 und unter den Rechtsfolgen desselben zur Übernahme der Vertretung der Anklage aufzufordern.

Welcher der sich Anschliefsenden die Anklage vertreten wird, diesbezüglich sind die Bestimmungen des § 44 mafsgebend.

§ 46. Dadurch, dafs ein anderer Ankläger die Vertretung der Anklage übernommen hat, beziehungsweise, dafs ein Anschliefsender aufgetreten ist, erleidet die Wirksamkeit der früher durchgeführten richterlichen Handlungen und der Anträge, sowie der Erklärungen des früher aufgetretenen Anklägers keine Änderung. Der Privatankläger, beziehungsweise die sich Anschliefsenden können die früher gefafsten richterlichen Beschlüsse, insofern sie das Recht haben, gegen diese eine Appellation oder einen Rekurs einzubringen, nur während desselben Termines mit einem Rechtsmittel angreifen, welches dem früher aufgetretenen Ankläger zugestanden wäre.

Das Recht zur Benützung der Rechtsmittel gebührt jedem einzelnen Anschliefsenden ohne Rücksicht darauf, ob derselbe im Laufe des früheren Verfahrens durch einen gemeinsamen Bevollmächtigten vertreten war oder nicht.

§ 47. In den Fällen der §§ 41 und 42 kann für den Verletzten, welcher das 16. Lebensjahr nicht erreicht hat, oder welcher auf Grund des § 28, Punkt a), b), d) oder e), Ges.-Art. XX vom Jahre 1877 unter Kuratel steht, ausschliefslich sein gesetzlicher Vertreter, für den Minderjährigen, welcher das 16. Lebensjahr erreicht hat, sowie bezüglich der gegen das Vermögen gerichteten strafbaren Handlungen für den wegen Verschwendung unter Kuratel befindlichen Verletzten auch sein gesetzlicher Vertreter, schliefslich können für solche Korporationen, Gesellschaften oder Vereine, welche bürgerliche Prozesse führen können, diejenigen die Privatanklage vertreten, welche die betreffende juristische Person in ihren privatrechtlichen Beziehungen vertreten.

Der Privatankläger und der sich Anschliefsende können sich durch einen Advokaten bei allen jenen Handlungen des Verfahrens vertreten lassen, zu welchen sie nicht mit der Verpflichtung zum persönlichen Erscheinen vorgeladen sind.

Das Gericht kann anordnen, dafs der Privatankläger, der sich Anschliefsende, oder einzelne unter ihnen einen Advokaten, eventuell behufs Übernahme der Zustellungen einen am Amtssitze des Gerichtes wohnhaften Bevollmächtigten wählen.

Der Privatankläger oder der sich Anschliefsende kann auch dann vor Gericht erscheinen, wenn er durch einen Advokaten vertreten ist.

§ 48. Vertreter des Privatanklägers und des Verletzten kann derjenige nicht sein, der zur Hauptverhandlung als Zeuge vorgeladen ist, ausgenommen, wenn er die gemäfs §§ 205 und 206 ihm gebührende Befreiung in Anspruch nimmt.

Der Advokat des Privatanklägers und des Verletzten ist verpflichtet, im strafrechtlichen Verfahren sowohl mündlich als schriftlich sich der Staatssprache zu bedienen.

§ 49. Die Rechte des Privatanklägers erlöschen mit seinem Tode oder infolge Verzichtleistung.

Im ersteren Falle kann, wenn eine gegen das Vermögen verübte strafbare Handlung vorliegt, der Erbe des Privatanklägers, im Falle sonstiger strafbarer Handlungen aber dessen Verwandter in auf- oder absteigender Linie, dessen Bruder oder Schwester, oder Ehehälfte, innerhalb dreifsig Tage vom Ableben gerechnet die Aufrechthaltung der Privatanklage anmelden.

Mittlerweile übt die Rechte des Privatanklägers der in der Angelegenheit vorgegangene Vertreter des Verstorbenen, oder wenn ein solcher nicht vorhanden ist, der vom Gerichte amtlich zu bestellende Kurator ad actum aus.

Die Verzichtleistung auf die Privatanklage kann nicht zurückgezogen werden.

Von gleicher Wirkung wie die Verzichtleistung ist, wenn der Privatankläger bei einer Verhandlung, zu welcher er vorschriftsmäfsig vorgeladen wurde, nicht erscheint, beziehungsweise, insofern eine Vertretung am Platze wäre, sich nicht vertreten läfst, oder wenn derselbe einen Termin nicht einhält, welcher ihm unter sonstiger Einstellung des Verfahrens festgesetzt war.

Vertritt die königl. Staatsanwaltschaft die Anklage, so kann der Verletzte, aufser den im § 41 bestimmten Fällen, an der Vertretung der Anklage nicht teilnehmen. Er kann jedoch in Betreff der Beweisaufnahme oder der Ergänzung des Beweisverfahrens in einer des Näheren bezeichneten Richtung einen Antrag stellen. Zu diesem Behufe kann er Einsicht in die Akten nehmen.

§ 51. Die Privatpartei kann behufs Geltendmachung ihres Anspruches bis zur Beendigung der Hauptverhandlung, beziehungsweise der Verhandlung beim Bezirksgerichte, vor dem Strafgericht auftreten, in welchem Falle dieselbe das Recht hat:

1. die zum Beweise der Strafbarkeit des Beschuldigten und des privatrechtlichen Anspruches dienenden Daten der königl. Staatsanwaltschaft, beziehungsweise dem Gerichte vorzulegen;

2. in die auf die Angelegenheit bezüglichen Akten, es sei denn, dafs ein wichtiger Grund es hindert, auch im Laufe der Nachforschung und der Untersuchung nach Einreichung der Anklageschrift aber auf jeden Fall Einsicht zu nehmen;

3. seine Vorladung zur Hauptverhandlung zu verlangen, und wenn er dort erschienen ist, in dem Mafse, als dies zur Geltendmachung des privatrechtlichen Anspruches notwendig ist, Anträge zu stellen, sowie an die Zeugen und Sachverständigen Fragen zu richten.

Wenn der Vortrag des Verletzten unverständlich ist, oder wenn derselbe ungeachtet der richterlichen Erinnerung ein rohes oder wiederholt ordnungswidriges Betragen bekundet, so kann der Richter ihn anweisen, sich durch einen Advokaten vertreten zu lassen.

§ 52. Der Verletzte, welcher als Privatankläger, als sich Anschliefsender oder als Privatpartei aufzutreten wünscht, ist verpflichtet, diese seine Absicht, unter Nachweis seiner Berechtigung, dem Stadium des Verfahrens entsprechend, bei der königl. Staatsanwaltschaft, bei der Polizeibehörde, beim Untersuchungsrichter, beim Anklagesenate, beziehungsweise beim urtheilenden Gerichte anzumelden.

Die Benützung eines gestatteten Rechtsmittels ist als eine derartige Anmeldung zu betrachten.

Im Falle einer Hauptprivatanklage (§ 41) ist die um die Einleitung des Verfahrens ansuchende Anzeige oder der Anklageantrag als Anmeldung zur Vertretung der Anklage zu betrachten.

Die die Nachforschung führende Behörde, im späteren Verfahren das Gericht — letzteres nach Anhörung der königl. Staatsanwaltschaft — beschliefst in betreff der Anmeldung und weist die Meldung desjenigen, welcher als Privatankläger, sich Anschliefsender, beziehungsweise als Privatpartei aufzutreten nicht berechtigt ist, von Amtswegen zurück.

Gegen den Beschlufs der die Nachforschung leitenden Behörde kann bei dem in der Angelegenheit zuständigen Gerichte erster Instanz eine Vorstellung gemacht werden, welche in Angelegenheiten des Gerichtshofes der Anklagesenat erledigt. Gegen einen in dieser Angelegenheit gefafsten Beschlufs des Gerichtes ist ein Rechtsmittel nicht zulässig.

## V. Kapitel.

### Die Verteidigung.

§ 53. Der Beschuldigte kann in jeder Strafsache in welchem Stadium des Verfahrens immer die Mitwirkung eines Verteidigers in Anspruch nehmen.

Wenn der Beschuldigte dieses Recht nicht in Anspruch genommen, können anstatt seiner sein gesetzlicher Vertreter, seine Ehehälfte, beziehungsweise sein Verwandter in auf- und absteigender Linie selbständig einen Verteidiger wählen.

Der Beschuldigte kann dem von ihm oder seinem gesetzlichen Vertreter, beziehungsweise seiner Ehehälfte, seinen Verwandten in auf- und absteigender Linie gewählten Verteidiger die Vollmacht wann immer entziehen.

Zur Hauptverhandlung kann der Beschuldigte mehrere Verteidiger mitbringen, doch kann hierdurch die Zahl der Anträge und der Satzschriften nicht vermehrt werden.

§ 54. Der Beschuldigte ist, wo es nur notwendig ist, besonders beim ersten Verhör und bei Aushändigung der Anklageschrift, ferner wenn gegen ihn die Verhaftung, die Untersuchung, Untersuchungshaft angeordnet wurde, aufmerksam zu machen, dafs er einen Verteidiger wählen könne, beziehungsweise ist er über die Modalitäten der Bestellung eines Verteidigers und über die Fälle der unentgeltlichen Verteidigung aufzuklären.

Wenn der Verhaftete oder in Untersuchungshaft gezogene Beschuldigte einen Verteidiger gewählt hat, ist die vorgehende Behörde verpflichtet, den letzteren hiervon allsogleich zu verständigen.

§ 55. Zum Verteidiger kann ein in das Verzeichnis der Advokaten eingetragener Advokat, ein Universitäts- oder Rechtsakademie-Professor gewählt werden. Bezüglich dieser ist die Bestimmung des § 48 zweiter Absatz obligatorisch.

Mit der Übernahme von Zustellungen oder der Vertretung der Interessen des Beschuldigten bei irgend einer Untersuchungshandlung kann auch ein Nichtadvokat betraut werden.

§ 56. Zur Hauptverhandlung ist ein Verteidiger zu bestellen:

1. wenn die Anklage wegen eines Verbrechens erhoben wird, auf welches das Gesetz eine schwerere Strafe als Freiheitsverlust bis zu fünf Jahren setzt;

2. wenn der Angeklagte oder sein gesetzlicher Vertreter, beziehungsweise seine Ehehälfte, sein Verwandter in auf- oder absteigender Linie es wünschen, im Falle welches Verbrechens immer;

3. wenn der Angeklagte das sechzehnte Lebensjahr noch nicht zurückgelegt hat, oder wenn derselbe taubstumm, oder ein des Schreibens nicht kundiger Stummer ist;

4. wenn das Gericht es zufolge der Umstände der Angelegenheit für zweckmäfsig erachtet.

Für Mitangeklagte ist ein gemeinsamer Verteidiger nur dann zu bestellen, wenn ihre Interessen nicht gegensätzlich sind.

§ 57. Wenn das Gericht zufolge der Umstände der Angelegenheit es für zweckmäfsig erachtet, kann es auch schon vor der Hauptverhandlung in jedem Stadium des Verfahrens einen Verteidiger bestellen.

Der vom Gerichte erster Instanz bestellte Verteidiger ist nicht verpflichtet, bei der vor dem höheren Gerichte anberaumten Verhandlung der Angelegenheit zu intervenieren.

Die Bestellung des Verteidigers verliert ihre Wirksamkeit, wenn der Beschuldigte einen andern Verteidiger gewählt, und dieser die Verteidigung übernommen hat.

§ 58. Das Gericht hat von der Notwendigkeit der Bestellung eines Verteidigers den Präsidenten des Gerichtshofes unverzüglich zu verständigen.

Am Sitze der Advokatenkammer bestellt über Ersuchen des Gerichtshofpräsidenten die Kammer von Fall zu Fall den Verteidiger, an andern Orten ernennt der Gerichtshofpräsident den Verteidiger aus der Reihe der in das Namensverzeichnis der Verteidiger aufgenommenen Advokaten. Die Kammer übersendet das Namensverzeichnis der Verteidiger am Beginn eines jeden Jahres an den Gerichtshofpräsidenten.

In dringenden Fällen, besonders wenn der Aufschub für den Beschuldigten schädlich wäre, bestellt der Gerichtshofpräsident auch am Sitze der Advokatenkammer den Verteidiger aus der Reihe der in das Namensverzeichnis der Verteidiger Eingetragenen.

§ 59. Der bestellte Verteidiger kann nur aus wichtigen Gründen seine Enthebung von der Verteidigung ansuchen. Über dieses Gesuch entscheidet derjenige, der den Verteidiger bestellt hat.

§ 60. Der Verteidiger kann die Vertagung der Hauptverhandlung verlangen, wenn er die Zeit von der Bestellung bis zum Termine der Hauptverhandlung zur Vorbereitung der Verteidigung für zu kurz hält.

§ 61. Als Verteidiger kann nicht bestellt werden:

1. der Verletzte, des Verletzten, des Beschuldigten oder des Anklägers Ehehälfte, Verlobter, seines Bruders oder seiner Schwester Ehehälfte, seiner Ehehälfte Bruder oder Schwester, sein in gerader Linie Verwandter oder Schwager, Seitenverwandter bis einschliefslich zum Geschwisterkind, oder derjenige, welcher zum Verletzten, zum Beschuldigten oder zum Ankläger im Verhältnisse als Wahl-, Pflegeeltern, der Vormundschaft oder Kuratel gestanden oder steht;

2. derjenige, welcher in der Angelegenheit als Nachforschungsorgan, Richter, öffentlicher Ankläger oder als Vertreter des Verletzten vorgegangen ist, beziehungsweise was immer gethan hat, was mit dem Interesse des Beschuldigten im Gegensatze steht.

Derjenige, welcher zur Hauptverhandlung als Zeuge vorgeladen ist, kann in der Hauptverhandlung nicht als Verteidiger vorgehen, ausgenommen, wenn er die auf die §§ 205 und 206 basierende Befreiung in Anspruch nimmt.

§ 62. Der Verteidiger kann im Interesse seines Verteidigten in jedem Stadium des Verfahrens, insbesondere auch im Laufe der Nachforschung vorgehen; er kann im Interesse der Verteidigung in einer Eingabe oder mündlich eine Vorstellung machen. Die mündliche Vorstellung ist zu Protokoll zu nehmen.

In der Regel hat der Verteidiger das Recht, mit seinem verhafteten Verteidigten auch ohne Intervention der Kontrolle einer behördlichen Person zu verkehren.

Wenn es jedoch der Zweck des Verfahrens erfordert, haben die die Nachforschung pflegende Polizeibehörde (§ 85), im Laufe der Untersuchung aber der Untersuchungsrichter anzuordnen, dafs die Briefe des Verteidigers nur nach erfolgter Durchlesung ihrerseits und mit ihrer speziellen Erlaubnis dem verhafteten Beschuldigten ausgehändigt werden, und dafs der Beschuldigte im Laufe der Nachforschung nur in Gegenwart einer behördlichen Person, im Laufe der Untersuchung aber nur in Gegenwart einer richterlichen Person mit dem Verteidiger sich besprechen könne.

Gegen die Verfügung der Polizeibehörde kann an das in der Angelegenheit zuständige Gericht erster Instanz Vorstellung erhoben werden, welche in Angelegenheiten des Gerichtshofes der Anklagesenat erledigt.

Von der Einreichung der Anklageschrift, und wenn eine Untersuchung gepflogen worden ist, von dem Zeitpunkte angefangen, wo der Untersuchungsrichter die Untersuchung für beendet erklärt (§ 129), ist der Verkehr des Verteidigers mit dem verhafteten Beschuldigten nicht mehr der Kontrolle einer behördlichen Person unterworfen.

§ 63. Der Beschuldigte und dessen Verteidiger haben das Recht, in die Akten der Angelegenheit und in die Beilagen Einsicht zu nehmen. Wenn jedoch der Zweck des Verfahrens die Mitteilung der auf die Angelegenheit bezüglichen Akten oder eines Teiles derselben nicht gestattet, hat die die Nachforschung veranlassende Polizeibehörde (§ 85), im Laufe der Untersuchung aber der Untersuchungsrichter die Einsichtnahme seitens des Beschuldigten oder seines Vertreters zu verweigern. Auch in diesem Falle jedoch ist die Einsichtnahme in die über das Verhör des Beschuldigten, die Äufserung der Sachverständigen, und über jene richterlichen Handlungen aufgenommenen Protokolle zu erlauben, bei welchen die Anwesenheit des Beschuldigten oder die Intervention des Verteidigers gestattet ist.

Gegen die Verfügung der Polizeibehörde kann an das in der Angelegenheit zuständige Gericht erster Instanz Vorstellung erhoben werden, welche in Angelegenheiten des Gerichtshofes der Anklagesenat erledigt.

Von der Einreichung der Anklageschrift, und wenn eine Untersuchung gepflogen worden ist, von dem Zeitpunkte angefangen, wo der Untersuchungsrichter die Untersuchung für beendet erklärt (§ 129), kann die Einsichtnahme in die Akten der Angelegenheit und in die Beilagen seitens des Beschuldigten oder seines Verteidigers nicht verweigert werden.

Der die Verhaftung, beziehungsweise die Untersuchungshaft anordnende, sowie jeder solche richterliche Beschlufs, gegen welchen ein Rechtsmittel zulässig ist, mufs samt der Begründung vor dem Verteidiger verkündet und demselben ausgehändigt und ihm im ersteren Falle auch in Abschrift mitgeteilt werden.

## VI. Kapitel.

### Ausschliefsung und Ablehnung von Richtern, Protokollführern und von Mitgliedern der königl. Staatsanwaltschaft.

§ 64. Von der Erledigung der strafrechtlichen Angelegenheit sind ausgeschlossen und kann an derselben weder als Richter, noch als Protokollführer teilnehmen:

1. der Verletzte, beziehungsweise derjenige, welcher die strafbare Handlung angezeigt hat (§ 89);

2. derjenige, welcher der Ehegatte des Beschuldigten oder des Verletzten ist oder gewesen ist, ferner der Verlobte desselben;

3. derjenige, welcher Verwandte oder Schwager in direkter Linie, der Seitenverwandte bis einschliefslich zum Geschwisterkind, der Bruder der Gattin, oder der Gatte der Schwester des Anklägers, des Beschuldigten, des Verletzten oder des Vertreters derselben, beziehungsweise des Verteidigers;

4. derjenige, welcher mit dem Beschuldigten, dem Ankläger, dem Verletzten oder dem Vertreter desselben, beziehungsweise mit dem Verteidiger im Verhältnisse von Wahl- oder Pflege-Eltern steht, derjenige, welcher Vormund, Kurator irgend eines derselben ist oder gewesen ist;

5. derjenige, welcher in der Angelegenheit als Mitglied der königl. Staatsanwaltschaft, als Verteidiger oder als Vertreter des Privatanklägers, beziehungsweise des Verletzten, oder als Polizeiorgan mitgewirkt hat;

6. derjenige, welcher in der Angelegenheit als Zeuge oder Sachverständiger einvernommen worden ist, sofern seine Aussage nicht blofs in der Darstellung von auf amtlichem Wege zu seiner Kenntnis gelangten Thatsachen besteht.

§ 65. Derjenige, welcher in irgend einer Angelegenheit eine nachforschende oder Untersuchungs-Handlung vollzogen hat, kann bei Erbringung des Anklagebeschlusses und bei der Hauptverhandlung weder als Richter, noch als Protokollführer vorgehen.

Derjenige, welcher die Angelegenheit in der Sitzung des Anklagesenates vorgetragen hat, kann bei der Hauptverhandlung als Richter nicht anwesend sein.

Die bei Erbringung des Anklagebeschlusses mitwirkenden übrigen Richter sind bei der Zusammenstellung des bei der Hauptverhandlung der Angelegenheit vorgehenden Senates nach Möglichkeit zu übergehen.

§ 66. Bei der Erledigung des Prozesses in höherer Instanz ist jener Richter ausgeschlossen, welcher bei der Erledigung der Angelegenheit in unterer Instanz als Untersuchungsrichter, als Mitglied des Anklagesenates oder als urteilender Richter mitgewirkt hat.

§ 67. Sobald irgend einer der in den §§ 64 und 66, oder in dem ersten und zweiten Absatze des § 65 bestimmten Ausschliefsungsfälle zu ihrer Kenntnis gelangt, sind der urteilende Richter und der Protokollführer verpflichtet, dies ihrem Amtschef allsogleich anzuzeigen, und sich jeder amtlichen Thätigkeit in der betreffenden Angelegenheit zu enthalten.

§ 68. Über Ansuchen des Anklägers, des Beschuldigten oder der

Privatpartei ist jener Richter oder Protokollführer abzulehnen, rücksichtlich dessen irgend ein gesetzlicher Ausschliefsungsgrund (§ 64, § 65 1. und 2. Absatz, § 66) obwaltet, oder gegen dessen Unbefangenheit eine begründete Ursache angeführt wird.

Nach Beginn der Hauptverhandlung, beziehungsweise der vor dem höheren Gerichte anberaumten Verhandlung können gegen den in der Angelegenheit vorgehenden Richter oder Protokollführer nur die Ausschliefsungsgründe geltend gemacht werden.

§ 69. Die Ablehnung hinsichtlich des Richters und Beamten eines Bezirksgerichtes ist beim Gerichtshofe, sonst aber in der Regel bei jenem Gerichte anzusuchen, bei welchem der beanstandete Richter oder Protokollführer thätig ist.

Über das auf den Untersuchungsrichter, sowie auf den Richter oder Beamten des Bezirksgerichtes und des Gerichtshofes bezügliche Ansuchen entscheidet der Gerichtshof in geschlossener Sitzung.

Über das Gesuch um Ablehnung des Gerichtshof-Präsidenten, des ganzen Senates, oder der Mehrheit der Mitglieder desselben entscheidet nach Anhörung des Oberstaatsanwaltes in geschlossener Sitzung die königl. Gerichtstafel; rücksichtlich der Ablehnung des Präsidenten der königl. Gerichtstafel, des ganzen Senates oder der Mehrheit der Mitglieder desselben nach Anhörung des Kronanwaltes in geschlossener Sitzung die königl. Kurie; in der Frage der Ablehnung des Präsidenten der königl. Kurie, des ganzen Senates oder der Mehrheit desselben die königl. Kurie in einer aus den richterlichen Mitgliedern der Zivil- und Straf-Abteilung zusammengestellten Plenar-Sitzung.

Der Beschlufs ist stets nach Anhörung des beanstandeten Richters oder Protokollführers, jedoch ohne Beweisaufnahme zu fassen.

Nur gegen einen abweisenden Beschlufs und auch gegen diesen kann blofs mittelst des gegen das Urteil zu benützenden Rechtsmittels um Abhilfe angesucht werden.

Im Falle der Verweigerung der Ablehnung kann die Ablehnung desselben Richters oder richterlichen Beamten in derselben Angelegenheit nur auf Grund eines solchen Umstandes angesucht werden, welcher nach der erfolgten Einbringung des früheren Ansuchens aufgetaucht ist.

§ 70. Der Richter, welcher in dem Prozesse, in welchem er vorzugehen berufen wäre, bezüglich seiner Unbefangenheit Bedenken hat, kann vom Vorstande des Gerichtes, unter Angabe der Gründe, seine Ablehnung erbitten.

§ 71. Die gegen das Gericht, oder ein einzelnes Mitglied, oder den Senat desselben mit Bezug auf ihre Amtspflicht verübte Ehrenbeleidigung oder Verleumdung, oder die gegen dieselben nach Einleitung des Strafverfahrens erstattete strafgerichtliche oder Disziplinar-Anzeige, kann bei Erledigung einer mit diesen im Zusammenhange nicht stehenden Angelegenheit als Grund der Ablehnung nicht dienen. Ein Grund zur Ablehnung ist auch nicht, wenn jemand sich auf den Richter als Zeugen beruft, derselbe aber bei Gelegenheit seines Verhöres erklärt, von der

Angelegenheit bei Gelegenheit seines nicht als Ausschliefsungs-Ursache dienenden amtlichen Verfahrens Kenntnis erlangt zu haben.

§ 72. Der Präsident nimmt das Verhör vor in dem Falle, in welchem auf sämtliche Mitglieder des Gerichtes als Zeugen Berufung geschieht.

Ein Hindernis bildet auch der Umstand nicht, wenn auf den Präsidenten als Zeugen Berufung geschehen ist, in diesem Fall verhört der Präsident den im Range ersten Richter und demnächst dieser den Präsidenten.

§ 73. Ausschliefsungsgründe bezüglich der Mitglieder der königl. Staatsanwaltschaft sind: die in dem § 64 Punkt 1, 2, 3, 4, 6 bestimmten Fälle.

Das Mitglied der königl. Staatsanwaltschaft ist auch dann ausgeschlossen, wenn es in der Angelegenheit früher als Richter, Verteidiger oder als Vertreter des Privatanklägers oder des Verletzten thätig war.

§ 74. Der Verletzte und der Beschuldigte können aufser den im § 73 bestimmten Fällen die Ablehnung irgend eines Mitgliedes der königl. Staatsanwaltschaft verlangen, wenn sie begründete Ursache gegen die volle Unbefangenheit desselben vorbringen.

§ 75. Sobald ein königl. Staatsanwalt Kenntnis erlangt, dafs bezüglich seiner Person irgend ein Ausschliefsungsgrund obwaltet, ist er verpflichtet das weitere Verfahren einem andern Mitgliede der königl. Staatsanwaltschaft zu übertragen und hiervon an den Oberstaatsanwalt die Anzeige zu erstatten.

Der Oberstaatsanwalt und der Kronanwalt veranlassen in ähnlichen Fällen ebenfalls ihre Substituierung und erstatten hierüber die Anzeige an den Justizminister. Die staatsanwaltschaftlichen Bevollmächtigten, die königl. Vizestaatsanwälte, sowie die Substituten des Staats- oder Kronanwaltes sind verpflichtet, die bezüglich ihrer Person obwaltenden Ausschliefsungsgründe ihrem unmittelbaren Vorgesetzten anzuzeigen.

Die Ablehnung eines Mitgliedes der königl. Staatsanwaltschaft ist bei seinem Amtsvorstand anzusuchen, welcher nach im Notfalle erfolgter Einvernehmung des betreffenden Mitgliedes der königl. Staatsanwaltschaft ohne Beweisaufnahme endgiltig entscheidet.

§ 76. Der Richter, der Protokollführer oder das Mitglied der königl. Staatsanwaltschaft, welche um ihre Ablehnung selbst angesucht haben, können bis zur Entscheidung ihres Ansuchens nicht vorgehen.

Wenn hingegen ein andrer hierzu Berechtigter um die Ablehnung der Genannten ansuchte, so können dieselben bis zur Entscheidung des Gesuches auch weiter vorgehen. Nichtsdestoweniger kann der Richter, wenn um die Ablehnung desselben, auf Grund eines gesetzlichen Ausschliefsungsgrundes (§ 64, § 65 erster und zweiter Absatz, § 66) angesucht wurde, an der Urteilsfällung bis zur Erledigung des Ansuchens nicht teilnehmen.

## VII. Kapitel.

### Entscheidungen des Gerichtes und Mitteilung derselben.

§ 77. Das Gericht entscheidet mit Urteil oder Bescheid.

Jede Entscheidung, welche dieses Gesetz nicht ausdrücklich Urteil nennt, ist als Bescheid zu betrachten. Das Gericht ist verpflichtet, seine Entscheidungen zu motivieren. Von dieser Norm sind ausgenommen die Ladungen, die Aufträge an unterstehende Behörden und Organe und die auf die Geschäftsführung bezüglichen Aufträge.

§ 78. Das Gericht teilt seine Entscheidungen den anwesenden Interessenten im Wege der Verkündung, den Abwesenden im Wege der Zustellung mit.

Im Falle der Verkündung ist ein Protokoll aufzunehmen, und der interessierten Partei, wenn sie es wünscht, Abschrift zu erteilen.

Die zugestellte Entscheidung ist dem verhafteten Individuum auf seine Bitte zu verlesen und in seiner Muttersprache zu erklären.

Das Gericht teilt der königl. Staatsanwaltschaft seine Entscheidungen in der Regel mittelst Übersendung des Original-Konzeptes mit.

§ 79. Die Ladung ist in der Regel dem Vorzuladenden, eine andere Entscheidung entweder dem zu verständigenden Individuum oder dem angewiesenen Bevollmächtigten desselben zuzustellen.

Jede Zustellung zu Händen des Advokaten, des Privatanklägers oder des zur Übernahme von Zustellungen Bevollmächtigten ist auch gegenüber dem Privatankläger wirksam.

§ 80. Wenn jemand seinen Wohn- oder Aufenthaltsort zwar nicht verlassen hat, der Zusteller aber ihn dort nicht antrifft, ist der zuzustellende Akt einem volljährigen Mitgliede seines Hausgesindes zu übergeben, wenn aber ein solches nicht anwesend wäre, ist der zuzustellende Akt am Hausthore oder an der Thüre der Wohnung des Interessierten womöglich in Gegenwart von Zeugen auszuhängen und das interessierte Individuum hiervon in einem rekommandierten Briefe zu verständigen. Aufserdem ist der Vollzug der Aushängung unter Mitteilung des Inhaltes des zuzustellenden Aktes der Gemeinde-Vorstehung (in der Hauptstadt der Polizeihauptmannschaft des Bezirkes) mit der Aufforderung zur Kenntnis zu bringen, hiervon den Interessierten unverzüglich zu verständigen. Die Verabsäumung letzterer Verständigung berührt die Wirkung der im Wege des Aushanges vollzogenen Zustellung nicht.

§ 81. Wenn die Wohnung oder der Aufenthaltsort desjenigen, an den eine Zustellung zu erfolgen hätte, nicht ausgeforscht werden kann, ist der zuzustellende Akt am Gemeindehause des Amtssitzes des Gerichtes und des Zuständigkeitsortes des unbekannt wo sich aufhaltenden Individuums auszuhängen, und kann der Akt, wenn das Gericht es für notwendig findet, im Amtsblatte und eventuell auch in andern Blättern veröffentlicht werden.

§ 82. Für aufserhalb des Gerichtssprengels Wohnende erfolgt die Zustellung im Wege der Requisition.

Hinsichtlich der im Auslande vorzunehmenden Zustellungen sind die internationalen Verträge und die diesbezüglich bestehenden Vorschriften mafsgebend.

## VIII. Kapitel.

### Die Nachforschung.

#### I. Zweck der Nachforschung und die zur Vornahme derselben berufenen Behörden und Organe.

§ 83. Gegenstand der Nachforschung ist:

Die Ausforschung und Feststellung jener Daten, welche in der Frage der Erhebung oder Nichterhebung der Klage zur Orientierung des Anklägers erforderlich sind.

Die Nachforschung kann über diese Grenze hinaus sich nicht erstrecken.

§ 84. Die Nachforschung ordnet in der Regel die königl. Staatsanwaltschaft an, wenn jedoch die Anklage ausschliefslich durch einen Haupt-Privatankläger vertreten wird (§ 41), der Chef der zuständigen Polizeibehörde.

Die königl. Staatsanwaltschaft kann im Interesse der Nachforschung von jeder öffentlichen Behörde Aufklärungen und Mitteilungen verlangen, sie kann ferner behufs Veranlassung der ganzen Nachforschung oder einzelner nachforschenden Handlungen die Polizeibehörden und Organe (§ 85) ersuchen, beziehungsweise beauftragen; sie giebt die Richtung der Nachforschung an; kontrolliert die Nachforschungs-Handlungen und das Vorgehen der nachforschenden Behörden.

Die Polizeibehörden und Organe sind verpflichtet, dem Ersuchen beziehungsweise dem Auftrage unbedingt Genüge zu leisten, hauptsächlich behufs Feststellung des Thatbestandes, Ausforschung des Thäters und des Teilnehmers, sowie Beschaffung der Corpora delicti und Beweise vorzugehen und von jeder wesentlichen Verfügung sowie vom Ergebnisse derselben der königl. Staatsanwaltschaft Mitteilung zu machen.

§ 85. Unter Polizeibehörden sind zu verstehen: die einen polizeilichen Wirkungskreis besitzenden Behörden und Ämter des Staates, der Munizipien, der Städte mit geregeltem Magistrat und der Gemeinden, sowie die Leiter und die zur selbständigen Verfügung berechtigten Mitglieder derselben, namentlich auch die Gemeindevorstehungen.

Polizeiorgane sind: die den angeführten Behörden untergeordneten Beamten, die staatlichen, Munizipal-, städtischen und Gemeinde-Polizisten, sowie die Unteroffiziere und die Mannschaft der Gendarmerie.

Das königl. Ministerium stellt mit Verordnung fest, welche einen polizeilichen Rechtskreis besitzenden Behörden und Organe der unmittelbaren Verfügung der königl. Staatsanwaltschaft unterworfen sind, und mit welchen die königl. Staatsanwaltschaft im Requisitionswege verkehrt.

§ 86. An die Bezirksgerichte kann die königl. Staatsanwaltschaft nur behufs Veranlassung einzelner nachforschenden Handlungen Ersuchen richten.

Wenn jedoch während des Vollzuges der Requisition die Notwendigkeit der Ergänzung der seitens der königl. Staatsanwaltschaft bezeichneten nachforschenden Handlung sich ergiebt, vollzieht das requirierte Bezirksgericht die mit dem Gegenstande des Ersuchens im Zusammenhange stehenden oder aus demselben sich ergebenden ferneren notwendigen nachforschenden Handlungen auch ohne ein neueres Ersuchen.

## II. Die Anzeige, die Privat-Antragstellung und Erteilung der Vollmacht.

§ 87. Sämtliche Behörden und behördliche Organe sind verpflichtet, die in ihrem amtlichen Wirkungskreise zu ihrer Kenntnis gelangten, nicht über Privatantrag zu verfolgenden strafbaren Handlungen unter Mitteilung der in ihren Besitz gelangten Daten und unter Übersendung der Beweisgegenstände der königl. Staatsanwaltschaft anzuzeigen. Sie verfügen gleichzeitig in betreff der Erhaltung der Spuren der strafbaren Handlung, sowie der Aufbewahrung der Corpora delicti und anderer Beweisgegenstände.

§ 88. Sind Anzeichen vorhanden dafür, dafs jemand eines nicht natürlichen Todes gestorben ist, oder wird der Leichnam eines Unbekannten gefunden, so sind die Polizeibehörden und Organe verpflichtet, hiervon der königl. Staatsanwaltschaft oder dem nächstgelegenen königl. Bezirksgerichte schleunigst Anzeige zu erstatten.

In diesem Falle darf die Leiche nur mit Genehmigung der königl. Staatsanwaltschaft oder des Gerichtes beerdigt werden.

§ 89. Jede strafbare Handlung, welche nicht über Privatantrag zu verfolgen ist, kann jedermann entweder schriftlich oder mündlich anzeigen. Über die mündliche Anzeige ist in der Regel ein Protokoll aufzunehmen.

Die Anzeige ist bei der zuständigen königl. Staatsanwaltschaft zu erstatten; es sind jedoch auch eine andere königl. Staatsanwaltschaft oder die Oberstaatsanwaltschaft, sowie die Polizeibehörden und Organe die Anzeige anzunehmen und an die zuständige königl. Staatsanwaltschaft unverzüglich zu übersenden verpflichtet.

§ 90. Im Falle von strafbaren Handlungen, wegen welcher im Sinne der Strafgesetze ein Verfahren nur über einen Privatantrag am Platze ist, kann der Privatantrag bei den im zweiten Absatz des § 89 aufgezählten Behörden und Organen eingereicht oder zu Protokoll gegeben werden.

In dem Privatantrage ist die zur Anzeige gebrachte strafbare Handlung bestimmt zu bezeichnen, und sind die auf die Thäter, sowie auf die Teilnehmer bezüglichen Daten nach Möglichkeit anzuführen. Hierauf ist bei der Protokollsaufnahme Acht zu haben.

Ist der schriftlich eingereichte Privatantrag unbestimmt oder mangelhaft, so ist dessen Richtigstellung beziehungsweise Ergänzung auf kurzem Wege, eventuell unter Vernehmung des zum Privatantrage Berechtigten zu veranlassen.

Die irrtümliche Qualifizierung der strafbaren Handlung berührt die Wirkung des Antrages nicht.

Der Privatantrag, welcher nicht bei der zuständigen königl. Staatsanwaltschaft gemacht wurde, ist letzterer unverzüglich zuzusenden.

§ 91. Hinsichtlich solcher strafbaren Handlungen, welche nur auf

Grund einer Bevollmächtigung verfolgt werden können, kann die Vollmacht entweder in einer an die königl. Staatsanwaltschaft, oder an den Justizminister gerichteten amtlichen Schrift, oder in einer speziellen schriftlichen Erklärung erteilt werden.

Im Falle des § 271 Ges.-Art. V vom Jahre 1878 erfolgt die Erteilung der Vollmacht, sowie die Verständigung von dem im § 272 desselben Gesetzes erwähnten Verlangen im Wege eines vom Justizminister an die königl. Staatsanwaltschaft gerichteten Erlasses.

§ 92. Der königl. Staatsanwalt untersucht unverzüglich die an ihn gelangten Anzeigen (§§ 87—89) und Privatanträge (§ 90) und ordnet auf Grund derselben, insofern dies notwendig ist (§ 83), die Nachforschung an oder erbringt einen die Vertretung der Anklage verweigernden motivierten Beschlufs, oder aber legt dem Gericht einen entsprechenden Antrag vor, eventuell übersendet er die Anzeige oder den Privatantrag an den zuständigen öffentlichen Ankläger, an die Verwaltungs-, Militär- oder eine andere Behörde.

## III. Gang der Nachforschung.

§ 93. Die königl. Staatsanwaltschaft läfst jene, zu ihrer Kenntnis gelangten strafbaren Handlungen, welche nicht über eine Privatanklage zu verfolgen sind, ermitteln, und verfügt bezüglich der Erforschung der unbekannten Thäter.

§ 94. Die Polizeibehörden und Organe sind verpflichtet, die nicht über Privatantrag zu verfolgenden strafbaren Handlungen auch ohne besondere Aufforderung von Amts wegen zu erforschen und mit Angabe der zu ihrer Kenntnis gelangten Daten, sowie unter Übersendung der Beweisgegenstände bei der zuständigen königl. Staatsanwaltschaft zur Anzeige zu bringen.

Sie haben die Nachforschung auch nach erfolgter Anzeige fortzusetzen und zur Erhaltung der Spuren der strafbaren Handlung in unverändertem Zustande, zur Verhinderung des Verbergens oder des Entweichens des Thäters oder des Teilnehmers, und der Aufklärung des Thatbestandes die notwendigen Verfügungen zu treffen und hiervon auch die königl. Staatsanwaltschaft dringend zu verständigen. Insofern bis zur Verfügung der königl. Staatsanwaltschaft die Vernichtung oder Veränderung der Spuren der strafbaren Handlung zu besorgen wäre, haben sie behufs Veranlassung der notwendigen richterlichen Handlung das nächst gelegene königl. Bezirksgericht zu ersuchen.

§ 95. Der Untersuchungsrichter des Gerichtshofes übermittelt sofort die bei ihm eingereichte Anzeige oder den Privatantrag dem königl. Staatsanwalt. Vor dem Antrage des letzteren kann er nur die unaufschiebbaren Nachforschungs-Handlungen vornehmen.

Das Bezirksgericht nimmt auf Grund der bei demselben gemachten Anzeige oder des Privatantrages, ohne einen Antrag des königl. Staatsanwaltes abzuwarten, alle jene Nachforschungs-Handlungen vor, deren Aufschub den Zweck des Verfahrens vereiteln würde.

Die über diese Handlungen aufgenommenen Protokolle übermittelt das Bezirksgericht unverzüglich an den königl. Staatsanwalt, welcher betreffs Wiederholung oder Ergänzung der Nachforschung verfügen kann. Im Falle der Anordnung einer Verhaftung müssen die Akten längstens binnen 48 Stunden an den königl. Staatsanwalt übersendet werden, welcher längstens binnen 48 Stunden vom Einlangen der Akten gerechnet, die Verhaftung aufheben oder die Akten zur Beschlufsfassung über die Präventivhaft an den Untersuchungsrichter zu übermitteln verpflichtet ist.

§ 96. Die die Nachforschung pflegende Polizeibehörde (§ 85 erster Absatz) kann unter Anwendung der in den Kapiteln X und XIII enthaltenen Bestimmungen jedermann vorladen und ohne Eidesabnahme verhören, von dem sie hinsichtlich der zu ermittelnden Thatumstände eine Aufklärung erwartet. Über das Verhör ist ein Protokoll aufzunehmen.

§ 97. Die nachforschende Behörde kann den am Schauplatze der Nachforschung Befindlichen die Entfernung von demselben verbieten oder sie anweisen, bis zur Beendigung der Nachforschung im selben oder in irgend einem benachbarten Hause oder Lokale sich aufzuhalten.

Derjenige, welcher dieses Verbot oder diese Verfügung übertritt, oder das amtliche Verfahren geflissentlich stört, oder den in den Wirkungskreis der nachforschenden Behörde gehörenden Verfügungen sich widersetzt, kann verhaftet werden.

Die Anhaltung kann nicht länger als vierundzwanzig Stunden dauern, wird aber die Nachforschung früher beendet, so ist dieselbe allsogleich aufzuheben.

Eine Verhaftung kann gegen den in Vertretung der Partei oder des Verletzten erschienenen Advokaten, die Sachverständigen, die Gerichtszeugen und die der Jurisdiktion des Militärgerichtes unterstehenden Personen nicht in Anwendung kommen.

Der Advokat der Partei oder des Verletzten, der Sachverständige oder der Gerichtszeuge kann nur zur Entfernung aufgefordert werden, und auch nur, wenn er das amtliche Verfahren ungeachtet der Ermahnung geflissentlich stört oder hindert, oder den amtlichen Verfügungen sich widersetzt. In diesem Falle ist gleichzeitig an die Disziplinarbehörde des Advokaten die Anzeige zu erstatten.

Die der Jurisdiktion des Militärgerichtes unterstehenden Individuen können zur Ordnung gerufen, vom Amtshandlungsorte entfernt werden und ist wegen deren Bestrafung die zunächst befindliche Militärbehörde zu ersuchen.

§ 98. Falls im Laufe der Nachforschung die Einvernehmung eines Zeugen unter Eid, seine Bestrafung oder die Erzwingung seines Zeugnisses (§§ 194, 195), die Bestrafung eines Sachverständigen (§ 232), ferner ein Augenschein einer Beschlagnahme, die Durchsuchung einer Person, oder eine Hausdurchsuchung, oder die Anordnung einer Präventivhaft notwendig werden sollte, so beantragt die königl. Staatsanwaltschaft oder die Polizeibehörde die Anordnung dieser Verfügungen, unter Vorlage der auf die Nachforschungen bezüglichen Akten oder deren Abschriften, in der Regel beim Untersuchungsrichter oder dem Bezirksgerichte. Diese beschliefsen über den Antrag, eventuell können sie vor Erbringung eines meritorischen Beschlusses die Nachforschung ergänzen.

Die erwähnten Handlungen können in unaufschiebbaren Dringlichkeitsfällen gemäfs der in den Kapiteln XI, XII und XIV enthaltenen Vorschriften, auch von der die Nachforschung pflegenden Polizeibehörde angeordnet und durchgeführt werden. Gegen die Verfügung der Polizeibehörde kann bei dem in der Angelegenheit zuständigen Gerichte erster Instanz eine Vorstellung eingebracht werden, welche in Fällen des Gerichtshofes der Anklagesenat erledigt.

Jedoch kann die Polizeibehörde die Beeidigung der Zeugen, oder die Bestrafung der Zeugen und der Sachverständigen und die Erzwingung ihrer Aussage beziehungsweise Erklärung, die Verhaltung zur Ausfolgung des zu beschlagnehmenden Gegenstandes (§ 170) und die Öffnung der beschlagnahmten Postsendung (§ 186) auch in Dringlichkeitsfällen nicht anordnen und auch nicht vollziehen.

Die aufgenommenen Protokolle sind von Seite der Polizeibehörde mit Vermittelung der königl. Staatsanwaltschaft unter Begründung der unaufschiebbaren Dringlichkeit dem Untersuchungsrichter vorzulegen, welcher dieselben auf ihre formalen Erfordernisse und auch rücksichtlich des Ergebnisses des Verfahrens prüft, und kann derselbe, wenn er es für notwendig erachtet, das Verfahren bezüglich des Augenscheines, der Hausdurchsuchung und der Durchsuchung der Person ergänzen oder wiederholen; und beschliefst in betreff der vorläufigen Verwahrungshaft und Aufrechterhaltung oder Aufhebung der Beschlagnahme.

§ 99. Der Haupt-Privatankläger kann um die Pflegung der Nachforschung bei der Polizeibehörde ansuchen, welche über das Ansuchen einen motivierten Beschlufs fafst. Gegen diesen Beschlufs ist ein Rechtsmittel nicht zulässig.

Über die mündlichen Vorstellungen des Haupt-Privatanklägers ist ein Protokoll aufzunehmen, von welchem, sowie von den Nachforschungsschriften der Haupt-Privatankläger auf seine Kosten Abschriften nehmen kann. Die Originalakten sind nach Beendigung der Nachforschung an den Untersuchungsrichter zu übersenden. Wenn die Polizeibehörde die Pflegung der Nachforschung verweigert, oder wenn zur Klärung des Thatbestandes eine richterliche Handlung notwendig ist, kann der Haupt-Privatankläger nur die Anordnung der Untersuchung beantragen.

Der Ersatz-Privatankläger kann in jedem Falle nur die Anordnung der Untersuchung beantragen.

§ 100. Im Laufe der Nachforschung sind nicht nur die belastenden, sondern auch die entlastenden Umstände ins Reine zu bringen und ist auch im Interesse des Verdächtigten für die Beschaffung jener Beweismittel Sorge zu tragen, deren Vernichtung zu befürchten ist (§ 9).

Der Verdächtige kann im Interesse seiner Verteidigung um die Vornahme einzelner Nachforschungshandlungen auch beim Bezirksgerichte ansuchen. Auf Grund des Ansuchens kann das Bezirksgericht diese Handlungen anordnen und durchführen.

§ 101. Die Nachforschung ist einzustellen, wenn: 1. eine strafbare

Handlung nicht vorliegt; 2. die zur Fortsetzung des Verfahrens notwendige Bevollmächtigung oder das Verlangen fehlt, oder wenn der zum Privatantrage Berechtigte einen Antrag nicht gestellt, oder denselben zurückgezogen hat; 3. vom ferneren Verfahren wegen Mangels an Beweisen oder wegen der aufserordentlichen Schwierigkeit der Beschaffung derselben ein Ergebnis nicht erwartet werden kann. Die Nachforschung ist zu beenden, wenn zur Beantragung der Untersuchung, zur Einbringung der Anklageschrift, zur Übermittelung der Angelegenheit (§ 92) oder zur Einstellung der Nachforschung genügende Daten vorhanden sind (§ 83).

Die Einstellung oder Beendigung der Nachforschung ordnet die königl. Staatsanwaltschaft beziehungsweise im Falle einer Haupt-Privatanklage der Chef der die Nachforschung leitenden Polizeibehörde (§ 84 erster Absatz) an. Die königl. Staatsanwaltschaft kann die Beendigung der Nachforschung auch dann anordnen, wenn ein Bezirksgericht vorgeht (§ 86). Gegen die die Einstellung oder Beendigung der Nachforschung anordnenden Beschlüsse ist ein Rechtsmittel nicht zulässig.

Im Falle einer Übermittelung läfst die die Nachforschung führende königl. Staatsanwaltschaft oder Polizeibehörde den verhafteten Verdächtigten zur zuständigen Behörde überführen.

Von der Einstellung der Nachforschung ist der im Laufe derselben verhörte Verdächtigte und der einen Privatantrag oder eine Anzeige erstattende Verletzte zu verständigen und letzterer auch an seine im § 42 festgesetzten Rechte zu erinnern.

## IX. Kapitel.

## Die Untersuchung.

### I. Zweck und Anordnung der Untersuchung.

§ 102. Zweck der Untersuchung ist: die richterliche Ermittelung und Feststellung jener Daten, auf Grund deren entschieden werden kann, ob die Anordnung der Hauptverhandlung am Platze ist, oder ob das Strafverfahren einzustellen ist.

Die Untersuchung kann über die Grenzen dieses Zweckes hinaus sich nicht erstrecken.

§ 103. Die Untersuchung mufs der Anordnung der Hauptverhandlung vorangehen:

1. im Falle eines Verbrechens, auf welches das Gesetz die Todes- oder die lebenslängliche Zuchthausstrafe setzt;

2. im Falle von, mit einer fünf Jahre übersteigenden Freiheitsstrafe bestimmter Dauer zu bestrafenden Handlungen, ausgenommen, wenn eine Ertappung bei frischer That vorliegt oder der Beschuldigte ein mit den Daten der Nachforschung vollkommen in Übereinstimmung stehendes Geständnis gemacht hat;

3. in Fällen von vor den Gerichtshof gewiesenen anderen strafbaren Handlungen und von im Punkt 2 aufgezählten Ausnahmen:

a) wenn die königl. Staatsanwaltschaft die Untersuchung beantragt;

b) wenn blofs der Privatankläger die Anklage vertritt;

c) wenn der Beschuldigte sich auf Umstände beruft, zu deren Ermittelung oder Feststellung die Untersuchung behufs Vorbereitung der Verteidigung erwünscht ist;

d) wenn der Anklagesenat es aus einer andern Ursache für notwendig erachtet.

§ 104. Die Anordnung der Untersuchung ist in der Regel beim Untersuchungsrichter zu beantragen.

Im Antrage des Anklägers sind die strafbare Handlung, bezüglich welcher, die Person, gegen welche, und die Ursachen genau zu bezeichnen, auf deren Grund der Antragsteller um die Einleitung der Untersuchung ansucht.

Die etwa erstattete Anzeige ist dem Antrage anzuschliefsen. Wurden Nachforschungen gepflogen, so sind die hierauf bezüglichen Schriften und die Beweisgegenstände gleichzeitig mit dem Antrage zusammen zur Vorlage zu bringen.

Im Verabsäumungsfalle beschafft der Untersuchungsrichter die weggebliebenen Akten und Gegenstände.

§ 105. Hinsichtlich der Anordnung oder der Ablehnung der Untersuchung beschliefst in erster Instanz in der Regel der Untersuchungsrichter.

Wenn die Einleitung der Untersuchung der hierzu berechtigte Ankläger beantragt, oder der Beschuldigte darum begründeter Weise ansucht, und wegen der zum Gegenstande der Anklage gemachten Handlung ein strafrechtliches Verfahren am Platze ist, ordnet der Untersuchungsrichter die Untersuchung an; im entgegengesetzten Falle, wie auch wenn er sich als nicht zuständig erachtet, weist er den Antrag ab.

In beiden Fällen ist ein Beschlufs zu erbringen, welcher dem Ankläger, der Privatpartei und dem Beschuldigten mitzuteilen ist. Wenn der Beschuldigte vorhergehend nicht verhört wurde, so ist der die Untersuchung anordnende Beschlufs demselben beim Verhöre mitzuteilen.

§ 106. Die Untersuchung kann nur bezüglich der im Antrage bezeichneten That, und nur gegen das derselben beschuldigte Individuum angeordnet werden. Wenn im Laufe der Untersuchung sich die Notwendigkeit ergiebt, dieselbe auch auf eine andere That, oder gegen eine andre Person auszudehnen, so ist der Untersuchungsrichter verpflichtet, die unaufschiebbaren Untersuchungshandlungen in dieser Richtung auch von Amtswegen vorzunehmen und dann die diesbezüglichen Schriften behufs Antragstellung dem Ankläger mitzuteilen.

§ 107. Gegen den die Untersuchung anordnenden Bescheid des Anklagesenats ist ein Rechtsmittel nicht zulässig.

§ 108. Von der Anordnung der Untersuchung gegen ein im aktiven Dienste befindliches Mitglied der bewaffneten Macht oder der Gendarmerie, gegen ein Mitglied der Polizei oder der Finanzwache, gegen eine im staatlichen, munizipalen, kommunalen oder im Dienste einer Konfession stehende, oder in einen Priesterorden gehörende Person, schliefslich gegen einen bei einer Eisenbahn, Dampfschiffahrts- oder bei einem Bergwerksunternehmen Angestellten ist die betreffende vorgesetzte Behörde von der Anordnung der Untersuchung, gegen einen Advokaten oder öffentlichen Notar aber deren Disziplinarbehörde zu verständigen.

In diesen Fällen ist die Beendigung des Verfahrens den obenbezeichneten Behörden unter Übersendung des im Meritum der Angelegenheit erbrachten rechtskräftigen Beschlusses ebenfalls mitzuteilen.

## II. Die die Untersuchung führenden Richter und der Anklagesenat.

§ 109. Die Untersuchung führt der Untersuchungsrichter in der Regel an seinem Amtssitze, dem Erfordernisse und der Zweckmäfsigkeit nach aber auch aufserhalb desselben, ja auf Grund eines Beschlusses des Anklagesenats auch auf dem Gebiete eines andern Gerichtshofes.

Der Untersuchungsrichter kann zu Zwecken der Besorgung von aufserhalb des Sprengels des an seinem Amtssitze befindlichen Bezirksgerichtes zu veranlassenden einzelnen Untersuchungshandlungen den Untersuchungsrichter oder das Bezirksgericht des Ortes ersuchen, wo diese Untersuchungshandlungen vorzunehmen sind. Er kann behufs Veranlassung der die Zwecke der Untersuchung fördernden, oder sichernden Verfügungen auch an Polizeibehörden und Organe Ersuchen richten.

Diese haben dem Ersuchen dringend Genüge zu leisten, beziehungsweise insofern während der Führung desselben sich die Notwendigkeit einer mit der im Ersuchen bezeichneten Untersuchungshandlung zusammenhängenden oder aus derselben sich ergebenden andern dringenden Untersuchungshandlung herausstellen sollte, auch diese unverzüglich zu vollziehen, wenn aber das Verfahren aufserhalb des Gebietes ihrer Zuständigkeit durchzuführen wäre, das Ersuchschreiben an die für das Verfahren zuständige Behörde unverzüglich zu übersenden und hiervon den requirierenden Richter zu verständigen.

§ 110. Der Anklagesenat kann mit der Führung der Untersuchung aus wichtigen Gründen oder aus überwiegenden Zweckmäfsigkeitsrücksichten ein aufserhalb seines Amtssitzes befindliches Bezirksgericht betrauen. Die Betrauung kann zu jeder Zeit zurückgezogen werden. Gegen derartige Beschlüsse ist ein Rechtsmittel nicht zulässig. Die auf den Untersuchungsrichter bezüglichen Verfügungen dieses Gesetzes sind auch bezüglich jenes Richters des Bezirksgerichtes zu verstehen, welcher auf Grund der Betrauung des Anklagesenates vorgeht.

§ 111. Insofern der Aufschub den Zweck des Verfahrens nicht gefährdet, kann der Untersuchungsrichter hinsichtlich jeder Untersuchungshandlung zur Behebung seiner Zweifel vom Anklagesenate Weisungen erbitten.

§ 112. Den Gang der Untersuchungen überwacht der Anklagesenat des Gerichtshofes. Die Weisungen desselben sind für den Untersuchungsrichter (§§ 109, 110) verpflichtend.

§ 113. Der Ankläger, der Beschuldigte und die Privatpartei können gegen jede Verfügung oder jedes Versäumnis des Untersuchungsrichters beim Anklagesenate mündlich oder schriftlich Beschwerde erheben.

Die Beschwerde kann beim Untersuchungsrichter unmittelbar oder beim Anklagesenate eingereicht werden.

Über die mündliche Beschwerde nimmt der Untersuchungsrichter, beziehungsweise der Präsident des Anklagesenates, oder infolge Betrauung des letzteren ein Unterrichter beim Gerichtshofe, ein Notar oder Vizenotar ein Protokoll auf.

Die bei dem Untersuchungsrichter eingereichte oder zu Protokoll gegebene Beschwerde ist dem Anklagesenate innerhalb vierundzwanzig Stunden vorzulegen.

Wenn der Beschuldigte verhaftet ist, nimmt über seine Beschwerde, sowie auch über die Bitte desselben, dafs ihn der Anklagesenat über seine Beschwerde verhöre, der Untersuchungsrichter oder der königl. Staatsanwalt das Protokoll auf.

§ 114. Der Anklagesenat beschliefst nach Anhörung des Anklägers und des Untersuchungsrichters beziehungsweise nach Beschaffung ihrer Erklärung, und wenn er es für notwendig erachtet, nach Vorladung und Hörung des Beschuldigten, eventuell auch der Privatpartei, oder nach Einverlangung ihrer schriftlichen Äufserung unverzüglich über die Beschwerde. Gegen diesen Beschlufs ist ein Rekurs nicht zulässig.

Die Untersuchung ist auch bis zur Erbringung des Beschlusses des Anklagesenates fortzusetzen.

Die Bitte des am Amtssitze des Anklagesenates in Haft sich befindlichen Beschuldigten, behufs Vortrages seiner Beschwerde dem Anklagesenate vorgeführt zu werden, kann nicht verweigert werden.

§ 115. Der Untersuchungsrichter ist verpflichtet, über den Stand und den Gang der Untersuchungen, mit Hervorhebung der Angelegenheiten der in Haft sich Befindlichen und der Dauer ihrer Haft, dem Anklagesenate in der zu diesem Zwecke im vorhinein anberaumten Sitzung allmonatlich mündlich Bericht zu erstatten. Insofern er es wegen der Wichtigkeit oder Dringlichkeit der Angelegenheit für notwendig erachtet, kann er auch ein andres Mal Bericht erstatten.

Der die Untersuchung führende Richter des Bezirksgerichtes legt diese Monatsberichte schriftlich vor und referiert dieselben ein Mitglied des Anklagesenates.

Auf Wunsch eines Mitgliedes des Anklagesenates oder des Vertreters der königl. Staatsanwaltschaft ist der ganze Text des Berichtes vorzulesen.

§ 116. Von den Sitzungen des Anklagesenates ist das Publikum ausgeschlossen. Der Anklagesenat beratet in der Regel in geschlossener Sitzung, in welcher nur die Mitglieder desselben anwesend sein können. Auch in jenen Fällen, in welchen in der Sitzung des Anklagesenates amtliche oder andre Personen einzuvernehmen sind, erbringt der Anklagesenat seine Beschlüsse in geschlossener Sitzung.

Die königl. Staatsanwaltschaft ist verpflichtet, in den im Sinne des § 114 abgehaltenen Sitzungen des Anklagesenates, und wenn der Anklagesenat sie einladet, auch in andern Sitzungen desselben anwesend zu sein, an den Beratungen jedoch kann sie nicht teilnehmen.

Bei Gelegenheit der vor dem Anklagesenate abgehaltenen Verhandlung stehen dem Vorsitzenden des Anklagesenates die dem Vorsitzenden der Hauptverhandlung, dem Anklagesenate aber die dem Gerichtshofe gebührenden Rechte zu.

### III. Gang der Untersuchung.

§ 117. Der Untersuchungsrichter ist verpflichtet, im Laufe der Untersuchung von Amtswegen, auch ohne einen Antrag abzuwarten, alle jene Verfügungen zu treffen, welche zur Feststellung des wahren Sachverhaltes und zur Erforschung des Thäters und des Teilnehmers erforderlich sind (§ 9).

Die Nachforschung nach solchen Details und Nebenumständen aber, welche aufserhalb des Rahmens des § 102 fallen, ist zu vermeiden.

Die Nachforschungshandlungen sind zu wiederholen: wenn sie lückenhaft sind, zur Behebung eines Zweifels oder einer Undeutlichkeit, oder in dem Falle, wenn sie sich auf einen solchen Beweis beziehen, von welchem wahrscheinlich ist, dafs er in der Hauptverhandlung nicht aufgenommen werden kann.

§ 118. In dem Falle, wenn die strafbare Handlung Spuren zurückgelassen hat, stellt der Untersuchungsrichter dieselben, wenn dies in glaubwürdiger Weise nicht geschehen wäre, mittelst Augenscheines oder in einer andern geeigneten Weise unverzüglich fest. Derselbe verfügt auch dringend wegen Habhaftwerdung des auf der Flucht befindlichen Beschuldigten sowie wegen Beschaffung der auf die Verübung der strafbaren Handlung hinweisenden, oder von derselben stammenden, beziehungsweise der anderweitig als Beweis dienenden Gegenstände und deren Verwahrung.

Sodann verhört er womöglich in erster Reihe den Beschuldigten und beschafft die übrigen Beweise durch Einvernehmung des Verletzten, der Zeugen und der Sachverständigen, ferner durch Vornahme eines Augenscheines eventuell durch Vornahme einer fachmännischen Untersuchung.

§ 119. Die Parteien können beim Untersuchungsrichter während der ganzen Untersuchung und hinsichtlich jeder Untersuchungshandlung Anträge stellen.

§ 120. Die königl. Staatsanwaltschaft kann die Übersendung der Untersuchungsakten zu jeder Zeit verlangen, und kann dies nur in dem Falle verweigert werden, wenn dadurch der Gang des Verfahrens gehemmt würde. Die königl. Staatsanwaltschaft und der Privatankläger können zu jeder Zeit Einsicht in die Untersuchungsakten nehmen.

Der Beschuldigte ist vom Gange und den Ergebnissen der Untersuchung bei seinem Verhör zu verständigen, insofern dadurch der Zweck der Untersuchung nicht gefährdet wird. Über seine Bitte ist ihm eine solche Verständigung unter der obigen Bedingung, auch bei einer andern Gelegenheit zu erteilen.

§ 121. Über jede Untersuchungshandlung ist bei der Vornahme oder unmittelbar nach deren Vollendung ein Protokoll aufzunehmen. Ein Protokollführer ist immer zu verwenden. Zu diesem Zwecke kann der Untersuchungsrichter in Ermangelung eines ordentlichen Protokollführers auch ein andres zu diesem Behufe besonders zu beeidendes Individuum verwenden.

In das Verhörsprotokoll sind die Fragen nur insofern einzutragen, als dies zum Verständnisse der Antworten notwendig ist. Der Inhalt der wesentlichen Antworten ist mit Bezeichnung des Sinnes der gebrauchten Provinzialismen, womöglich wörtlich aufzunehmen. Aus dem Protokolle muſs hervorgehen, wie die wesentlichen Formalitäten des Verfahrens eingehalten worden sind.

Das Protokoll ist dem verhörten und den mitwirkenden Individuen vorzulesen, beziehungsweise ist denselben der Inhalt des Protokolles, wenn sie der Staatssprache nicht mächtig sind, in jener Sprache mitzuteilen, welche sie verstehen.

Daſs dem entsprochen wurde, so wie die Genehmigung, ist im Protokoll zu verzeichnen.

Die verhörten und die mitwirkenden Personen unterfertigen das Protokoll beziehungsweise einen jeden Bogen desselben, eventuell versehen sie dieselben mit ihrem Handzeichen. In letzterem Falle unterfertigt der Protokollführer den Namen und bemerkt dies im Protokolle.

Die Ursache des Unterbleibens der Unterschrift, beziehentlich der Versehung mit dem Handzeichen ist zu erwähnen.

§ 122. Am Protokolle darf mittelst Radierung nichts geändert werden.

Wenn einzelne Worte gelöscht werden müssen, so hat dies in der Weise zu geschehen, daſs diese leserlich bleiben, und ist die erfolgte Streichung sowie die Einschaltung einzelner Worte am Ende des Protokolls anzumerken. Die notwendigen Ergänzungen sind am Ende des Protokolls aufzunehmen.

§ 123. Der Anklagesenat, der Gerichtshof und das höhere Gericht können den Untersuchungsrichter nach Anhörung desselben, wegen Übertretung der in den §§ 121 und 122 enthaltenen Vorschriften mit einer Ordnungsstrafe bis hundert Kronen bestrafen.

§ 124. Die im § 97 enthaltenen Bestimmungen können, mit Ausnahme der Mitglieder der königl. Staatsanwaltschaft und des Protokollführers, auch gegen den am Orte des Untersuchungsverfahrens Anwesenden angewendet werden. Gegen diejenigen, welche bei der Vornahme einer Untersuchungshandlung auch nach Ermahnung von Seite des Untersuchungsrichters ein verletzendes oder rohes Betragen bekunden, kann der Untersuchungsrichter eine bis zu hundert Kronen sich erstreckende, und in Einsperrung umwandelbare Geldstrafe anwenden, im Notfalle kann er den Ordnungsstörenden vom Schauplatze seiner Funktion auch entfernen lassen.

Gegen den in Haft befindlichen Beschuldigten ist wegen einer derartigen Ordnungsstörung eine Disziplinarstrafe zu verhängen. Wegen eines gleichen Betragens des Vertreters der königl. Staatsanwaltschaft und des Protokollführers ist bei der Disziplinarbehörde derselben Anzeige zu machen.

Gegen den Verteidiger, den Advokaten des Privatklägers oder des Verletzten, ferner gegen den Sachverständigen und den gerichtlichen Zeugen kann als Ordnungsstrafe eine Geldbuſse bis 100 Kronen festgestellt werden.

Das der Jurisdiktion des Militärgerichtes unterworfene Individuum kann der Untersuchungsrichter zurechtweisen, im Notfalle vom Schauplatze seiner Funktion entfernen lassen, und ersucht er die zunächst befindliche Militärbehörde um dessen Bestrafung.

Der Untersuchungsrichter entscheidet in diesen Fragen mittelst Bescheid und erwähnt seine Verfügung im Protokoll.

Wenn der Untersuchungsrichter gegen den Privatankläger eine Geldstrafe festgestellt oder gegen den Vertreter desselben oder des Verletzten, gegen den Verteidiger oder gegen einen Sachverständigen oder gerichtlichen Zeugen eine Geldbufse angewendet hat, so hat er hiervon unverzüglich dem Anklagesenate Bericht zu erstatten, welcher die festgestellte Ordnungsstrafe nachsehen oder mildern kann.

§ 125. Der Ankläger und der Verteidiger können beim Verhöre des Beschuldigten und der Zeugen, der Beschuldigte aber beim Verhöre der Zeugen in der Regel nicht anwesend sein.

Sowohl der Ankläger als der Beschuldigte, sowie der Verteidiger desselben sind zum Verhöre eines solchen Zeugen oder Sachverständigen vorzuladen, der zur Hauptverhandlung voraussichtlich nicht erscheinen kann. Die Parteien sowie deren Vertreter können in diesem Falle Anträge stellen und an den Zeugen oder den Sachverständigen nach Beantwortung der Fragen des Untersuchungsrichters Fragen richten, und auf die Antworten Bemerkungen machen.

§ 126. Der richterliche Augenschein, die Hausdurchsuchung, die Beschlagnahme, die Durchsuchung von Schriften und das Verhör der Sachverständigen ist womöglich in Gegenwart der Parteien oder ihrer Bevollmächtigten vorzunehmen. Zu diesem Zwecke ist der Untersuchungsrichter verpflichtet, den Ankläger, den Beschuldigten und den Verteidiger von der Zeit und dem Orte der Durchführung dieser Handlungen, mit Ausnahme der einen Aufschub nicht zulassenden Dringlichkeit, stets im Vorhinein zu verständigen.

Im Falle sowohl des § 125 zweiter Absatz, als auch dieses Paragraphen können zu den Handlungen des Verfahrens auch die nicht vorgeladenen Parteien und deren Vertreter erscheinen und dieselben Rechte ausüben, als wenn sie vorgeladen worden wären.

§ 127. Der in Haft befindliche Beschuldigte kann zu dem Zwecke, um bei den in den §§ 125 und 126 aufgezählten Handlungen anwesend zu sein, vom Orte seiner Verhaftung nur dann in eine andre Gemeinde eskortiert werden, wenn er es selbst wünscht, oder wenn dies zum Erfolge der Durchführung des Augenscheines unbedingt notwendig ist, es steht ihm jedoch das Recht zu, sich bei jenen Handlungen durch einen Bevollmächtigten vertreten zu lassen.

Wenn der in Haft befindliche Beschuldigte einen Bevollmächtigten nicht wählt, so ist für ihn zum Verhör eines Zeugen oder Sachverständigen, der bei der Hauptverhandlung voraussichtlich nicht erscheinen kann, von Amtswegen ein Verteidiger zu bestellen. Die Gebühren und Kosten dieses Verteidigers trägt, wenn dieselben gegen den Beschuldigten nicht festgestellt oder von demselben nicht eingetrieben werden können, das

Staatsärar. Der Untersuchungsrichter kann bei der Durchführung der im § 125 zweiter Absatz aufgezählten Handlungen den Beschuldigten auch in allen jenen Fällen entfernen lassen, in welchen mit Grund zu befürchten steht, dafs in seiner Gegenwart irgend ein Zeuge eine der Wahrheit nicht entsprechende Aussage machen wird. Er ist jedoch verpflichtet, den Inhalt der Aussage eines solchen Zeugen dem Beschuldigten unverzüglich mitzuteilen, und die Bemerkungen desselben bezüglich der Aussage zu Protokoll zu nehmen. Bezüglich jener Fragen, welche der Beschuldigte an den Zeugen zu stellen wünscht, ist der Zeuge von neuem zu verhören.

### IV. Einstellung und Beendigung der Untersuchung.

§ 128. Der Untersuchungsrichter ist verpflichtet die Untersuchung einzustellen, wenn der Ankläger die Anklage fallen läfst und der hierzu Berechtigte die Vertretung der Anklage in der im § 42 bestimmten Zeit nicht übernimmt.

In sonstigen Fällen kann die Untersuchung nur der Anklagesenat oder das urteilende Gericht einstellen.

Von der Einstellung der Untersuchung sind der Ankläger, die Privatpartei und der Beschuldigte mittelst Bescheid zu verständigen, und ist letzterer, wenn er verhaftet ist, sobald die königl. Staatsanwaltschaft die Anklage fallen gelassen hat, allsogleich in Freiheit zu setzen.

§ 129. Wenn der Untersuchungsrichter die Untersuchung für beendet oder für nicht weiter fortzusetzen erachtet, verständigt er hiervon die Parteien behufs Stellung ihrer Anträge und macht den Privat-Ankläger auf die Bestimmungen des § 276 erster Absatz aufmerksam. Mit der Verständigung an die königl. Staatsanwaltschaft sind auch die Akten an die letztere zu übersenden.

Die Parteien können innerhalb 15 Tage vom Empfang der Verständigung gerechnet um die Fortsetzung der Untersuchung ansuchen.

Wenn der Untersuchungsrichter diesen Antrag nicht zu erfüllen erachtet, entscheidet hierüber der Anklagesenat.

Der Anklagesenat teilt den Bescheid, mit welchem derselbe die Untersuchung für beendet erklärt, oder mit welchem derselbe die Ergänzung der Untersuchung, die Aussetzung des Verfahrens (§ 265) oder die Übermittelung der Angelegenheit anordnet, dem Ankläger mit. Von diesen Bescheiden ist nur gegen den die Aussetzung des Verfahrens oder die Übermittelung anordnenden Bescheid ein Rekurs zulässig.

## X. Kapitel.

## Die Ladung des Beschuldigten vor die Behörde und das Verhör desselben.

### I. Vorladeschein und Vorführungsbefehl.

§ 130. In der Regel wird der Beschuldigte von den im Laufe des Strafverfahrens vorgehenden Behörden nur vorgeladen.

Die Vorladung erfolgt mit versiegeltem Vorladescheine. Derselbe hat zu enthalten: den Namen der vorladenden Behörde und des Vorgeladenen, den Ort, den Tag und die Stunde des Verhörs, die Erinnerung, dafs im Falle des Nichterscheinens die Vorführung des Vorgeladenen angeordnet werden wird, schliefslich das amtliche Siegel und die Unterschrift des amtshandelnden Mitgliedes der vorladenden Behörde.

Nach Anordnung der Untersuchung oder der Hauptverhandlung ist im Vorladeschein die als Grund zur Vorladung strafbare Handlung zu bezeichnen und zu erwähnen, dafs das vorgeladene Individuum als Beschuldigter, beziehungsweise als Angeklagter verhört werden wird.

Das im aktiven Dienste stehende Mitglied der bewaffneten Macht oder der Gendarmerie, sowie das zum Personale der Polizei oder der Finanzwache gehörende Individuum ist als Beschuldigter in der Regel im Wege seiner zuständigen Oberbehörde vorzuladen; unter gleichzeitiger Verständigung der letztern können auch sie jedoch unmittelbar vorgeladen werden, wenn die vorgesetzte Behörde nicht im Orte befindlich und Gefahr im Verzuge ist.

Sonstige im öffentlichen Dienste Stehende, oder solche Angestellte von Privatunternehmungen, deren Substituierung im Falle ihrer Entfernung vom Gesichtspunkte des öffentlichen Interesses notwendig ist, sind unter gleichzeitiger Verständigung ihrer Vorgesetzten unmittelbar vorzuladen.

§ 131. Ein Vorführungsbefehl ist zu erlassen, wenn

1. ein gesetzlicher Grund vorläufiger Festnahme (§ 141) obwaltet;

2. der vorschriftsmäfsig vorgeladene (§§ 79, 80) Beschuldigte nicht erschienen ist und sein Wegbleiben mit einem berücksichtigungswerten Grunde nicht entschuldigt hat, sein Erscheinen vor der Behörde auch fernerhin notwendig ist.

Wenn die Vorladung im Sinne des § 80 erfolgt ist, kann ein Vorführungs-Befehl nur gegen denjenigen erlassen werden, welcher mit der Empfangnahme des rekommandierten Schreibens Kenntnis von der Vorladung erhalten hat.

Der Vorführungsbefehl ist schriftlich auszufertigen, und in demselben der vorzuführende Beschuldigte, die ihm zur Last gelegte Handlung und die Ursache der Anordnung der Vorführung genau zu bezeichnen.

Der Befehl ist mit der Bezeichnung, dem Amtssiegel und der Unterschrift der die Vorführung anordnenden Behörde zu versehen.

Der den Vorführungsbefehl Zustellende ist verpflichtet, den Beschuldigten, wenn es notwendig ist, mit Zwangsmafsregeln, eventuell auch mit Anspruchnahme der Brachialgewalt der vorladenden Behörde vorzuführen.

Gegen ein im aktiven Dienste stehendes Mitglied der bewaffneten Macht oder der Gendarmerie kann ein Vorführungsbefehl nicht erlassen werden, sondern es ist um Veranlassung der Vorführung die zuständige Behörde zu ersuchen.

## II. Das Verhör des Beschuldigten.

§ 132. Jeder Beschuldigte mufs abgesondert und mündlich verhört werden. Es kann gestattet werden, dafs der Beschuldigte vor der Beantwortung einzelner verwickelter Fragen in schriftliche Aufzeichnungen Einsicht nehme.

Wenn der Beschuldigte es ausdrücklich verlangt, oder wenn die königl. Staatsanwaltschaft, oder das Mitglied der die Nachforschung veranlassenden Polizeibehörde beziehungsweise der Untersuchungsrichter es für notwendig erachtet, ist das Verhör in Gegenwart zweier gerichtlicher Zeugen vorzunehmen.

Ein im aktiven Dienste stehendes Mitglied der bewaffneten Macht oder der Gendarmerie kann als gerichtlicher Zeuge nicht verwendet werden.

§ 133. Am Beginn des ersten Verhörs ist vom Beschuldigten zu erfragen: sein Name, sein Vater, seine Religion, sein Geburts- und Wohnort, seine Staatsbürgerschaft, Beschäftigung, sein Familienstand, seine Vermögens- und Militärdienstverhältnisse, ferner ob er bereits bestraft war, und wenn ja, wo, warum und weshalb? Wenn Zweifel in die Richtigkeit der Antwort des Beschuldigten gesetzt werden kann, oder wenn es aus andern Gründen sich als notwendig erweist, sind die persönlichen Verhältnisse des Beschuldigten auch in andrer Weise zum Gegenstande der Nachforschung zu machen.

Nach Feststellung der Identität des Beschuldigten soll ihm im allgemeinen die ihm zur Last gelegte strafbare Handlung bekannt gegeben und er befragt werden, ob er zu seiner Verteidigung etwas vorzubringen wünsche.

Im bejahenden Falle soll dem Beschuldigten Gelegenheit gegeben werden, um bezüglich des Thatbestandes eine zusammenhängende, detaillierte Aussage machen und die zu seinen Gunsten dienenden Thatumstände anführen zu können.

Die Fragen sind möglichst nach der Zeitfolge der Thatsachen und im ursächlichen Zusammenhange in der Weise an ihn zu richten, dafs die Lücken seiner Aussage ergänzt, seine Widersprüche aufgeklärt seien, und dafs er von allen gegen ihn vorliegenden und ohne Gefährdung des Zweckes des Verfahrens mitteilbaren Daten Kenntnis erhalte, über dieselben sich äufsern und verteidigen könne. Jene belastende Daten, welche wegen Gefährdung des Zweckes des Verfahrens dem Beschuldigten nicht mitgeteilt werden konnten, müssen nach Aufhören dieser Gefahr, jedenfalls aber vor Beendigung der Untersuchung ihm mitgeteilt werden.

Wenn der Beschuldigte sich auf Thatsachen oder Beweise beruft, welche zur Feststellung seiner Unschuld oder dazu geeignet sind, seine Schuld im mildern Lichte erscheinen zu lassen, sind dieselben, es sei denn, dafs die Absicht einer Verzögerung offenbar ist, dringendst festzustellen, beziehungsweise zu beschaffen.

Wenn der Beschuldigte eine strafbare Handlung vorbringt oder eingesteht, wegen welcher ein Verfahren nicht eingeleitet ist, so ist dieser Teil seiner Aussage in seiner ganzen Ausdehnung abgesondert zu Protokoll zu nehmen und der königl. Staatsanwaltschaft unverzüglich mitzuteilen.

§ 134. Wenn der Beschuldigte auf die Frage betreffend die Darlegung seiner Verteidigung erklärt, nicht schuldig zu sein, hinsichtlich der

Anklage aber sich näher zu äufsern nicht wünscht, so sind weitere Fragen nicht an ihn zu richten. Sohin, wie auch in dem Falle, wenn er überhaupt oder auf gewisse Fragen nicht antworten will, oder wenn er sich taub, stumm, blöde oder geisteskrank stellt, und die Behörde auf Grund ihrer eigenen Wahrnehmung, der Zeugenaussagen oder des Gutachtens von Sachverständigen von der Simulierung sich die Ueberzeugung verschafft, soll der Beschuldigte aufmerksam gemacht werden darauf, dafs sein Verhalten die Fortsetzung des Verfahrens nicht hindert, und dafs er eventuell sich der Verteidigungsmittel begiebt.

§ 135. Behufs Erzielung einer Aussage oder eines Geständnisses des Beschuldigten darf weder ein Versprechen, eine Ermutigung, Täuschung, Drohung, Gewalt oder ein Zwang angewendet, noch darf der Beschuldigte durch nächtliches Verhör oder in anderer Weise absichtlich ermüdet werden.

An den Beschuldigten dürfen unbestimmte, dunkle, mehrdeutige, spitzfindige oder solche Fragen nicht gestellt werden, welche eine Andeutung zur Beantwortung enthalten, oder in welchen eine nicht einbekannte Thatsache als einbekannt oder eine nicht bewiesene Thatsache als bewiesen angenommen wird.

Nach Möglichkeit ist eine jede Frage zu vermeiden, welche einen nur mittelst der Antworten des Beschuldigten festzustellenden Thatumstand enthält. Besonders in den auf den Teilnehmer, den Hehler oder den Begünstiger bezüglichen Fragen dürfen diese nur dann benannt oder näher bezeichnet werden, wenn der Beschuldigte auf eine andre erlaubte Weise zur Namhaftmachung derselben nicht bewogen werden kann. In diesen Fällen mufs die Frage wörtlich in das Protokoll eingetragen werden.

An den Beschuldigten darf bezüglich eines Umstandes eine Frage nicht gestellt werden, welchen er wegen seines Amtes oder seiner Beziehungen im öffentlichen Dienste geheim zu halten verpflichtet ist, es sei denn, dafs seine vorgesetzte Behörde ihn dieser Pflicht enthoben hat.

§ 136. Zum Zwecke der Feststellung der Identität solcher Gegenstände, welche mit der strafbaren Handlung im Zusammenhange stehen, oder als Beweis gegen den Beschuldigten dienen können, ist der Beschuldigte zur eingehenden Beschreibung derselben aufzufordern, und sind sohin die betreffenden Gegenstände behufs Agnoszierung dem Beschuldigten vorzuzeigen, beziehungsweise wenn die zu agnoszierenden Gegenstände nicht vor Gericht gebracht werden können, ist der Beschuldigte zu denselben hinzuführen.

§ 137. Wenn die spätere Aussage des Beschuldigten von der früheren abweicht, insbesondere wenn er sein Geständnis zurückzieht, mufs er über die Ursache der Abweichung beziehungsweise der Zurückziehung des Geständnisses stets befragt werden.

§ 138. Der Beschuldigte kann mit einem andern Beschuldigten oder einem Zeugen auch während der Nachforschung und Untersuchung konfrontiert werden, wenn sie von einander wesentlich abweichende Aussagen gemacht haben und der Widerspruch anders nicht aufgeklärt werden kann, oder wenn mit Grund zu besorgen steht, dafs bei der Hauptverhandlung die Konfrontation nicht erfolgen wird können. Gleichzeitig können nur zwei Beschuldigte, beziehungsweise der Beschuldigte und ein Zeuge mit einander konfrontiert werden.

Das Verlangen des Beschuldigten, bereits während der Nachforschung oder Untersuchung mit seinem Mitschuldigen oder einem Zeugen konfrontiert zu werden, ist zu erfüllen, wenn die Erfüllung keine Schwierigkeiten verursacht.

§ 139. Auch nach erfolgtem Geständnisse des Beschuldigten sind in der Regel die sonstigen Beweise der Schuld des Beschuldigten ebenfalls zu beschaffen.

Wenn jedoch das Geständnis vollkommen erschöpfend ist und auch sonstige Daten des Verfahrens es bekräftigen, hängt die Vornahme der ferneren Nachforschung oder Untersuchung vom Antrage des Anklägers ab.

§ 140. Wenn das das Verhör besorgende behördliche Organ der Sprache, deren der Beschuldigte sich bedient, nicht vollkommen mächtig ist, so ist ein im vorhinein zu beeidender Dolmetsch zu verwenden.

Wenn der Beschuldigte taub ist, jedoch lesen kann, sind die Fragen schriftlich an ihn zu richten; wenn er aber stumm, jedoch des Schreibens mächtig ist, so ist er aufzufordern, die Antworten schriftlich abzugeben, eventuell selbst in das Protokoll zu schreiben. Kann das Verhör auf diese Weise nicht durchgeführt werden, so ist zur Verdolmetschung der Fragen und Antworten des Beschuldigten ein solches Individuum zu verwenden, welches sich mit dem Beschuldigten verständlich machen kann.

Die als Dolmetsch verwendete Person kann als Protokollführer verwendet werden.

## XI. Kapitel.

## Vorläufige Festnahme und Untersuchungshaft.

### I. Vorläufige Festnahme.

§ 141. Die vorläufige Festnahme kann angeordnet werden,

1. im Falle des Betretens auf frischer That, wenn die Identität der Person des auf frischer That Betretenen nicht allsogleich festgestellt werden kann;

2. wenn der Beschuldigte flüchtig geworden ist, oder mit dem Zwecke, sich dem Strafverfahren zu entziehen, sich verbirgt und später bei der Behörde sich freiwillig nicht gemeldet hat; ferner wenn ein Beweis vorliegt dafür, dafs der Beschuldigte Vorbereitungen zur Flucht getroffen hat; schliefslich wenn zufolge dessen, dafs der Beschuldigte, weil er einen ständigen Aufenthaltsort oder eine ordentliche Erwerbsquelle nicht besitzt, oder weil er unbekannt ist und sich nicht ausweisen kann, oder wegen der voraussichtlichen Höhe der anzuwendenden Strafe seine Flucht begründeter Weise zu besorgen steht;

3. wenn Beweise vorhanden sind, dafs der Beschuldigte einen Mitschuldigen, Teilnehmer, Hehler, Begünstiger oder Zeugen zur falschen Aussage, oder zur Verweigerung der Aussage, beziehungsweise einen Sach-

verständigen zur Abgabe eines falschen Gutachtens zu bewegen, oder die Spuren der strafbaren Handlung zu vernichten, zu verändern oder zu verbergen beabsichtigt hat oder beabsichtigt;

4. wenn der Beschuldigte kein ungarischer Staatsbürger ist und mit Grund besorgt werden kann, dafs er, im Falle er auf freiem Fufse belassen würde, auf die neuerliche Vorladung der Behörde nicht erscheinen wird;

5. wenn der Beschuldigte während des gegen ihn eingeleiteten Verfahrens ein neues Verbrechen oder Vergehen begangen hat, oder wenn Beweise vorhanden sind dafür, dafs der Beschuldigte mit der Ausführung des versuchten Verbrechens oder Vergehens oder damit gedroht hat, dafs er ein neues Verbrechen oder Vergehen begehen werde.

§ 142. Die Fälle des Betretens auf frischer That sind:

1. wenn jemand den Thäter oder den Beschuldigten bei der Verübung der strafbaren Handlung betritt;

2. wenn jemand als Augenzeuge, oder durch einen Augenzeugen aufmerksam gemacht, den Thäter oder Teilnehmer allsogleich nach Verübung der strafbaren Handlung ergreift oder verfolgt hat.

Den auf frischer That Betretenen kann jedermann festnehmen. Er ist verpflichtet denselben allsogleich dem zunächst befindlichen Bezirksgerichte, Untersuchungsrichter, der königl. Staatsanwaltschaft oder der Polizeibehörde zuzuführen, oder wenn er dies nicht thun kann, bei der zunächst befindlichen unter den erwähnten Behörden unverzüglich die Anzeige zu erstatten.

Die Behörde nimmt den auf frischer That Betretenen in Gewahrsam, wenn dazu ein gesetzlicher Grund vorhanden ist. Ist die Vorführung nicht zur königl. Staatsanwaltschaft erfolgt, so ist letztere von dem Sachverhalte, sowie von den sonstigen Umständen des Betretens auf frischer That allsogleich, spätestens binnen vierundzwanzig Stunden, zu verständigen.

§ 143. Die vorläufige Festnahme ordnet in der Regel der Untersuchungsrichter, eventuell der Anklagesenat oder das urteilende Gericht, wenn jedoch Gefahr im Verzuge ist, das Bezirksgericht oder die Polizeibehörde (§ 85 erster Absatz) mittelst schriftlichen Beschlusses an. Im Beschlusse ist die Person des Beschuldigten möglichst genau zu bezeichnen, ferner ist die derselben zur Last gelegte strafbare Handlung, der gesetzliche Grund der Festnahme und die Behörde zu erwähnen, welcher der Beschuldigte vorzuführen ist.

Der Beschlufs ist dem Beschuldigten bei der Festnahme, eventuell bei Gelegenheit der Stelligmachung bei der Behörde einzuhändigen; die schriftliche Ausfertigung und Einhändigung kann nur dann, und zwar höchstens auf vierundzwanzig Stunden aufgeschoben werden, wenn Gefahr im Verzuge ist.

Insofern die Festnahme der im § 108 Benannten am Platze ist, ist von der Anordnung derselben die vorgesetzte, beziehungsweise Disziplinarbehörde allsogleich, womöglich vor der erfolgten Festnahme zu verständigen.

Die gegen eine der Jurisdiktion des Militärgerichtes unterworfene Person angeordnete vorläufige Festnahme kann nur im Wege ihrer vorgesetzten Behörde vorgenommen werden.

Gegen die im aktiven Dienste befindlichen oder zur provisorischen Dienstleistung einberufenen Mitglieder der bewaffneten Macht oder der Gendarmerie kann während der Dauer dieser ihrer Dienstleistung die Zivilbehörde in Friedenszeiten nur wegen eines Verbrechens, im Falle der Flucht oder auf Grund des § 141 Punkt 3 die vorläufige Festnahme anordnen.

Im wirklichen Mobilisierungsfalle vom Zeitpunkte der Verlautbarung desselben bis zur Abrüstung kann die Zivilbehörde eine zur mobilisierten Truppe, zu einer Militär-Anstalt oder Behörde gehörende oder einberufene Person nur dann festnehmen, wenn sie auf der Flucht sich befindet, oder dem Militär-Einberufungsbefehle keine Folge geleistet hat, oder wenn gegen sie der begründete Verdacht eines solchen Verbrechens vorliegt, auf welches das Gesetz als geringste Strafe fünfjähriges Zuchthaus oder eine noch schwerere Strafe setzt.

Der zustande gebrachte Militärflüchtling oder dasjenige Mitglied der bewaffneten Macht, welches dem Militär-Einberufungsbefehle nicht Folge geleistet hat, ist allsogleich der nächsten Militärbehörde zu übergeben.

§ 144. Jede öffentliche Behörde, jeder öffentliche Beamte oder jedes behördliche Organ kann denjenigen festnehmen, gegen welchen nach ihrer amtlichen Kenntnis ein Haftbefehl (§§ 143, 150) oder ein Steckbrief erlassen worden ist.

Der Festgenommene ist vor dem nächsten Untersuchungsrichter, Bezirksgerichte, der königl. Staatsanwaltschaft oder Polizeibehörde stellig zu machen.

Die übernehmende Behörde setzt den Festgenommenen allsogleich in Freiheit, sobald sie sich überzeugt, dafs er nicht diejenige Person ist, deren Verhaftung oder Kurrentierung angeordnet worden ist.

Im entgegengesetzten Falle verfügt dieselbe, dafs der Festgenommene jener Behörde vorgeführt werde, welche im Haftbefehle oder im Steckbrief bezeichnet ist.

§ 145. Das Bezirksgericht und die Polizeibehörde sind verpflichtet, die von ihnen festgenommene oder ihnen vorgeführte Person allsogleich, spätestens binnen vierundzwanzig Stunden zu verhören. Der Festgenommene ist nach dem Verhör sofort auf freien Fufs zu setzen, wenn ein gesetzlicher Grund zu seiner ferneren Anhaltung nicht vorliegt.

Wenn die festgenommene Person ein Verbrechen begangen hat, welches zum Wirkungskreis des Militärgerichts gehört, ist sie unverzüglich, spätestens binnen achtundvierzig Stunden der nächstbefindlichen Militärbehörde zu übergeben. In sonstigen Fällen ist die Polizeibehörde verpflichtet, den Festgenommenen sofort nach dem Verhör, spätestens binnen achtundvierzig Stunden, insofern ein Verbrechen oder ein in den Wirkungskreis eines Gerichtshofes gehörendes Vergehen vorzuliegen scheint, dem Untersuchungsrichter, wenn aber eine vor das Bezirksgericht verwiesene strafbare Handlung vorliegt, dem zuständigen Bezirksgerichte vorführen zu lassen.

Sofern das Bezirksgericht den Thatbestand einer in den Wirkungskreis des Gerichtshofes verwiesenen strafbaren Handlung vorliegend erachtet und nach dem Verhör die weitere Festhaltung sich als notwendig erweist, hat es hiervon binnen vierundzwanzig Stunden den Untersuchungsrichter zu verständigen und kann anordnen, dafs der Beschuldigte bis zur Verfügung des Untersuchungsrichters, beziehungsweise des Anklagesenates vorläufig festgehalten bleibe.

§ 146. Die in dem ersten, zweiten und dritten Absatze des § 145 enthaltenen Vorschriften sind auch für den Untersuchungsrichter verpflichtend.

Der Untersuchungsrichter ist verpflichtet, nach dem Verhöre ohne Verzug hinsichtlich der Enthaftung, beziehungsweise der Anordnung oder Aufrechterhaltung der vorläufigen Festhaltung, beziehentlich der Untersuchungshaft, eventuell hinsichtlich der Überführung zur Militärbehörde Verfügung zu treffen.

Auf Grund der vom Bezirksgerichte im Sinne des § 145 letzter Absatz einlangenden Verständigung entscheidet der Untersuchungsrichter allsogleich, oder erwirkt in betreff des gemäfs § 110 zu erteilenden Auftrages den Beschlufs des Anklagesenates. Von diesen Verfügungen ist das Bezirksgericht spätestens in drei Tagen zu verständigen.

§ 147. Die vorläufige Festnahme kann in der Regel nur bis zur Beendigung der Nachforschung und höchstens fünfzehn Tage lang dauern, nichtsdestoweniger kann der Anklagesenat dieselbe über motivierten Vortrag der königl. Staatsanwaltschaft, wenn notwendig, nach Anhörung der Parteien, einmal auf weitere fünfzehn Tage verlängern.

Der Verhaftete ist, wenn gegen ihn eine Anklageschrift nicht eingebracht und infolge dessen die vorläufige Festnahme nicht verlängert (§§ 267, 268, 283), oder wenn gegen ihn die Untersuchungshaft nicht angeordnet worden ist, mit Ablauf der oben bezeichneten Frist sofort auf freien Fufs zu setzen.

## II. Untersuchungshaft.

§ 148. Die Untersuchungshaft kann gegen jenen Beschuldigten angeordnet werden, der auch nach dem Verhör unter dem gewichtigen Verdacht eines Verbrechens oder Vergehens bleibt und gegen den ein oder mehrere der im § 141 Punkt 2—5 bestimmten Thatumstände obwalten.

§ 149. Wenn der Gegenstand der Anklage eine mit Tod oder lebenslänglichem Zuchthaus zu bestrafende Handlung ist, kann die Belassung des Beschuldigten auf freiem Fufse nur vom Anklagesenate bewilligt werden. Wenn der Untersuchungsrichter im Falle eines solchen Verbrechens die Anordnung der Untersuchungshaft zu unterlassen erachtet, erstattet er dem Anklagesenat einen motivierten Vortrag.

Die vorläufige Festnahme ist im Falle eines Vergehens, welches nur über Bevollmächtigung oder auf Verlangen zu verfolgen ist, vor der Erteilung der Bevollmächtigung oder dem Stellen des Verlangens und auf

Grund des § 141 Punkt 2, 3 und 5 nicht zulässig. Die vorläufige Festnahme oder die Untersuchungshaft kann im Falle eines Vergehens, welches im Sinne der Strafgesetze ausschliefslich mit Geldstrafe zu belegen ist, überhaupt nicht angeordnet werden.

Im Falle einer sonstigen geringeren strafbaren Handlung und besonders dann, wenn es wahrscheinlich ist, dafs die vorläufige Festnahme oder die Untersuchungshaft längere Zeit dauern würde als die voraussichtlich zu bemessende Freiheitsstrafe, ist die vorläufige Festnahme oder Untersuchungshaft nur auf Grund des § 141 Punkt 5 statthaft.

§ 150. Die Untersuchungshaft kann der Untersuchungsrichter, eventuell der Anklagesenat, oder das urteilende Gericht anordnen. Die Anordnung mufs immer in einem schriftlichen Beschlusse erfolgen.

Der Beschlufs mufs die genaue Bezeichnung der Person des Beschuldigten, den gesetzlichen Grund der Anordnung und die derselben zu Grunde liegenden Thatumstände enthalten.

Wenn der zu Verhaftende nicht anwesend ist, mufs auch wegen seiner Verhaftung und Stelligmachung Verfügung getroffen werden. Das mit der Verfügung betraute Organ geht nach § 131, Absatz 4 vor.

Der die Untersuchungshaft anordnende Beschlufs ist sofort zu vollziehen, dem Beschuldigten dringend zu verkünden und über seinen Wunsch binnen vierundzwanzig Stunden einzuhändigen.

Bezüglich der der Jurisdiktion eines Militärgerichtes unterstehenden Personen sind die Bestimmungen des § 143 Absatz 3—7 auch hinsichtlich der Untersuchungshaft anzuordnen.

§ 151. Der Anklagesenat ist verpflichtet, über die Berufung gegen die Anordnung der vorläufigen Festnahme, beziehungsweise der Untersuchungshaft binnen zwei Tagen, vom Einlangen derselben gerechnet, zu beschliefsen, oder wenn er die Vernehmung der Parteien für notwendig findet, dazu binnen derselben Zeit einen nahen Termin anzuberaumen. Der beim Bezirksgerichte in Haft befindliche Beschuldigte ist behufs seiner Einvernehmung nur dann dem Anklagesenat vorzuführen, wenn er an dessen Amtssitze keinen Verteidiger hat. Am anberaumten Termine mufs auf jeden Fall ein entscheidender Beschlufs gefafst werden.

Der Beschlufs des Anklagesenates ist sofort zu vollziehen.

Wenn gegen den Bescheid des Anklagesenates eine Berufung eingelegt wurde, so sind der königl. Gerichtstafel nur jene Akten, und wenn dieselben zur Fortsetzung des Verfahrens unentbehrlich sind, deren Abschriften vorzulegen, welche zur Entscheidung betreffend die Anordnung der vorläufigen Festnahme beziehungsweise der Untersuchungshaft notwendig sind.

### III. Unterbringung der vorläufig Festgenommenen und der Untersuchungshäftlinge und die Behandlung derselben.

§ 152. Sowohl die vorläufige Festnahme als die Untersuchungshaft sind mit der gröfsten Schonung zu vollziehen.

Der vorläufig Festgenommene sowie der Untersuchungshäftling ist nach Möglichkeit von jedermann abgesondert in einem besonderen Lokale zu verwahren. Wenn dies nicht möglich ist, mufs darauf gesehen werden, dafs männliche Festgenommene mit Frauen, ferner Thäter und Teilnehmer ein und derselben strafbaren Handlung miteinander, sowie junge Personen, oder Individuen unbemakelten Vorlebens, nicht mit Häftlingen bemakelten Vorlebens und mit älteren Häftlingen in ein Lokal eingesperrt werden.

Aufserdem ist bei der Untersuchung womöglich auf den Bildungsgrad der Häftlinge, auf ihre gesellschaftliche Stellung und die Qualität der ihnen zur Last gelegten strafbaren Handlung, ferner darauf Rücksicht zu nehmen, dafs die vorläufig Festgenommenen und die Untersuchungshäftlinge von den rechtskräftig Verurteilten abgesondert werden.

§ 153. In besonders berücksichtigungswürdigen Ausnahmsfällen kann der Anklagesenat über Ansuchen des Beschuldigten, nach Anhörung der königl. Staatsanwaltschaft und des Untersuchungsrichters unter der Bedingung, dafs dadurch der Zweck der Verwahrung ebenso erreicht werden könne, bewilligen, dafs der Beschuldigte während eines Teiles oder der ganzen Dauer der vorläufigen Festnahme beziehungsweise der Untersuchungshaft in seiner Wohnung bewacht werde. Die Kosten seiner besonderen Bewachung hat der Beschuldigte vorzulegen und zu tragen.

§ 154. Gegenüber dem vorläufig Festgenommenen und dem Untersuchungshäftling ist aufser den Verfügungen, welche zur Verhinderung der Flucht und der den Zweck des Verfahrens gefährdenden Verabredung, ferner zur Aufrechterhaltung der Gefängnisordnung notwendig sind, jede Beschränkung oder jeder Zwang zu vermeiden. Der Untersuchungsrichter hat die Einhaltung dieser Vorschrift zu überwachen.

Der Untersuchungsrichter kontrolliert die Korrespondenz der Festgenommenen und der Sträflinge, sowie die an dieselben gelangenden Sendungen, und gestattet die denselben zu machenden Besuche. Ohne seine Erlaubnis beziehungsweise Kontrolle können aufser dem Gefängnispersonale nur die Mitglieder der königl. Staatsanwaltschaft und mit der im § 62 dritter Absatz enthaltenen Beschränkung, der Verteidiger mit dem Häftling verkehren.

Die Absendung eines an die höhere Justizbehörde gerichteten Gesuches oder einer Beschwerde aber kann der Untersuchungsrichter nicht verweigern.

In jenen Angelegenheiten, in welchen eine Untersuchung nicht angeordnet ist, kontrolliert der königl. Staatsanwalt beziehungsweise das Bezirksgericht den Vollzug der vorläufigen Festnahme, sowie unter Anwendung der in den vorhergehenden Absätzen enthaltenen Vorschriften die Korrespondenz der Häftlinge und die denselben zu machenden Besuche.

§ 155. Der vorläufig Festgenommene und der Untersuchungshäftling kann sich die Bequemlichkeit, welche seiner Stellung und seinen Vermögensverhältnissen entspricht, auf eigene Kosten verschaffen. Insbesondere hat er das Recht, sich auf eigene Kosten zu verköstigen, sowie seine eigenen Kleider und sein eigenes Bettzeug zu benützen.

Er kann auch eine entsprechende Arbeit ausführen beziehungsweise seine ordentliche Beschäftigung ausüben, wenn dies mit dem Zwecke der

Festnahme und der Ordnung und den Vorschriften des Gefängnisses nicht im Widerspruche steht.

§ 156. Beim Vollzug der vorläufigen Festnahme und der Untersuchungshaft kann die Polizeibehörde und deren Organe dem Häftlinge nur dann Fesseln anlegen, wenn er sich widersetzt, oder wenn seine Flucht mit Grund zu besorgen steht, und diese auf andre Weise nicht verhindert werden kann. Sie sind jedoch verpflichtet, von der Anwendung der Fesseln jener Behörde, welcher sie den Verhafteten übergeben, sofort die Anzeige zu erstatten.

Im Gefängnisse können dem vorläufig Festgenommenen Fesseln nur über Anordnung des königl. Staatsanwaltes, der die Nachforschung pflegenden Polizeibehörde (§ 85 erster Absatz), des Bezirksgerichtes oder des Untersuchungsrichters, dem Untersuchungshäftling aber nur über Anordnung des Untersuchungsrichters und blofs dann angelegt werden, wenn er ein gewaltthätiges oder unbotmäfsiges Benehmen bekundet, einen Selbstmord versucht, oder die Absicht zu fliehen verraten hat.

Wenn aus einem dieser Gründe eine unverzügliche Verfügung notwendig ist, kann jedes Mitglied des Wachpersonales des Gefängnisses Fesseln in Anwendung bringen, ist jedoch verpflichtet, dies dem königl. Staatsanwalte, dem mit der Aufsicht des Polizeigefängnisses betrauten Mitgliede der Behörde beziehungsweise dem Untersuchungsrichter sofort anzuzeigen. Die letzteren haben die entsprechenden Verfügungen unverzüglich zu treffen.

## IV. Die Aufhebung der vorläufigen Festnahme und der Untersuchungshaft.

§ 157. Die vorläufige Festnahme und die Untersuchungshaft mufs sofort aufgehoben werden, sobald die königl. Staatsanwaltschaft die Anklage fallen gelassen und auch ohne dies, sobald der Grund der Anordnung aufgehört hat.

Pflicht der vorgehenden Behörden und behördlichen Organe ist dahin zu wirken, dafs die vorläufige Festnahme und die Untersuchungshaft möglichst kurze Zeit dauern.

§ 158. Wenn der Gerichtshof bezüglich der Anklage, welche als Grund der Anordnung der vorläufigen Festnahme oder der Untersuchungshaft gedient, einen Einstellungsbeschlufs oder ein freisprechendes Urteil gefällt hat, so ist derselbe verpflichtet, in demselben die sofortige Versetzung des Festgenommenen auf freien Fufs zu verordnen.

In solchem Falle ist auch der Einstellungsbeschlufs stets mittelst Verkündung der königl. Staatsanwaltschaft unverzüglich mitzuteilen.

Wenn die königl. Staatsanwaltschaft gegen den Beschlufs oder das Urteil im Meritum der Sache und auch gegen den die Freilassung verordnenden Teil derselben sofort ein Rechtsmittel anmeldet, so kann der Gerichtshof aus aufserordentlich gewichtigen Gründen ausnahmsweise verordnen, dafs die vorläufige Festnahme oder Untersuchungshaft bis zum Herablangen der Entscheidung der königl. Gerichtstafel aufrecht erhalten bleibe.

Das gegen die Entscheidung der königl. Gerichtstafel angemeldete Rechtsmittel hat bezüglich der Freilassung keine aufschiebende Wirkung.

Wird gegen einen gemeingefährlichen Geisteskranken das Verfahren eingestellt oder ein freisprechendes Urteil gefällt, so ist er statt freigelassen zu werden, der nächsten Verwaltungsbehörde abzuliefern.

§ 159. Die vom Untersuchungsrichter auf Grund des § 141 Punkt 2 und 4 verhängte Untersuchungshaft kann in der Regel nur drei Monate dauern. Diese Frist kann der Anklagesenat in Ausnahmsfällen und auf Grund wichtiger Ursachen um einen Monat verlängern. Die Verlängerung kann wiederholt werden, jedoch ist sie stets zu begründen.

Die wegen der Gefahr der Veränderung, der Verbergung oder der Vernichtung der Spuren der strafbaren Handlung auf Grund des § 141 Punkt 3 verhängte Untersuchungshaft kann nur bis zur Sicherung dieser Spuren, die wegen der Gefahr der Verabredung (§ 141 Punkt 3) angeordnete Untersuchungshaft aber nur bis zum Verhör des betreffenden Thäters, Teilnehmers oder Zeugen, beziehungsweise bis zur Abgabe des Gutachtens des Sachverständigen dauern, und kann sich in beiden Fällen nicht über ein Monat erstrecken. Bei Ausnahmsumständen und aus wichtigen Gründen kann der Anklagesenat diese Frist höchstens um je ein Monat zweimal verlängern. Mit Ablauf der verlängerten Frist ist die auf Grund des § 141 Punkt 3 angeordnete Untersuchungshaft auf jeden Fall aufzuheben.

Der Anklagesenat ist auf Grund des Ansuchens der Parteien nach Anhörung des Untersuchungsrichters und im Notfalle der Parteien, eventuell nach Einverlangung der Akten auch vor Ablauf der oben bezeichneten Fristen darüber zu beschliefsen verpflichtet, ob die Untersuchungshaft in irgend einer Angelegenheit aufrecht zu erhalten oder aufzuheben sei.

§ 160. Der Untersuchungsrichter kann in der Regel die von ihm verhängte oder mittelst Beschlufs aufrecht erhaltene (§§ 98, 146) vorläufige Festnahme und Untersuchungshaft aufheben.

Wenn jedoch die Anordnung oder Aufrechterhaltung derselben die königl. Staatsanwaltschaft beantragt hat und die in den §§ 147 und 159 bestimmte längste Dauer derselben noch nicht abgelaufen ist, beziehungsweise wenn der Anklagesenat dieselbe noch verlängern kann, so kann der Untersuchungsrichter den Häftling nur mit Zustimmung der königl. Staatsanwaltschaft auf freien Fufs setzen. Falls die königl. Staatsanwaltschaft der Freilassung nicht beistimmt, erbittet der Untersuchungsrichter ohne Verzug, höchstens binnen vierundzwanzig Stunden den Beschlufs des Anklagesenates und setzt die Freilassung aus, bis er Kenntnis vom Beschlusse erlangt.

Im Falle einer mit Tod oder mit lebenslänglichem Zuchthause zu bestrafenden Handlung kann die Freilassung des Beschuldigten nur der Anklagesenat verordnen.

Der Antrag des Privatanklägers beschränkt den Untersuchungsrichter nicht in der Enthaftung.

§ 161. Wird der vorläufig Festgenommene oder der Untersuchungshäftling in Freiheit gesetzt, das Verfahren jedoch gegen ihn fortgesetzt, so kann während der Nachforschung über Ersuchen der königl. Staatsanwaltschaft oder der Polizeibehörde der Untersuchungsrichter, nach Anordnung der Untersuchung aber der Untersuchungsrichter oder das vorgehende Gericht in Ausnahmsfällen aus wichtigen Gründen dem Beschuldigten auftragen, bis zur rechtskräftigen Beendigung des Verfahrens in eine bestimmte Gemeinde oder an einen bestimmten Ort sich nicht zu begeben, oder von dem ihm bezeichneten Orte ohne Erlaubnis des Gerichtes sich nicht zu entfernen.

Die Übertretung dieses Auftrages sowie der Ungehorsam gegen den Vorladeschein kann die neuerliche Anordnung der vorläufigen Festnahme beziehungsweise der Untersuchungshaft nach sich ziehen. Hierüber ist der Enthaftete aufzuklären. Von der Enthaftung der im § 108 Benannten ist ihre vorgesetzte beziehungsweise Disziplinarbehörde unverzüglich zu verständigen.

§ 162. Das auf Grund des § 141 Punkt 2 oder 4 vorläufig festgenommene oder in Untersuchungshaft zu setzende oder in Haft befindliche Individuum ist auf freiem Fuſs zu belassen, beziehungsweise auf freien Fuſs zu setzen, wenn er selbst, oder statt ihn ein anderer eine entsprechende Kaution leistet, und diese mit Rücksicht auf die den Gegenstand der Anklage bildende strafbare Handlung und auf die persönlichen Verhältnisse des Beschuldigten, die Flucht desselben unwahrscheinlich macht.

§ 163. Die Kaution muſs in Barem oder in solchen Wertpapieren erlegt werden, welche bei den öffentlichen Kassen als Kaution angenommen werden.

Es kann auch eine auf die Bezahlung einer bestimmten Summe lautende und hypothekarisch sichergestellte, vom Beschuldigten oder von dritten Personen ausgestellte solche bindende Erklärung angenommen werden, welche jenen Bedingungen entspricht, die bezüglich eines aus Waisenkassen zu gewährenden Darlehens festgestellt sind.

§ 164. Die Kaution ist bei dem vorgehenden Gerichte anzubieten. In betreff der Annahme, der Art und des Betrages derselben entscheidet nach Anhörung der königl. Staatsanwaltschaft nach Maſsgabe des Stadiums des Verfahrens der Anklagesenat oder das urteilende Gericht.

Wenn das Gericht es für notwendig findet, verhört es vor der Festsetzung der Höhe der Kaution auch den Beschuldigten.

Der von Seite der königl. Staatsanwaltschaft gegen die Anordnung der Freilassung gegen Kaution angemeldete Rekurs hat eine aufschiebende Wirkung. Insofern die königl. Staatsanwaltschaft bloſs bezüglich der Art oder des Betrages der Kaution den Rekurs ergriffen hat, beschlieſst der Gerichtshof in betreff der Freilassung oder weiteren Inhafthaltung des Beschuldigten.

§ 165. Der gegen Kaution auf freien Fuſs gesetzte Beschuldigte kann wieder festgenommen werden, wenn er zu fliehen versucht, wenn er über vorschriftsmäfsige Vorladung vor der Behörde nicht erscheint und sein Nichterscheinen in annehmbarer Weise nicht entschuldigt, oder wenn gegen ihn irgend ein gesetzlicher Grund zur Anordnung der Untersuchungshaft nach seiner Belassung auf freiem Fufse oder nach seiner Enthaftung aufgetaucht ist.

§ 166. Ist der Verlust der Kaution rechtskräftig noch nicht ausgesprochen worden, so wird dieselbe frei und ist dem Erlegenden rückzustellen, wenn der Beschuldigte wegen derselben strafbaren Handlung festgenommen, wenn der die vorläufige Festnahme beziehungsweise die Untersuchungshaft anordnende Beschlufs aufser Kraft gesetzt, wenn das Verfahren mittelst rechtskräftigen Einstellungsbeschlusses oder freisprechenden Urteiles beendet wird, oder wenn der Verurteilte seine Freiheitsstrafe angetreten hat, oder wenn er nur zu einer Geldstrafe verurteilt wurde, oder wenn seine Strafbarkeit erloschen ist.

§ 167. Wenn die Kaution noch nicht freigeworden ist (§ 166), verliert der Erleger sein Recht auf den als Kaution dienenden Wert, beziehungsweise kann der hypothekarisch sichergestellte Betrag beigetrieben werden, sobald der auf freien Fufs gesetzte Beschuldigte über vorschriftsmäfsige Vorladung binnen drei Tagen nicht erscheint und sein Wegbleiben auf eine annehmbare Weise nicht entschuldigt, oder wenn er flüchtig geworden ist.

Die für den Beschuldigten eine Kaution leistende Person kann ihr Recht auf die Kaution damit aufrechterhalten, dafs sie den Beschuldigten binnen der von Seite des Gerichtes anzuberaumenden Frist stellig macht, oder von seinen Vorbereitungen zur Flucht das Gericht rechtzeitig so verständigt, dafs der Beschuldigte noch festgenommen werden kann.

Über den Verlust der Kaution entscheidet der Anklagesenat beziehungsweise das urteilende Gericht (§ 164 Absatz 1, § 538 Absatz 2) nach Anhörung des Anklägers, des seinen Anspruch anmeldenden Verletzten und des Beschuldigten, beziehungsweise andrer Personen, welche die Kaution geleistet haben.

Nach dem Inrechtskrafttreten des in dieser Sache erbrachten Bescheides kann derselbe ebenso vollstreckt werden, wie eine vollstreckbare öffentliche Urkunde.

§ 168. Die für verwirkt erklärte Kaution ist in erster Reihe zur Entschädigung des Verletzten und zur Deckung der strafrechtlichen Kosten zu verwenden, die verbleibende Summe verfällt aber zu Gunsten der Staatskassa.

In dieser Sache entscheidet der Anklagesenat. Im Falle einer nicht begründeten oder übertriebenen Forderung ist der Verletzte an das Civilgericht zu weisen. Das Staatsärar haftet blofs bis zur Höhe des als Kaution eingeflossenen Betrages.

# XII. Kapitel.

## Beschlagnahme, Haus- und Leibes-Durchsuchung.

### I. Beschlagnahme.

#### *a) Allgemeine Bestimmungen.*

§ 169. Jene Gegenstände, welche nach den Strafgesetzen zu konfiszieren sind, oder im Strafverfahren zur Beweisführung benützt werden können, sind zu beschlagnahmen und in richterliche Verwahrung zu nehmen, oder ihre Verwahrung in andrer Weise sicher zu stellen.

Wenn der betreffende Gegenstand im Besitze oder in der Innehabung irgend jemandes ist, so hat dessen Beschlagnahme in einem schriftlichen Beschlufs ausgesprochen zu werden.

Jene amtlichen Dienstesakten und sonstige Gegenstände, welche ein Dienstesgeheimnis bilden, oder ohne welche der öffentliche Dienst nicht versehen werden kann, sind, insofern dieselben im Strafverfahren zur Beweisführung benützt werden können, zu Protokoll zu nehmen, und in der Verwahrung der betreffenden Civil- oder Militärbehörde zu belassen.

§ 170. Den im § 169 erster Absatz bezeichneten Gegenstand mufs über Aufforderung der zur Beschlagnahme zuständigen Behörde, beziehungsweise ihres Organes (§ 189 Absatz 1) jedermann ausfolgen.

Wenn der Besitzer oder Inhaber die Ausfolgung verweigert und der zu beschlagnahmende Gegenstand auch im Wege der Hausdurchsuchung nicht beschafft werden kann, ist der Besitzer oder Inhaber unter Androhung einer bis tausend Kronen sich erstreckenden und in Einsperrung umwandelbaren Geldstrafe zur Ausfolgung des Gegenstandes innerhalb einer kurzen Fallfrist aufzufordern.

Wenn diese Frist erfolglos abläuft, und es nicht zweifelhaft ist, dafs der zu beschlagnahmende Gegenstand im Besitze oder in der Innehabung des Aufgeforderten ist, so hat die Geldstrafe in Anwendung zu kommen. Im Falle einer weiteren Weigerung kann der Besitzer oder Inhaber festgenommen werden. Diese Festnahme kann, wenn das Verfahren wegen einer Übertretung eingeleitet worden ist, höchstens sechs Wochen, im Falle eines Verbrechens oder Vergehens aber höchstens sechs Monate dauern, und ist sofort aufzuheben, sobald der Besitzer oder der Inhaber den gewünschten Gegenstand ausfolgt, oder dessen Beschlagnahme ermöglicht, oder die Beschlagnahme des Gegenstandes in andrer Weise gelingt.

Gegen den Beschuldigten, sowie gegen die von der Verpflichtung der Zeugenschaft befreite Person kann diese Strafe nicht in Anwendung kommen.

Wenn ein im aktiven Dienste stehendes Mitglied der bewaffneten Macht oder der Gendarmerie zur Ausfolgung eines zu beschlagnahmenden Gegenstandes aufgefordert wurde und die Aufforderung erfolglos blieb, so ist wegen Anwendung der entsprechenden Zwangsmittel der Vorgesetzte der aufgeforderten Person zu ersuchen, welcher den sich Weigernden zur Ausfolgung des zu beschlagnahmenden Gegenstandes zwingt.

*b) Beschlagnahme von Briefen, Telegrammen und sonstigen Sendungen.*

§ 171. Wenn der Beschuldigte wegen eines Verbrechens oder wegen eines nicht blos mit einer Geldstrafe zu ahndenden Vergehens in Untersuchung steht, oder festgenommen ist, oder wenn gegen ihn wegen einer solchen strafbaren Handlung die Vorführung, die Verhaftung oder die Hauptverhandlung angeordnet ist und solche Umstände obwalten, aus welchen mit Grund gefolgert werden kann, dafs die an ihn gerichteten, oder von ihm stammenden Briefe, Telegramme und sonstige Sendungen gegen ihn oder seinen Mitbeschuldigten als Beweis dienen können, so können dieselben beschlagnahmt werden und sind die Post- und Telegraphenämter, sowie die sonstigen Transport- oder Verfrachtungsanstalten verpflichtet, dieselben hinauszugeben.

Im Falle des Obwaltens der oberwähnten Umstände können bei den aufgezählten Ämtern und Anstalten jene Briefe, Telegramme und sonstige Sendungen beschlagnahmt werden, bezüglich welcher gewichtige Daten darauf hinweisen, dafs dieselben an den Beschuldigten gerichtet sind oder von ihm herstammen, oder dafs sie zur Verheimlichung ihrer wirklichen Bestimmung beziehungsweise zur Vereitelung der Beschlagnahme frisch adressiert sind.

§ 172. Die zwischen den Beschuldigten und den im § 205 Punkt 1 aufgezählten Angehörigen desselben, schliefslich die zwischen letzteren gewechselten Briefe und sonstigen schriftlichen Mitteilungen können bei den Angehörigen ohne ihre Einwilligung nur in dem Falle beschlagnahmt, beziehungsweise durchgesehen werden, wenn ein gewichtiger Verdacht der Teilnahme, der Hehlerei oder der Begünstigung dieselben belastet.

Die zwischen dem Beschuldigten und seinem Verteidiger gewechselten Briefe und sonstigen schriftlichen Mitteilungen können bei dem Verteidiger, — wenn letzterer auch nicht mehr im Interesse des Beschuldigten vorgeht, — ohne seine Einwilligung nur in dem Falle beschlagnahmt beziehungsweise durchgelesen werden, wenn gegen den Verteidiger die Untersuchung wegen Teilnahme, Hehlerei oder Begünstigung angeordnet ist.

### II. Haus- und Leibes-Durchsuchung.

§ 173. Das Haus, die Wohnung des eines Verbrechens, oder eines nicht blofs mit einer Geldstrafe zu ahndenden Vergehens verdächtigten Beschuldigten, sowie die von ihm innegehabten oder benutzten andern Räumlichkeiten und die in denselben gefundenen Gegenstände können durchsucht werden, wenn mit Grund angenommen werden kann, dafs dies zur Habhaftwendung des Thäters oder des Teilnehmers oder zur Entdeckung eines Beweismittels führt.

§ 174. Auch das Haus, die Wohnung und sonstigen Räumlichkeiten anderer können durchsucht werden, wenn die strafbare Handlung dort verübt worden ist, wenn der Beschuldigte während der Verfolgung sich dorthin geflüchtet hat, oder dort ergriffen wurde, wenn überaus gewichtige Thatsachen es wahrscheinlich machen, dafs dort der Thäter oder

der Teilnehmer oder der als Beweis dienende Gegenstand aufgefunden werden kann, oder wenn der Inhaber des Hauses, der Wohnung beziehungsweise einer sonstigen Räumlichkeit unter polizeilicher Aufsicht steht.

§ 175. Wirtshäuser, Schenken, Freudenhäuser und jene öffentlichen und dem Publikum offen stehende Lokalitäten, in welchen verbotene Glücksspiele betrieben werden oder welche als regelmäfsige Schlupfwinkel von Verbrechern dienen, können auch in Übertretungsfällen ohne richterlichen Beschlufs wann immer durchsucht werden.

§ 176. Durchsucht werden können die auf dem Leibe einer Person befindlichen Kleider sowie sonstige Gegenstände, welche gewichtige Gründe eines Verbrechens, oder eines mit Gefängnis zu bestrafenden Vergehens belastet, oder welche der Behörde als Gewohnheitsverbrecher bekannt ist.

Eine Leibes-Durchsuchung kann auch gegen denjenigen angewendet werden, welcher der Wahrscheinlichkeit nach irgend einen als Beweis dienenden Gegenstand bei sich verbirgt.

Nichtsdestoweniger kann wider die Angehörigen (§ 205 Punkt 1) des Beschuldigten eine Leibes-Durchsuchung auf dieser Grundlage nur dann durchgeführt werden, wenn sie ein gewichtiger Verdacht der Teilnahme, Hehlerei oder Begünstigung belastet. Wider den Verteidiger kann auch dann, wenn er nicht mehr in Vertretung des Beschuldigten vorgeht, eine Leibes-Durchsuchung nur auf der im zweiten Absatze bezeichneten Grundlage und nur dann durchgeführt werden, wenn gegen ihn wegen Teilnahme, Hehlerei, oder Begünstigung eine Untersuchung angeordnet ist.

### III. Anordnung der Beschlagnahme, der Haus- und Leibes-Durchsuchung.

§ 177. Die Beschlagnahme ist im Falle des § 169 zweiter Absatz, die Haus- und Leibes-Durchsuchung aber immer mittelst schriftlichen Beschlusses anzuordnen.

Zur Anordnung ist in der Regel der Untersuchungsrichter, wenn jedoch die Verzögerung mit Gefahr verbunden ist, das Bezirksgericht und mit Ausnahme der §§ 171 und 172 auch die die Nachforschung pflegende Polizeibehörde berechtigt.

Gegen die Verfügungen des Bezirksgerichtes und des Untersuchungsrichters kann beim Anklagesenate, gegen die Verfügung der Polizeibehörde aber bei dem in der Angelegenheit zuständigen Gerichte erster Instanz Vorstellung gemacht werden.

§ 178. Die Beschlagnahme des im § 171 bezeichneten Gegenstandes kann der Untersuchungsrichter oder das Bezirksgericht mit einem an das betreffende Post-, Telegraphen- oder Telephonamt, die Transport- oder Verfrachtungsanstalt adressierten und die genaue Bezeichnung der zu beschlagnahmenden Sendung enthaltenen schriftlichen Beschlusse, im Falle persönlichen Erscheinens aber unter Aufnahme eines Protokolles mündlich anordnen. Im letzteren Falle bleibt ein Exemplar des Protokolls bei dem betreffenden Post-, Telegraphen- oder Telephonamte, der Transport- oder Verfrachtungsanstalt.

Die Beschlagnahme kann auch mittelst Telegramms oder Telephons angeordnet werden, es ist jedoch in diesem Falle der formelle Beschlufs nachträglich allsogleich zu übersenden.

Im Falle unaufschiebbarer Dringlichkeit kann die Beschlagnahme in der im ersten und zweiten Absatze bestimmten Weise auch die Staatsanwaltschaft anordnen, und sind in diesem Falle die erwähnten Ämter und Angestellten verpflichtet, die beschlagnahmte Sendung drei Tage lang von der Erlangung der Kenntnis vom Beschlusse gerechnet zurückzuhalten. Wenn der seitens der königl. Staatsanwaltschaft unverzüglich zu verständigende Untersuchungsrichter während dieser Zeit die Beschlagnahme nicht aufrecht erhält und seinen in dieser Angelegenheit gefafsten Beschlufs der betreffenden Anstalt nicht mitteilt, verliert die Beschlagnahme ihre Wirkung und sind die beschlagnahmten Gegenstände dem Adressaten auszufolgen, beziehungsweise an den Ort ihrer Bestimmung zu senden.

§ 179. Wenn zur Erledigung der Angelegenheit die Besichtigung eines Gegenstandes notwendig ist, welche unter der Verwahrung irgend einer öffentlichen Behörde oder eines Amtsorganes sich befindet, oder wenn das Gericht ein amtliches Aktenstück benötigt, so hat es die betreffende Behörde um die Übersendung des benötigten Gegenstandes oder Aktes, beziehungsweise um die Ausfolgung desselben zu ersuchen.

Wenn die Behörde oder deren Organ die Erfüllung des Ersuchens verweigert, so ist an den Justizminister Bericht zu erstatten.

### IV. Vollzug der Beschlagnahme, der Haus- und Leibes-Durchsuchung.

§ 180. Der Untersuchungsrichter oder das Bezirksgericht vollziehen die von ihnen angeordnete Beschlagnahme, Haus- oder Leibes-Durchsuchung in der Regel selbst, doch können sie sie im Notfalle auch durch die Polizeibehörden und -Organe vollziehen lassen.

Das polizeiliche Organ kann eine Hausdurchsuchung ohne Beschlufs der zur Anordnung berechtigten Behörde nur im Falle des Ergreifens auf frischer That und des § 175, ferner dann vollziehen, wenn dies behufs Habhaftwerdung eines entwichenen Sträflings notwendig ist, wenn dasselbe infolge eines Hilferufes erschienen ist, wenn der über das Haus oder die Räumlichkeit Verfügende es wünscht, wenn letzterer unter polizeilicher Aufsicht steht, oder wenn derselbe der Behörde als Gewohnheits-Verbrecher bekannt ist, oder wenn seine Vorführung, beziehungsweise Festnahme angeordnet ist.

§ 181. Die Beschlagnahme und die Hausdurchsuchung ist in der Regel in Gegenwart desjenigen oder seines Bevollmächtigten zu vollziehen, gegen welchen diese Handlungen angeordnet sind.

Bei dem Vollzuge dieser Mafsregeln sowie beim Vollzug der Leibes-Durchsuchung müssen mindestens zwei Zeugen anwesend sein. Die Verfügung des § 132 dritter Absatz ist auch in diesem Falle in Anwendung zu bringen.

Wenn derjenige, gegen welchen die Beschlagnahme oder die Hausdurchsuchung zu vollziehen ist, abwesend und auch dessen Bevollmächtigter nicht anwesend ist, so mufs aus der Reihe der volljährigen Familienmitglieder oder der Nachbaren desselben ein Vertreter bestellt werden. Der bestellte Vertreter kann beim Vollzug dieser Handlungen alle jene Rechte ausüben, welche demjenigen zustehen, gegen den diese Handlungen angeordnet sind.

§ 182. Vor dem Vollzuge der Beschlagnahme, der Haus- und Leibes-Durchsuchung ist der dies anordnende Beschlufs demjenigen, gegen den diese Handlungen angeordnet sind, eventuell seinem Bevollmächtigten, beziehungsweise dem für ihn bestellten Vertreter zu verkünden, und ihnen auf Wunsch der Beschlufs samt der Abschrift des Verzeichnisses der beschlagnahmten Gegenstände binnen drei Tagen in amtlicher Ausfertigung einzuhändigen.

§ 183. Die beschlagnahmten Gegenstände sind in dem über die Beschlagnahme aufgenommenen Protokolle genau beschrieben aufzuzählen, sohin, insofern es ihre Qualität gestattet, in einen besonderen Umschlag, oder in einen entsprechenden Behälter zu legen und mit dem Amtssiegel und möglichst auch mit dem Siegel des von der Beschlagnahme Betroffenen, beziehungsweise seines Bevollmächtigten oder des für ihn bestellten Vertreters zu versiegeln.

Das beschlagnehmende behördliche Organ nimmt dieselben in der Regel an sich, eventuell sorgt es für die Verwahrung derselben.

Die Eröffnung des Behälters erfolgt in Gegenwart des Beschuldigten oder seines Bevollmächtigten, oder des für ihn bestellten Vertreters.

§ 184. Bei der Beschlagnahme von Schriften ist dafür zu sorgen, dafs vom Inhalte derselben aufser den nach dem Gesetze berechtigten kein andrer Kenntnis erlange.

Wenn der Besitzer der Schriften, oder sein Bevollmächtigter beziehungsweise der für ihn bestellte Vertreter das Durchsuchen oder das Durchlesen derselben nicht gestatten will, sind die Schriften versiegelt in Verwahrung zu nehmen und ist der Beschlufs des Anklagesenates in der Richtung einzuholen, ob die Schriften zu prüfen oder zurückzugeben sind.

§ 185. Die beim Post- oder Telegraphenamte, ferner bei den Transport- und Verfrachtungsanstalten beschlagnahmten Briefe, Telegramme und sonstige Sendungen kann nur der Untersuchungsrichter übernehmen, oder an seiner statt jenes Mitglied des Gerichtes oder der königl. Staatsanwaltschaft, welches der Untersuchungsrichter oder das vorgehende Gericht diesbezüglich angegangen hat.

Über die Übernahme ist mit genauer Bezeichnung der übernommenen Sendung ein Protokoll aufzunehmen.

Soweit der Zweck des Verfahrens es gestattet, ist nach der Übernahme der Beschuldigte, der Aufgeber, der Adressat, sowie die übrigen Interessenten, oder wenn diese abwesend sind, ihr Bevollmächtigter oder Angehöriger von der Beschlagnahme allsogleich zu verständigen.

§ 186. Der auf Grund des § 171 in Beschlag genommene Brief, das Telegramm oder die sonstige Sendung ist, wenn die Eröffnung sich als nicht notwendig erweist, allsogleich an den Bestimmungsort zu senden, beziehungsweise ist die Weiterbeförderung zu gestatten.

Zur Eröffnung ist nur der Untersuchungsrichter, oder das vorgehende Gericht berechtigt.

Der in derselben Gemeinde wohnhafte Adressat oder Aufgeber ist womöglich zur Eröffnung vorzuladen und vorgängig zu vernehmen.

Die Eröffnung hat immer in Anwesenheit von zwei Zeugen und womöglich ohne Verletzung der Siegel zu erfolgen.

Nach erfolgter Eröffnung und Prüfung des Inhaltes ist der Richter verpflichtet, jene Sendungen, deren Inhalt für das Verfahren gleichgiltig ist, behufs Aushändigung allsogleich zurückzugeben, und auch jene Teile der zurückbehaltenen, deren Mitteilung der Zweck des Verfahrens gestattet, in Abschrift dem Adressaten, oder wenn derselbe abwesend ist, dem nächsten Angehörigen eventuell Bevollmächtigten desselben zustellen zu lassen.

Über die Eröffnung ist ein Protokoll aufzunehmen.

§ 187. Zu einem weiteren Verfahren nicht notwendige Gegenstände sind, insofern ein dritter nicht Anspruch auf dieselben erhebt, demjenigen zurückzugeben, aus dessen Besitz dieselben beschlagnahmt worden sind, beziehungsweise ist die zur Übernahme berechtigte Person zu deren Wegschaffung unter Anberaumung eines Präklusivtermines, mittelst Bescheid, oder wenn der Aufenthaltsort desselben unbekannt ist, im Wege der Kundmachung aufzufordern. Wenn der Berechtigte innerhalb des Präklusivtermines den zurückzugebenden Gegenstand nicht fortnimmt, kann derselbe im gerichtlichen Lizitationswege veräußert werden und ist der Erlös als Deposit zu verwalten.

Die der Gefahr des Verderbens ausgesetzten oder nur mit Unkosten aufrecht zu erhaltenden Gegenstände können im Notfalle allsogleich veräußert werden, und ist von der erfolgten Deponierung des Erlöses der zur Übernahme Berechtigte unverzüglich zu verständigen.

In betreff der Rückgabe entscheidet der Untersuchungsrichter, eventuell der Anklagesenat oder das urteilende Gericht, über die Eigentumsansprüche das urteilende Gericht.

Der gegen den Bescheid des Untersuchungsrichters eingelegte Rekurs hat aufschiebende Wirkung.

Jene Ansprüche, welche in kurzem Wege nicht festgestellt werden können, sind vor das Zivilgericht zu verweisen. Bis zur Erbringung des Beschlusses desselben bleiben die beschlagnahmten Gegenstände in richterlicher Verwahrung.

§ 188. Die Hausdurchsuchung kann nur von sechs Uhr morgens bis neun Uhr abends vorgenommen werden. Die Fortsetzung der begonnenen Hausdurchsuchung wird durch das Eintreten der Nacht nicht gehindert.

In den im § 180 zweiter Absatz aufgezählten Fällen kann die Hausdurchsuchung auch Nachts begonnen und durchgeführt werden.

§ 189. Sowohl die Hausdurchsuchung als die Leibes-Durchsuchung sind mit möglichster Schonung vorzunehmen. In der Regel können dieselben nur dann vollzogen werden, wenn derjenige, gegen welchen dieselbe angeordnet ist, zur Vorweisung des gesuchten Gegenstandes, beziehungsweise zur Bekanntgabe des Aufenthaltes des gesuchten Individuums im

Laufe des der Durchsuchung vorhergehenden Verhörs ohne Erfolg aufgefordert worden ist. Das vorläufige Verhör kann unterlassen werden, wenn der betreffende dem Gerichte als Gewohnheits-Verbrecher bekannt ist, wenn Gefahr im Verzug, oder wenn eine für das Publikum offen stehende Räumlichkeit zu durchsuchen ist.

Zur Durchsuchung von Frauen und zur Mitwirkung bei diesem Verfahren als Zeugen können nur Frauen verwendet werden.

Das Aufbrechen von Räumlichkeiten oder Apparaten oder das Öffnen von Schlössern darf nur dann angeordnet werden, wenn weder der über dieselben Verfügende noch dessen Bevollmächtigter anwesend ist, oder dieselben das Öffnen verweigert haben. Wenn das Aufbrechen oder das Öffnen zufolge Abwesenheit des Eigentümers erfolgt ist, so mufs die betreffende Räumlichkeit oder der Gegenstand nach erfolgter Durchsuchung wieder verschlossen und der verursachte Schaden aus dem strafgerichtlichen Pauschale vergütet werden.

§ 190. Wenn bei Gelegenheit einer Beschlagnahme, Haus- oder Leibes-Durchsuchung ein Gegenstand vorgefunden wird, welcher mit der als Grundlage des Verfahrens dienenden strafbaren Handlung nicht im Zusammenhange steht, jedoch auf eine andere von Amts wegen zu verfolgende strafbare Handlung hinweist, so ist derselbe unter Aufnahme eines besonderen Protokolles ebenfalls zu beschlagnahmen und unter entsprechender Verständigung an die königl. Staatsanwaltschaft allsogleich zu übermitteln. Wenn die königl. Staatsanwaltschaft die Einleitung des Strafverfahrens binnen acht Tagen nicht beantragt, ist der beschlagnahmte Gegenstand unverzüglich zurückzugeben. Ist bei Gelegenheit der Beschlagnahme, der Haus- oder Leibes-Durchsuchung ein verdächtiger Gegenstand oder ein verdächtiges Individuum nicht gefunden worden, so ist hierüber dem Beschuldigten oder demjenigen, bei dem die Hausdurchsuchung vorgenommen worden ist, über Wunsch ein Zeugnis auszustellen.

§ 191. Das Mitglied oder die Organe der vorgehenden Behörde, sowie die gerichtlichen Zeugen können das bei der Beschlagnahme, der Haus- oder Leibes-Durchsuchung in Erfahrung gebrachte nur zu Zwecken des Verfahrens benützen, beziehungsweise mitteilen.

In sonstiger Beziehung ist dasselbe für sie ein Amtsgeheimnis.

## XIII. Kapitel.

## Zeugen.

### I. Vorladung der Zeugen und Verpflichtung zur Zeugenschaft.

§ 192. Als Zeugen sind, insofern deren Verhör sich als notwendig erweist, alle jene vorzuladen, von welchen angenommen werden kann, dafs sie von der strafbaren Handlung und von für das Strafverfahren Wichtigkeit besitzenden Thatumständen auf unmittelbarer Wahrnehmung beruhende Kenntnis haben.

Sofern das Gesetz keine Ausnahme macht, ist jedermann, der als Zeuge vorgeladen wird, zu erscheinen und seiner Kenntnis entsprechend Zeugenschaft abzulegen verpflichtet.

§ 193. Die Vorladung erfolgt in der Regel ohne Bezeichnung des Gegenstandes, mittelst Vorladescheines, in welchem der Vorgeladene und seine Beschäftigung, Ort und Zeit des Erscheinens, schliefslich der Umstand, dafs der Vorgeladene als Zeuge vernommen werden wird, angegeben und auch bemerkt werden mufs, dafs im Falle des nicht entschuldigten Wegbleibens Vorführung und Geldstrafe in Anwendung kommt (§ 194).

§ 194. Der Zeuge, welcher ungeachtet der in gehöriger Weise erfolgten Vorladung nicht erschienen ist, oder der vom Orte des Verhörs ohne Erlaubnis sich entfernt hat, kann vorgeführt werden und ist zum Ersatz der verursachten Kosten zu verhalten, ferner ist derselbe mit einer bis sechshundert Kronen sich erstreckenden und in Einsperrung umwandelbaren Geldstrafe zu bestrafen.

Im Falle wiederholten Nichterscheinens kann die Strafe auch in derselben Sache von neuem festgesetzt werden.

Diese Strafe kann nicht angewendet werden, beziehungsweise ist der Zeuge der Strafe loszusprechen, wenn der Zeuge sein Wegbleiben oder seine Entfernung mit einer gegründeten Ursache entschuldigt.

Der gegen den die Bestrafung des Zeugen aussprechenden, oder die Entschuldigung zurückweisenden Beschlufs eingebrachte Rekurs hat aufschiebende Wirkung.

§ 195. Wenn der gehörig vorgeladene Zeuge zwar erschienen ist, die Zeugenschaft oder die Eidesablegung, beziehungsweise die Beteuerung der Aussage (§§ 217, 219) jedoch ungeachtet der Erinnerung an die Folgen ohne gesetzlichen Grund verweigert, so ist er zur Bezahlung der verursachten Kosten zu verpflichten und mit einer bis zu tausend Kronen sich erstreckenden und in Einsperrung umwandelbaren Geldstrafe zu bestrafen.

Insofern die Verhängung der Strafe erfolglos geblieben ist, kann der Zeuge festgenommen und bis zur Beendigung des Verfahrens, beziehungsweise bis die Überflüssigkeit seiner Aussage sich nicht herausgestellt hat, in Haft behalten werden.

Die Haft kann jedoch, wenn das Verfahren wegen einer Übertretung anhängig ist, länger als sechs Wochen, im Falle eines Verbrechens oder Vergehens aber länger als sechs Monate in keinem Falle dauern.

Die Haft ist sofort aufzuheben, sobald der Zeuge eine Aussage gemacht, beziehungsweise den Eid abgelegt, oder seine Aussage (§ 219) beteuert hat.

§ 196. Die in den §§ 194 und 195 bestimmte Geldstrafe und Haft kann im Laufe der Nachforschung und der Untersuchung nur der Untersuchungsrichter oder das Bezirksgericht eventuell der requirierte Richter, im späteren Stadium des Verfahrens aber auch der urteilende Richter verhängen.

§ 197. Die im aktiven Dienste stehenden Mitglieder der bewaffneten Macht und der Gensdarmerie, sowie die zur Polizei und der Finanzwache gehörenden Personen sind in der Regel im Wege ihrer vorgesetzten Behörde als Zeugen vorzuladen; doch können sie unter gleichzeitiger Verständigung der letzteren auch unmittelbar vorgeladen werden, wenn ihre vorgesetzte Behörde nicht im selben Orte und Gefahr am Verzuge ist.

§ 198. Wenn die als Zeuge vorzuladende Person in einem solchen öffentlichen Dienste steht, oder bei einem solchen Privatunternehmen angestellt ist, wo im Falle des Entfernens dessen Substituierung vom Gesichtspunkte des öffentlichen Interesses notwendig erscheint, ist von der Vorladung seine vorgesetzte Behörde gleichzeitig zu verständigen.

§ 199. Insofern die der Jurisdiktion des Militärgerichtes unterstehende Person der Vorladung nicht Folge leistet, oder wenn sie erschienen, beziehungsweise als Zeuge stellig gemacht worden ist, vom Orte des Verhörs sich ohne Erlaubnis entfernt, die Zeugenschaft, oder die Eidesablegung, beziehungsweise die Beteuerung der Aussage verweigert; so wendet sich das Gericht behufs Anwendung der entsprechenden Zwangsmittel und der Eintreibung der verursachten Kosten (§§ 194, 195) von ihr an des unbotmäfsigen Zeugen Vorgesetzten, welcher den sich Weigernden auch zur Einhaltung des Gesetzes zwingt.

§ 200. Bezüglich des Verhörs derjenigen, welchen Exterritorialität oder persönliche Befreiung (§ 31) zukömmt, sind die Prinzipien des Völkerrechtes, beziehungsweise die in den bestehenden Staatsverträgen enthaltenen Vorschriften und die bestehende Gepflogenheit mafsgebend.

§ 201. In ihrer Wohnung sind zu verhören:

1. die Mitglieder des Herrscherhauses;

2. diejenigen, welche wegen ihres vorgerückten Alters, ihrer längere Zeit andauernden Krankheit oder wegen ihres körperlichen Gebrechens über die Vorladung nicht erscheinen können.

Die Mitglieder des Herrscherhauses verhört in Budapest der Präsident der königl. Kurie, am Amtssitze der k. Gerichtstafeln in der Provinz der Präsident der k. Gerichtstafel, im sonstigen Gebiete des ungarischen Staates der Präsident jenes Gerichtshofes, in dessen Sprengel das zu verhörende Mitglied des Herrscherhauses wohnt oder sich aufhält.

§ 202. Die Zeugen verhört im Laufe der Untersuchung in der Regel der Untersuchungsrichter, wenn dies jedoch mit Schwierigkeiten verbunden wäre, so kann er im Sinne der im § 109 zweiter Absatz enthaltenen Vorschriften unter Bezeichnung der besonderen Fragen auch mittels Requisition verfügen.

Der aufserhalb des Sprengels des Gerichtshofes wohnende Zeuge ist, ausgenommen, wenn sein unmittelbares Verhör sich im Interesse der Untersuchung als notwendig erweist, stets im Requisitionswege zu vernehmen.

Pflicht des requirierten Gerichtes ist, das Verhör nach Mafsgabe des Ergebnisses auch auf die in den Fragen nicht berührten, für die Angelegenheit jedoch Wichtigkeit besitzenden Umstände auszudehnen, sowie auch in der Requisition nicht enthaltene, jedoch während des Verhörs sich als notwendig erweisende sonstige Fragen zu stellen.

Die kroatisch-slavonischen, sowie die ausländischen Gerichte sind diesbezüglich im Requisitionsschreiben besonders zu ersuchen.

Wegen Verhörung eines im aktiven Dienste stehenden Mitgliedes der bewaffneten Macht oder der Gendarmerie kann auch das zuständige Militärgericht ersucht werden.

§ 203. Wenn der Zeuge in Kroatien-Slavonien oder in dem anderen Staate der österreichisch-ungarischen Monarchie sich aufhält, ist wegen des Verhörs desselben das dort zuständige Gericht zu ersuchen; wenn jedoch der Zeuge sich aufserhalb der österreichisch-ungarischen Monarchie aufhält, so sind hinsichtlich der behufs des Verhörs erforderlichen Requisition die bestehenden Rechtsnormen mafsgebend.

Insofern das Erscheinen eines solchen Zeugen vor dem ungarischen Gerichte notwendig ist, mufs behufs Erwirkung desselben an den Justizminister Bericht erstattet werden.

### II. Hindernisse der Zeugenschaft.

§ 204. Als Zeugen können unter Nichtigkeit der Aussage nicht verhört werden:

1. der Seelsorger bezüglich dessen, was ihm in der Beichte oder sonst unter der kirchlichen Verpflichtung der Geheimhaltung mitgeteilt worden ist;

2. der Verteidiger bezüglich dessen, was der Beschuldigte ihm als seinen Verteidiger mitgeteilt hat;

3. die im öffentlichen Dienste stehende, oder aus demselben ausgetretene Person, wenn sie mit ihrer Zeugenaussage die Pflicht der amtlichen oder dienstlichen Geheimhaltung verletzen würde, und die zuständige vorgesetzte Behörde sie dieser ihrer Pflicht nicht enthoben hat.

Bezüglich der Minister, des Banus von Kroatien und der Präsidenten der obersten Staatsrechnungshöfe erteilt der König die Enthebung.

Das in der Angelegenheit vorgehende Gericht ersucht die zuständige vorgesetzte Behörde um die Erteilung der Enthebung von Amts wegen.

Die Enthebung kann nur dann verweigert werden, wenn die Erteilung derselben gegen das öffentliche Interesse verstöfst.

### III. Befreiung von der Pflicht zur Zeugenschaft.

§ 205. Von der Pflicht zur Zeugenschaft sind befreit, und können, wenn sie auch auszusagen geneigt wären, zur Eidesablegung nicht verpflichtet werden:

1. der Anverwandte oder Schwager des Beschuldigten in auf- und absteigender Linie, sein Geschwisterkind oder näher stehender Seitenverwandter, seine Ehehälfte oder sein Verlobter (Verlobte), die Geschwister seiner Ehehälfte, die Ehehälfte seiner Geschwister, die Wahl- oder Pflegeeltern, das adoptierte- oder Ziehkind, der Vormund, Kurator, das Mündel oder der Kurand desselben, und zwar bezüglich der im Ehe- oder Schwägerschaftsverhältnisse befindlichen ohne Rücksicht darauf, ob die Ehe, auf welcher dieses Verhältnis beruht, noch aufrecht besteht;

2. der Advokat, der öffentliche Notar, der Arzt, der Chirurg, der Apotheker, die Hebamme und deren Gehilfe bezüglich dessen, was jemand in dem mit ihrem Berufe verbundenen Vertrauen unter dem Siegel der Verschwiegenheit ihnen anvertraut hat, wenn die Partei sie von der Geheimhaltung nicht enthoben hat.

§ 206. Die im § 205 erwähnten Personen sind vor ihrem Verhöre oder wenn das fragliche Verhältnis sich herausstellt, aufmerksam zu machen, dafs sie nicht verpflichtet sind, Zeugenschaft abzulegen. Ihre hierauf gegebene Erklärung ist zu Protokoll zu nehmen. Ein solcher Zeuge kann auch im Laufe des Verhöres erklären, dafs er eine Aussage nicht machen will.

Wenn die oberwähnte Erinnerung nicht stattgefunden hat, beziehungsweise wenn der Zeuge ausdrücklich dem Rechte der Befreiung nicht entsagt, oder wenn die Erinnerung und die Entsagung im Protokolle nicht aufgenommen ist, ist die Aussage nichtig.

§ 207. Wenn der Zeuge unter mehreren Mitschuldigen nur zu einem oder einigen in dem im § 205 Punkt 1 bezeichneten Verhältnisse steht, kann er die Zeugenschaft bezüglich der übrigen nur dann verweigern, wenn die Aussage nicht abgesondert werden kann.

§ 208. Der Zeuge kann zur Aussage oder zur Beantwortung irgend einer Frage nicht verpflichtet werden, wenn aus derselben für ihn oder seine Angehörigen (§ 205 Punkt 1) bedeutender Schaden oder Schande erwachsen würde.

§ 209. Der Grund der Verweigerung der Zeugenschaft ist erforderlichenfalls glaubhaft zu machen.

Die Glaubhaftmachung kann auch durch einen Eid erfolgen.

### IV. Das Verhör.

§ 210. Das Verhör erfolgt einzeln. Wenn in einer und derselben Sache mehrere Zeugen zu verhören sind, darf keiner der Zeugen beim Verhöre des andern Zeugen anwesend sein.

Vor dem Verhöre ist der Zeuge aufmerksam zu machen, dafs er verpflichtet ist, nach bestem Wissen und Gewissen die reine und volle Wahrheit zu sagen, und dafs er seine Aussage eventuell auch mittelst eines Eides bekräftigen mufs. Der Zeuge ist auch darauf aufmerksam zu machen, dafs, wenn er unwahr aussagen sollte, er eine wider die Strafgesetze verstofsende Handlung begehen würde.

Sodann ist der Zeuge über Namen, Alter, Geburts- und Wohnort, Familienstand, Religion, Beschäftigung, über sein Verhältnis zum Beschuldigten, oder zu den in der Angelegenheit sonst Interessierten, ferner darüber zu befragen ob er infolge der den Gegenstand des Verfahrens bildenden strafbaren Handlung nicht einen Schaden erlitten hat.

§ 211. Nach den allgemeinen Fragen ist dem Zeugen Gelegenheit zu bieten, dafs er alles, was er über den Gegenstand weifs, zusammenhängend angeben könne, mit den weiteren Fragen mufs dahin getrachtet werden, dafs die sich ergebenden Lücken ergänzt und die den Gegenstand des Beweises bildenden Umstände und insbesondere der Grund der Wissenschaft des Zeugen aufgeklärt werden. Die Erwähnung eines Umstandes, welcher nur erst durch die Antwort des Zeugen festzustellen wäre, ist nach Möglichkeit zu vermeiden.

Wenn im Falle des § 125 zweiter Absatz das das Verhör besorgende Organ es für beendet erachtet, können die zur Mitwirkung berechtigten Parteien, beziehungsweise deren Vertreter die Stellung von Ergänzungsfragen beantragen.

Die Stellung der im Antrage bezeichneten Fragen an den Zeugen kann nur dann verweigert werden, wenn dieselben wider die Gesetze verstofsen, oder wenn es unzweifelhaft ist, dafs sie sowohl vom Gesichtspunkte der Anklage, als auch von dem der Verteidigung auf belanglose Umstände sich beziehen.

§ 212. Der Zeuge ist verpflichtet mündlich zu antworten. Das das Verhör besorgende Organ kann erlauben, dafs der Zeuge, wenn dies zur Unterstützung seines Erinnerungsvermögens notwendig ist, vor der Beantwortung in schriftliche Aufzeichnungen Einsicht nehme.

§ 213. Soll mittelst der Aussage die Identität einer Person oder eines Gegenstandes festgestellt werden, so ist der Zeuge zur Beschreibung derselben (desselben) aufzufordern; die Person oder der Gegenstand ist ihm erst nachträglich vorzuzeigen.

Im Falle des Verhöres bezüglich eines eine Spur zurücklassenden Umstandes kann der Zeuge an den Ort geführt werden, wo die Spuren vorhanden sind oder waren.

§ 214. Eine Gegenüberstellung ist in der Regel nur bei der Hauptverhandlung am Platze.

Wenn jedoch der Beschuldigte und der Zeuge, oder die Zeugen unter einander abweichend aussagen und der Widerspruch anders nicht ins Reine gebracht werden kann, oder wenn mit Grund zu besorgen steht, dafs die Gegenüberstellung bei der Hauptverhandlung nicht wird erfolgen können, so können der Beschuldigte und der Zeuge oder die Zeugen auch während der Nachforschung oder der Untersuchung einander gegenübergestellt werden.

Mehr als zwei Personen können gleichzeitig und bezüglich mehr als eines Umstandes auf einmal einander nicht gegenübergestellt werden.

Die im § 205 Punkt 1 erwähnten Angehörigen können, wenn sie auch freiwillig Zeugenschaft geleistet haben, dem Beschuldigten nicht gegenübergestellt werden, aufser er würde dies selber verlangen.

§ 215. Das Verhör ist so zu leiten, dafs der Zeuge über alles, wofür seine Aussage notwendig ist, auf einmal vernommen werde.

Den gegen diese Vorschrift auffällig verstofsenden Untersuchungsrichter kann, nach Anhörung desselben, der Anklagesenat oder das urteilende Gericht mit einer Ordnungsstrafe bis hundert Kronen bestrafen und ihn auf Wunsch des Zeugen für die verursachte Zeitversäumnis und den Arbeitsentgang auch zu einer Entschädigung verhalten.

§ 216. Beim Verhör der Zeugen sind die im § 140 enthaltenen Vorschriften entsprechend anzuwenden.

### V. Bekräftigung der Aussage der Zeugen.

§ 217. Die Zeugen sind nach ihrer Vernehmung in der Regel nur bei der Hauptverhandlung einzeln und in derselben Sache nur einmal zu beeidigen.

Der bereits beeidigte Zeuge bekräftigt seine spätere Aussage mit Berufung auf den geleisteten Eid, und hat dies die Wirkung des Eides.

Vor der Eidesleistung ist der Zeuge auf die Wichtigkeit des Eides und die Folgen der falschen Zeugenschaft aufmerksam zu machen.

Der Eid beginnt mit den Worten:

„Ich schwöre bei Gott dem Allwissenden und Allmächtigen"

und endet mit den Worten:

„So wahr mir Gott helfe."

Der Eid ist darauf zu leisten, dafs der Zeuge nach bestem Wissen und Gewissen die Wahrheit und nur die Wahrheit gesagt und davon nichts verschwiegen habe.

§ 218. Der Zeuge legt den Eid in der Regel mündlich, mittels Nachsprechens der vorgelesenen Eidesformel ab, und hält dabei die Hand auf dem Herzen.

Die Stummen und die Taubstummen leisten, wenn sie schreiben und lesen können, den Eid mittelst Unterschreibens des Textes, die tauben Zeugen aber verlesen den ihnen mitgeteilten Text des Eides.

Wenn jedoch die Tauben, die Stummen und Taubstummen weder lesen noch schreiben können, schwören sie unter Mitwirkung eines vorgängig beeidigten Dolmetschers durch Zeichensprache.

§ 219. Wer behauptet, dafs der Eid seiner religiösen Überzeugung widerstrebt, gelobt statt des Eides feierlich, die Wahrheit gesagt zu haben.

Dieses Gelöbnis beginnt mit den Worten:

„Ich gelobe bei meiner Ehre und meinem Gewissen."

§ 220. Während der Nachforschung und der Untersuchung kann der Zeuge nur dann beeidet werden:

1. wenn er an einer lebensgefährlichen Krankheit leidet;

2. wenn mit Grund zu besorgen steht, dafs er in der Hauptverhandlung nicht wird erscheinen können;

3. wenn die Parteien die Beeidigung aus wichtigen Gründen wünschen.

Der Grund der Beeidigung ist im Protokolle zu erwähnen.

§ 221. Die Beeidigung des Zeugen ist zu unterlassen:

1. wenn der Verdacht gegen ihn vorliegt, dafs er die strafbare Handlung, bezüglich welcher er vernommen wird, selbst begangen hat, oder dafs er Teilnehmer, Begünstiger oder Hehler derselben ist;

2. wenn er wegen falscher Zeugenschaft, oder wegen falschen Eides verurteilt war, obschon er die Strafe bereits überstanden hat;

3. wenn er zur Zeit der Vernehmung das vierzehnte Lebensjahr noch nicht überschritten hat;

4. wenn er wegen körperlichen oder geistigen Gebrechens die Wahrheit nicht erkennen konnte, oder mitzuteilen nicht im stande ist: oder wenn er bei der Unentwickeltheit oder Schwäche seines Verstandes keinen richtigen Begriff vom Wesen und der Wichtigkeit des Eides besitzt;

5. wenn es sich herausstellt, dafs er mit dem Beschuldigten in einem solchen feindlichen Verhältnisse steht, welches die Wahrheit seiner denselben belastenden Aussage zweifelhaft macht;

6. wenn seine Aussage bezüglich eines wesentlichen Umstandes sich als unwahr erwiesen hat, und nachgewiesen werden kann, dafs er nur aus Versehen eine unwahre Aussage gemacht hat.

§ 222. Das Gericht kann nach den Umständen des Falles auch jene Person von der Eidesleistung ausschliefsen:

1. welche zu dem Beschuldigten in dem im § 205 Punkt 1 bezeichneten Verhältnisse steht;

2. welche bezüglich der Wesenheit der Aussage ein schwankendes Verhalten bekundet;

3. welche wegen eines aus Gewinnsucht verübten Verbrechens oder Vergehens in Untersuchung oder unter Anklage steht, oder wegen einer solchen strafbaren Handlung verurteilt worden ist.

Die Beeidigung des Beschädigten hängt auch dann, wenn er als Privatankläger auftritt, von der Einsicht des Gerichtes ab.

### VI. Die Entlohnung der Zeugen.

§ 223. Der Zeuge kann die Vergütung der mit seinem Erscheinen verbundenen notwendigen Reisespesen fordern.

Die vom Tag- oder Wochenlohne Lebenden haben aufserdem Anspruch auf eine der zur Reise und zur Vernehmung erforderlichen Zeit und ihrer ordentlichen Beschäftigung entsprechende Entschädigung. Andre Zeugen können, wenn ihre Vernehmung aufserhalb ihres Wohnsitzes in einem acht Kilometer entfernten Orte erfolgt, eine ihrer Stellung entsprechende Verpflegsgebühr fordern.

Diese Ansprüche sind, bei sonstigem Erlöschen und unter Ausschlufs der Rechtfertigung, bei der Vernehmung oder binnen zwei Tagen von derselben gerechnet, anzumelden.

Zu Gunsten des Privatanklägers können eine Zeugengebühr oder Reisespesen nicht festgestellt werden, ein anderer Verletzter aber hat auf dieselben nur dann Anspruch, wenn er als Zeuge vorgeladen wird.

§ 224. Über die, den im aktiven Dienste stehenden Mitgliedern der bewaffneten Macht und der Gendarmerie, sowie den zum Personale der Polizei und der Finanzwache gehörigen Individuen gebührenden Zeugengebühren verfügen besondere Vorschriften.

## XIV. Kapitel.

## Richterlicher Augenschein und Sachverständige.

### I. Allgemeine Bestimmungen.

§ 225. Wenn zur Feststellung oder Aufklärung von für die Strafsache wichtigen Thatumständen eine persönliche Beobachtung notwendig ist, so mufs ein richterlicher Augenschein vorgenommen werden.

Insofern zur Erkennung und Beurteilung von mittelst Augenscheines festzustellenden Thatsachen ein besonderes Sachverständnis notwendig ist, so sind Sachverständige beizuziehen.

§ 226. Der beim Augenschein vorgefundene Zustand ist getreu festzustellen.

Das über den Augenschein aufgenommene Protokoll ist derart bestimmt und ausführlich zu verfassen, dafs in demselben die in Augenschein genommenen Gegenstände und die vorgefundenen Spuren und Merkmale womöglich nach Mafsen genau bezeichnet seien. Zu diesem Zwecke sind die notwendigen Skizzen, Zeichnungen oder Photographieen anzufertigen und dem Protokolle anzuschliefsen.

§ 227. Der Augenschein ist in Anwesenheit von mindestens zwei Zeugen vorzunehmen.

Die Bestimmung des § 132 dritter Absatz ist auch in diesem Falle anzuwenden. Wenn zum Augenschein Sachverständige notwendig sind, müssen aus der Reihe der ordentlichen Sachverständigen des Gerichtes zwei, je nach Wichtigkeit der Sache eventuell mehr, beigezogen werden. Zur Feststellung von Umständen minderer Wichtigkeit, oder wenn mehrere Sachverständige nur mit Mühe zu finden wären, ist auch die Beiziehung eines Sachverständigen genügend.

Die ordentlichen Sachverständigen können nur dann übergangen werden, wenn gegen dieselben ein Bedenken aufgetaucht ist, wenn dieselben verhindert sind, wenn Gefahr am Verzuge haftet, oder wenn unter ihnen keiner ist, der über das gewünschte besondere Sachverständnis verfügt.

Wenn es sich als notwendig erweist, sind über die ordentlichen Sachverständigen namentlich solche beizuziehen, welche das gewünschte besondere Sachverständnis besitzen.

Über die Bestellung einer der Jurisdiktion des Militärgerichtes unterstehenden Person als Sachverständiger ist dieselbe im Wege ihrer vorgesetzten Behörde zu verständigen.

Die Sachverständigen-Gebühren stellt der Justizminister mittelst Normalverordnung fest.

§ 228. In einer Angelegenheit, in welcher zur Erkenntnis und Beurteilung der zu entscheidenden Fragen ein besonderes Sachverständnis notwendig ist, können der Beschuldigte, oder wenn der Beschuldigten mehrere sind, diese gemeinschaftlich auf eigene Kosten die Mitwirkung eines kontrollierenden Sachverständigen in Anspruch nehmen.

Der letztere hat das Recht, die Interessen des Beschuldigten oder der Beschuldigten mit seiner fachmännischen Mitwirkung zu fördern und zu schützen.

Namentlich kann er bei dem Augenschein anwesend sein, auf die eventuellen Mängel oder Versäumnisse aufmerksam machen, und seine Bemerkungen bezüglich der Durchführung des Augenscheines, sowie bezüglich des Gutachtens, entweder im Protokolle, oder auch in einer besonderen Schrift vortragen.

§ 229. Als Sachverständige können unter Nichtigkeit des Befundes und des Gutachtens diejenigen nicht verwendet werden, welche als Zeugen nicht vernommen, oder nicht beeidigt (§§ 204, 221) werden können, ferner auch jene nicht, welche mit dem Beschuldigten oder dem Verletzten in einem im § 205 Punkt 1 dieses Gesetzes bestimmten Verhältnisse stehen, oder gegen welche die strafbare Handlung begangen oder versucht worden ist, ferner bezüglich welcher der im § 208 bestimmte Fall vorliegt, schliesslich welche von dem fachmännisch zu beurteilenden Umstande auf die im § 205 Punkt 2 bestimmte Weise Kenntnis erlangt haben.

§ 230. Die Namen der Sachverständigen sind den Parteien, beziehungsweise ihren Vertretern, insofern sie zum Augenschein vorgeladen sind, im Ladungsbescheid, sonst aber bei Gelegenheit ihres Erscheinens mitzuteilen.

Die Parteien können ihre Einwendungen vor Beginn des Augenscheines vortragen. Wenn diese gewichtig sind und das aus der Beiziehung andrer Sachverständiger entstehende Versäumnis nicht mit Gefahr verbunden ist, kann der beanstandete Sachverständige abgelehnt werden.

Nach Beginn des Augenscheines ist nur auf Grund der Ausschliefsungsgründe (§ 229) eine Einwendung statthaft. In diesem Falle ist mit Unterbrechung des begonnenen Augenscheines ein andrer Sachverständiger beizuziehen.

§ 231. Derjenige, welcher als Sachverständiger bestellt wurde, darf seine Mitwirkung nicht verweigern, wenn er für ein bei dem Augenschein notwendiges Fach in der Eigenschaft eines ordentlichen Sachverständigen angestellt ist, oder wenn er das betreffende Fach als Erwerb ausübt und der Fall des § 229 nicht vorliegt.

Nichtsdestoweniger kann der Sachverständige, wenn er sich zur Vornahme der betreffenden Untersuchung oder zur Abgabe eines Gutachtens nicht für genügend fähig erachtet, oder einen andern gewichtigen Grund vorzubringen im stande ist, in einzelnen Fällen, wenn die Notwendigkeit eines dringenden Verfahrens nicht obwaltet, von der Bestellung ausnahmsweise enthoben werden.

In betreff der Enthebung beschliefst der den Augenschein anordnende Richter oder das Gericht endgiltig.

Eine im öffentlichen Dienste stehende Person kann als Sachverständiger nicht verwendet werden, wenn ihre vorgesetzte Behörde es als wider die Interessen des öffentlichen Dienstes verstofsend erklärt.

§ 232. Den zum Erscheinen Verpflichteten, jedoch ungeachtet der Vorladung nicht Erschienenen, sowie den die Eidesablegung oder die Abgabe des Gutachtens ohne gesetzlichen Grund verweigernden oder das Gutachten trotz Ermahnung nicht vorlegenden Sachverständigen belegt der Richter beziehungsweise das Gericht mit einer bis zweihundert Kronen, im Wiederholungsfalle bis sechshundert Kronen sich erstreckenden und in Einsperrung umwandelbaren Geldstrafe und verfällt ihn aufserdem in die Bezahlung der verursachten Kosten.

In betreff der Befreiung von der Strafe und des Rekurses ist die Verfügung des § 194 dieses Gesetzes mafsgebend.

Im Falle des ersten Absatzes ist wegen der entsprechenden Bestrafung des im aktiven Dienste stehenden Mitgliedes der bewaffneten Macht oder der Gendarmerie und wegen Eintreibung der verursachten Kosten von demselben dessen vorgesetzte Behörde zu ersuchen.

§ 233. Der Sachverständige legt vor Beginn des Augenscheines einen Eid ab, dafs er seine Wahrnehmungen getreu und sein Gutachten unparteiisch, nach seinem besten Wissen und Gewissen abgeben wird.

Der ständig angestellte und in dieser seiner Eigenschaft bereits beeidigte Sachverständige ist statt der neuerlichen Beeidigung an seinen Amtseid zu erinnern.

Im übrigen und bezüglich der Modalität der Eidesablegung sind die Bestimmungen der §§ 217—219 entsprechend anzuwenden.

§ 234. Wenn die Sachverständigen zum Zwecke der Vorbereitung ihres Gutachtens es für notwendig finden, können ihnen bezüglich gewisser Umstände die notwendigen Aufklärungen aus den Akten der Sache erteilt eventuell auch die betreffenden Akten oder ein Teil derselben mitgeteilt werden.

Zu diesem Zwecke können neue Zeugen vernommen, auch die bereits vernommenen Zeugen neuerdings vernommen werden und die Sachverständigen bei der Vernehmung mit Einwilligung des Richters unmittelbar an den Zeugen Fragen stellen.

§ 235. Den Augenschein leitet in der Regel der Untersuchungsrichter, und bezeichnet mit möglicher Berücksichtigung der von Seite der Parteien beziehungsweise der Vertreter derselben gestellten Anträge die Gegenstände der fachmännischen Untersuchung und stellt die Fragen fest.

Die Parteien beziehungsweise deren Vertreter können bezüglich der Untersuchung und der den Gegenstand des Gutachtens bildenden Umstände das Stellen von Fragen beantragen, und kann das Stellen derselben an die Sachverständigen nur aus wichtigen Gründen verweigert werden.

Der Untersuchungsrichter ist verpflichtet zu verfügen, dafs weder die intervenierenden Personen noch die Sachverständigen das Verfahren verzögern.

§ 236. Der Gegenstand des Augenscheines ist in der Regel in Anwesenheit des Untersuchungsrichters zu untersuchen.

Die Anwesenheit des Untersuchungsrichters ist nicht notwendig, wenn die Schonung des Schamgefühls seine Zurückziehung fordert; ferner wenn das Wesen und die Qualität des Gegenstandes des Augenscheines nur auf Grund von durch längere Zeit andauernder Beobachtung oder Experimentierung festgestellt werden kann.

Im letztern Falle, sowie auch wenn die Untersuchung seitens der Sachverständigen die untersuchten Gegenstände vernichtet oder verändert, soll womöglich nur ein Teil der Gegenstände den Sachverständigen überlassen, das übrige aber mit dem Siegel des Gerichtes und der Parteien versehen insolange unter Verwahrung des Gerichtes belassen werden, bis nicht die Notwendigkeit der Wiederholung der Untersuchung vollkommen ausgeschlossen ist.

Wenn der Untersuchungsrichter bei dem Augenschein oder einem Teile desselben nicht anwesend ist, soll er womöglich für die Sicherstellung der Glaubwürdigkeit der fachmännischen Untersuchung Sorge tragen.

In dem über den Augenschein aufgenommenen Protokolle sind die obigen Verfügungen genau zu verzeichnen und auf das Paket oder den Behälter anzumerken, dafs ein Teil des den Sachverständigen übergebenen Gegenstandes in demselben enthalten ist. Die Aufschrift unterschreiben der Untersuchungsrichter, der Sachverständige und die Parteien.

Der Befund ist sofort zu Protokoll zu nehmen, das Gutachten der Sachverständigen aber samt der Motivierung entweder allsogleich in das

Protokoll zu verzeichnen, oder aber zur schriftlichen Vorlage desselben von Seite des Untersuchungsrichters ein entsprechender Termin zu bestimmen.

Wenn mehrere Sachverständige beigezogen wurden, ist zu gestatten, dafs sie vor Abgabe des Gutachtens mit einander beraten.

§ 237. Wenn die thatsächlichen Feststellungen der Sachverständigen wesentlich von einander abweichen, oder der Befund unbestimmt, dunkel ist, oder mit sich selbst oder mit bewiesenen Thatumständen im Widerspruche steht, so ist mit denselben, oder wenn die Zweifel durch neuerliche Vernehmung der Sachverständigen nicht behoben werden können, mit anderen Sachverständigen ein neuer Augenschein abzuhalten.

§ 238. Wenn in dem Gutachten der Sachverständigen Widersprüche, unrichtige Folgerungen oder Mängel sich zeigen, oder wenn gegen die Richtigkeit des abgegebenen Gutachtens gewichtige Zweifel obwalten, sind die begutachtenden Sachverständigen zu einer aufklärenden Äufserung zu verhalten, und wenn dies zu keinem Ergebnisse führt, ist das Gutachten andrer Sachverständiger einzuholen.

Sofern dies bezüglich medizinischer oder chemischer Fragen notwendig werden sollte, so ist, wenn das Gutachten nicht der Gerichtsarzt, beziehungsweise der gerichtliche Landeschemiker abgegeben hat, das Supergutachten derselben einzuholen, wenn jedoch auch dieses Gutachten den Zweifel des Gerichts nicht behebt, ist zur Abgabe eines Supergutachtens der justizärztliche Senat zu ersuchen.

Der Untersuchungsrichter erstattet zu diesem Behufe Vortrag an den Anklagesenat. Im Dringlichkeitsfalle kann auch der königl. Staatsanwalt im Wege des Oberstaatsanwalts den gerichtlichen Landeschemiker oder den justizärztlichen Senat um ein Supergutachten ersuchen. Hiervon ist der Beschuldigte oder dessen Verteidiger zu verständigen, und steht demselben das Recht zu, binnen drei Tagen dem gerichtlichen Landeschemiker, beziehungsweise dem justizärztlichen Senate seine Bemerkungen und Fragepunkte vorzulegen.

§ 239. Wenn das Supergutachten des justizärztlichen Senates keine gehörige Orientierung bietet, ist derselbe über Ersuchen des Gerichts verpflichtet, die gewünschte Aufklärung oder ein Nachtragsgutachten abzugeben.

## II. Leichenschau und Sektion. Feststellung eines Kindesmordes, einer Vergiftung, körperlichen Verletzung und Geistesstörung.

§ 240. Die Leichenschau und Sezierung ist vorzunehmen, wenn der Verdacht entsteht, dafs der Tod irgend jemandes durch ein Verbrechen oder Vergehen verursacht worden ist.

Die eventuell bereits bestattete Leiche ist zu exhumieren und zu sezieren, wenn gemäfs des Gutachtens der Sachverständigen von der Besichtigung und Sezierung der Leiche unter den gegebenen Umständen noch ein Erfolg erwartet werden kann.

Die Identität der Leiche ist vor der Sezierung nach Möglichkeit festzustellen. Zu diesem Zwecke sind jene Personen, welche den Verstorbenen im Leben gekannt haben, eventuell auch der Beschuldigte, unter Vorweisung der Leiche zu befragen.

Von einer unbekannten Leiche ist vor der Sezierung, soweit dies möglich, eine Photographie zu nehmen.

§ 241. Zur Leichenschau und Sezierung sind zwei ärztliche Sachverständige zu verwenden.

Es kann jener Arzt nicht verwendet werden, welcher den Verstorbenen in der dem Tode vorhergegangenen Krankheit behandelt hat, er ist jedoch auf Anordnung des Untersuchungsrichters verpflichtet zu erscheinen und über den Verlauf der Krankheit, womöglich vor der Sezierung, Aufklärungen zu erteilen.

Im Gutachten der Sachverständigen ist auszusprechen, was die unmittelbare Ursache des Todes war, und was diese Ursache hervorgerufen hat.

Wenn an der Leiche eine Verletzung wahrgenommen werden kann, ist festzustellen, ob diese Verletzung jemand andrer, und wenn ja: mit welchem Werkzeuge, auf welche Weise und wie lange vor Eintritt des Todes beigebracht worden ist, und ob die Verletzung den Tod verursacht habe.

Im Falle mehrerer Verletzungen ist auch festzustellen, ob jede der Verletzungen mit demselben Werkzeuge beigebracht worden ist, und welche von den Verletzungen den Tod verursacht hat, wenn jedoch mehrere Verletzungen den Tod verursacht haben, welche von den Verletzungen, oder welcher Verletzungen Zusammenwirkung die Ursache des Todes waren.

§ 242. Im Falle des § 241 ist festzustellen, ob:

1. die Art der Verletzung;

2. die individuelle Eigentümlichkeit oder der besondere Zustand des Organismus des Verletzten;

3. die besonderen Umstände der Verübung der Verletzung;

4. ob die zur Verletzung zufällig hinzugetretenen, aber dennoch durch dieselbe hervorgerufenen oder aus ihr hervorgegangenen Ursachen den Tod verursacht haben;

5. oder ob der Tod infolge einer solchen fremden Ursache eingetreten ist, welche auch ohne die Verletzung zur selben Zeit, oder nach kurzer Zeit den Tod nach sich gezogen hätte.

In den Fällen der Punkte 2—4 ist auch zu bestimmen, ob der Tod durch rechtzeitig angelangte zweckmäſsige Hilfe verhindert hätte werden können.

In den Fällen der Punkte 4—5 ist aber zu bestimmen, binnen welcher Zeit die Verletzung geheilt wäre, wenn infolge der zufällig hinzugetretenen oder fremden Ursache der Tod nicht eingetreten wäre.

Wenn der Tod durch einen Schuſs verursacht wurde, ist zu bestimmen, welches Kaliber das Geschoſs gehabt hat, aus welcher Richtung und beiläufig aus welcher Entfernung der Schuſs abgegeben worden ist.

§ 243. Im Falle des Verdachtes eines Kindesmordes ist bei der

Sezierung der Leiche auch festzustellen, ob das Kind ein neugeborenes und lebend geboren, reif und lebensfähig gewesen ist.

Wenn das Kind lebend geboren wurde, so sind die in den §§ 241 und 242 umschriebenen Thatumstände festzustellen; wenn es jedoch tot geboren wurde, so ist der Zeitpunkt und die Ursache des Todes nach Möglichkeit zu ermitteln.

§ 244. Wenn der Verdacht einer Vergiftung obwaltet, besorgt in der Regel der gerichtliche Landeschemiker die chemische Untersuchung.

Die chemisch zu untersuchenden Gegenstände sind in einer das Verwechseln, das Vermengen mit andern Stoffen und das Verderben verhindernden Weise (§ 236) in ein Gefäfs oder einen Behälter zu geben und dem gerichtlichen Landeschemiker einzusenden.

§ 245. Im Falle einer körperlichen Verletzung sind die §§ 241 und 242 entsprechend anzuwenden und ist im Gutachten die Zeitdauer der Heilung zu bestimmen. In letzterer Beziehung kann die Begutachtung auch auf eine spätere Zeit verschoben, das bereits erstattete Gutachten sogar dem Ergebnisse entsprechend auch modifiziert werden.

Das Gutachten des Gerichts-, Munizipal-, staatspolizeilichen, Bezirks-, Gemeinde- oder Kreisarztes kann, insofern es mit den Daten des Verfahrens übereinstimmt und niemand anficht, als Beweis zur Feststellung der Art der körperlichen Verletzung und der Zeitdauer der Heilung auch ohne gerichtlichen Augenschein angenommen werden.

Andernfalls ist mit Beiziehung eines oder mehrerer ärztlicher Sachverständigen der Augenschein vorzunehmen.

§ 246. Wenn ein Verdachtsgrund auftaucht, dafs der Beschuldigte an einer die Zurechnungsfähigkeit ausschliefsenden oder beschränkenden Geistesstörung oder Bewufstlosigkeit leidet, müssen die Beobachtung stets zwei Ärzte vornehmen und darüber ein Gutachten abgeben, ob der Beschuldigte an Geistesstörung oder Bewufstlosigkeit leide oder nicht, beziehungsweise ob er zur Zeit der Begehung der strafbaren Handlung an derselben so gelitten, dafs er zufolge dessen nicht die Fähigkeit zur freien Willensentschliefsung besessen, und haben sie sich auch in der Richtung zu erklären, ob der Zustand des Beschuldigten ein gemeingefährlicher ist.

Wenn die Sachverständigen während der Beobachtung die freie Willensentschliefsung des Beschuldigten beschränkende Umstände wahrnehmen, so haben sie in ihrem Gutachten auch diese zu detaillieren.

Der Anklagesenat oder das urteilende Gericht kann über Antrag des beobachtenden oder begutachtenden Arztes, oder welcher Partei immer, nach Anhörung des Anklägers und des Verteidigers eventuell des zu diesem Zwecke unverzüglich zu bestellenden besonderen Verteidigers anordnen, dafs der Beschuldigte behufs fernerer Beobachtung seines Geisteszustandes in die zu diesem Zwecke bestimmte staatliche Anstalt befördert werde. Der auf freiem Fufs befindliche Beschuldigte kann in eine derartige Anstalt nur dann befördert werden, wenn die Beobachtung seines Geisteszustandes in andrer Weise nicht erfolgen kann.

Der gegen diesen Bescheid eingelegte Rekurs hat aufschiebende Wirkung.

In der Anstalt kann die Beobachtung in der Regel höchstens zwei Monate lang dauern, binnen welcher Zeit auch das Gutachten vorzulegen ist.

Die Beobachtnng kann nur der Anklagesenat, beziehungsweise das urteilende Gericht mit einem neuen Beschlusse auf längere Zeit ausdehnen. Behufs Erwirkung dessen hat der Direktor der Anstalt im Falle der Notwendigkeit einer längeren Beobachtung an das zuständige Gericht rechtzeitig einen begründeten Vortrag zu erstatten.

### III. Feststellung einer Fälschung von Geld, öffentlichen Kreditpapieren und Stempeln.

§ 247. Behufs Feststellung der Verfertigung von inländischem falschen Metallgeld, Papiergeld, Stempeln oder Postzeichen, beziehungsweise der Fälschung von echtem Metallgeld, Papiergeld, Stempeln oder Postzeichen, sind die Falsifikate an jene Behörde zu senden, welche das echte Metallgeld, Papiergeld, die Stempel oder Postzeichen hinausgegeben hat. Von dieser Behörde ist auch ein Gutachten darüber abzuverlangen, auf welche Weise die Fälschung wahrscheinlich begangen worden ist.

Die Erklärung betreffend die Fälschung ist hinsichtlich der Geldnoten und der öffentlichen Kreditpapiere der österreichisch-ungarischen Bank von der Budapester Direktion der Bank, hinsichtlich der in den §§ 210 und 211 des Ges.-Art. V vom Jahre 1878 aufgezählten und nicht von Privaten emittierten Kreditpapiere aber von jener Behörde oder der Direktion jener Gesellschaft zu beschaffen, welche die echten Papiere emittiert hat.

Im Falle der gegen den § 210 des Ges.-Art. V vom Jahre 1878 verstofsenden Fälschung von durch Private emittierten Kreditpapieren sind bezüglich des Sachverständigen-Augenscheines und Gutachtens die allgemeinen Bestimmungen dieses Gesetzes in Anwendung zu bringen.

§ 248. Die Fälschungen von ausländischem Metallgeld oder Papiergeld und von diesen gleich erachteten Kreditpapieren, sowie von ausländischen Stempeln oder Postzeichen sind behufs Beschaffung des Gutachtens an den Justizminister zu unterbreiten.

§ 249. Im Falle des § 247 erster und zweiter Absatz und des § 248 sind die zur Verfertigung der Fälschungen benützten Werkzeuge womöglich dem Ersuchen beizuschliefsen. Nach Abgabe des Gutachtens sind diese samt den Fälschungen an das Gericht zurückzusenden.

Nach Beendigung des Strafverfahrens läfst das Gericht die Fälschungen und Werkzeuge behufs Aufbewahrung an die betreffende Behörde oder Direktion zurückgelangen.

### IV. Untersuchung der Identität der Schrift.

§ 250. Wenn bezüglich der Echtheit irgend einer Schrift ein Zweifel entsteht, oder wenn zu ermitteln ist, wessen Handschrift irgend eine Schrift ist, sollen die Sachverständigen zur Vergleichung eine unzweifelhaft echte Schrift benützen.

Es ist erwünscht, dafs die zu vergleichenden Schriften womöglich aus einer und derselben Zeit herrühren.

Der Beschuldigte kann aufgefordert werden als Probeschrift einige

Worte oder Sätze vor dem Gerichte niederzuschreiben. Es darf jedoch zu diesem Zwecke ein Zwang nicht in Anwendung kommen.

## V. Feststellung des betrügerischen und schuldbaren Bankerottes.

§ 251. Im Falle eines betrügerischen und schuldbaren Bankerottes sind die Sachverständigen in der Regel nur zur Feststellung der als Grundlage der Anklage vorgebrachten und von Seite des Gerichtes genau zu bezeichnenden Umstände zu verwenden.

Im Falle der erwähnten strafbaren Handlungen müssen die Sachverständigen feststellen, welche Schulden der Gemeinschuldner von dem Zeitpunkte angefangen gemacht, wo er von seiner Zahlungsunfähigkeit wufste oder dieselbe wissen mufste, und insofern die Masse passiv steht, von welchem Zeitpunkte angefangen die Schulden des Gemeinschuldners sein Vermögen zu übersteigen begonnen haben.

Wenn der Gemeinschuldner ein zur Führung von Handelsbüchern verpflichteter Kaufmann ist, gehört zu den ordentlichen Gegenständen des fachmännischen Befundes und Gutachtens die Feststellung dessen:

1. ob der Gemeinschuldner solche eingebundene, Blatt für Blatt mit Seitenzahlen versehene, durchheftete Handelsbücher geführt habe, welche die seinerseits abgeschlossenen Geschäfte und seinen Vermögensstand vollständig ersichtlich machen;

2. ob in den Handelsbüchern des Gemeinschuldners an den in der Regel auszufüllenden Stellen keine leeren Zwischenräume vorkommen, Eintragungen nicht ausradiert, mittelst Durchstreichung oder nachträglicher Eintragung nicht unleserlich gemacht worden sind;

3. ob aus den Büchern oder aus andern Schriften des Gemeinschuldners festgestellt werden kann, dafs der Gemeinschuldner eine seinen Aktiv- und Passivstand ausweisende ordentliche Bilanz alljährlich verfertigt habe.

In dem Falle wenn gegründeter Verdacht auftaucht, dafs der Gemeinschuldner seine Handelsbücher falsch geführt oder diese in strafbarer Weise verändert hat, sind die Sachverständigen zur Untersuchung der verdächtigen und mit diesen in Verbindung stehenden Eintragungen und zur Feststellung dessen anzuweisen:

a) ob zwischen den verdächtigen und sonstigen Eintragungen Widersprüche sind;

b) ob Anzeichen dafür vorhanden sind, dafs die verdächtigen Eintragungen mittelst Veränderung des ursprünglichen Inhaltes der Handelsbücher erfolgt sind;

c) inwiefern diese die Ermittelung des Vermögensstandes und des Geschäftsganges des Gemeinschuldners hindern.

## VI. Verfahren in Fällen von Brandlegung und Schaden verursachenden sonstigen strafbaren Handlungen.

§ 252. Im Falle einer Brandlegung ist besonders zu ermitteln: die Art und Weise der Brandlegung, welcher und wieartig der zum Anfachen des Feuers verwendete Stoff war, ferner der Ort, die Zeit, wo die Brandlegung oder der Versuch derselben erfolgte, und besonders, ob das Feuer bei Nacht oder bei Tag ausgebrochen ist.

Es ist ferner festzustellen, ob die leichte Weiterverbreitung des Feuers oder der Umstand nicht vorausgesehen werden konnte, dafs es Menschenleben gefährdet; schliefslich ist bei jedem Feuer, welches Schaden verursacht hat, die Höhe des Schadens festzustellen.

§ 253. Wenn eine die Person oder das Vermögen andrer gefährdende sonstige strafbare Handlung vorliegt, so ist die Art und Weise und das Mittel der Verübung beziehungsweise der Mitwirkung, die Gröfse des verursachten oder des zu verursachen beabsichtigten Schadens, des Nutzentganges, ferner der Gefahr zu bestimmen, welche für das Leben oder die Gesundheit der Menschen eingetreten ist, oder eintreten hätte können.

Insofern zu besorgen steht, dafs der Verletzte seinen Schaden übertrieben hoch schätzt, und eine andre verläfsliche Modalität nicht zur Verfügung steht, ist die Höhe des eingetretenen faktischen Schadens mittelst Vernehmung von Zeugen beziehungsweise von Sachverständigen festzustellen.

## XV. Kapitel.

### Die Anklageschrift, die Einwendungen und das hierauf bezügliche Verfahren.

#### A. Im Falle der von der königl. Staatsanwaltschaft vertretenen Anklage.

§ 254. Im Falle einer in den Wirkungskreis des Schwurgerichtes oder des Gerichtshofes verwiesenen strafbaren Handlung ist die königl. Staatsanwaltschaft, wenn eine Untersuchung nicht gepflogen worden ist, verpflichtet, sobald die Daten der Nachforschung hierfür genügenden Grund bieten, die Anklageschrift samt den auf die Angelegenheit bezüglichen Akten beim Präsidenten des Anklagesenates einzureichen.

Wenn eine Untersuchung gepflogen worden ist, hat die königl. Staatsanwaltschaft binnen fünfzehn Tagen von der Verständigung über die Beendigung derselben (§ 129 erster Absatz) gerechnet, insofern sie nicht die Ergänzung des Verfahrens beantragt hat (§ 129 zweiter Absatz), entweder die Anklageschrift bei dem Untersuchungsrichter einzureichen, oder das Fallenlassen der Anklage anzumelden.

Insofern die königl. Staatsanwaltschaft die Ergänzung der Untersuchung rechtzeitig beantragt hat, und der Antrag zurückgewiesen worden ist (§ 129 dritter Absatz), ist die Anklageschrift binnen fünfzehn Tagen von der Einhändigung des Bescheides des Anklagesenates gerechnet einzureichen.

§ 255. Die Anklageschrift mufs enthalten:

1. den Namen des Beschuldigten mit der Angabe, ob derselbe sich in Haft befindet oder nicht;

2. die genaue Bezeichnung der zum Gegenstande der Anklage gemachten strafbaren Handlung oder Handlungen nach den im Gesetze festgestellten und dem Thatbestande entnommenen Merkmalen;

3. die aus den Daten der Nachforschung beziehungsweise der Unter-

suchung geschöpfte, gedrängte, zusammenhängende und objektive Darstellung des Thatbestandes und die Bezeichnung der Beweismittel;

4. die Benennung des für die Hauptverhandlung zuständigen Gerichtes.

Die königl. Staatsanwaltschaft ist verpflichtet, in der Anklageschrift sich auch betreff der Anordnung, Aufrechterhaltung oder Aufhebung der vorläufigen Festnahme oder der Untersuchungshaft zu äufsern. Der Anklageschrift ist das Verzeichnis der vorzuladenden Zeugen und Sachverständigen beziehungsweise der für die Hauptverhandlung zu beschaffenden sonstigen Beweismittel beizuschliefsen.

Die Anklageschrift ist samt der Abschrift des Verzeichnisses in so vielen Exemplaren einzureichen, dafs ein jeder Beschuldigter ein Exemplar erhalte und überdies ein Exemplar bei den Akten verbleibe.

§ 256. Der Präsident des Anklagesenates beziehungsweise der Untersuchungsrichter, bei welchem die königl. Staatsanwaltschaft die Anklageschrift eingereicht hat, beschliefst sofort in betreff des Antrages bezüglich der vorläufigen Festnahme beziehungsweise der Anordnung oder Aufhebung der Untersuchungshaft, sohin läfst er, aufser dem Falle des § 281, die Anklageschrift dem Beschuldigten mit der Verständigung zustellen, dafs es ihm freisteht gegen die Anklageschrift im Sinne des § 257 dieses Gesetzes Einwendung zu erheben.

Die Anklageschrift ist dem in Haft befindlichen Beschuldigten binnen vierundzwanzig Stunden, dem auf freien Fufs befindlichen Beschuldigten möglichst dringend mitzuteilen, wenn jedoch die vorläufige Festnahme beziehungsweise die Untersuchungshaft auf Grund der Anklageschrift angeordnet worden ist, so ist die Anklageschrift dem Beschuldigten nur bei seiner Verhaftung einzuhändigen. In diesem Falle kann wegen der Anordnung der vorläufigen Festnahme oder der Untersuchungshaft nur mittelst gegen die Anklageschrift eingereichten Einwendung Abhilfe angesucht werden.

Die Mitteilung soll enthalten, dafs, insofern der Beschuldigte Einwendung einlegen will, er verpflichtet ist, diese binnen acht Tagen von der Mitteilung der Anklageschrift gerechnet, zu erheben und zu begründen.

Die Einwendung und ihre Begründung kann beim Untersuchungsrichter beziehungsweise dem Präsidenten des Anklagesenates, welcher die Anklageschrift einhändigen liefs, zu Protokoll gegeben oder schriftlich eingereicht werden.

Diese weisen die Einwendung zurück, wenn sie verspätet ist oder von einer nicht berechtigten Person erhoben wurde.

Der Beschuldigte kann innerhalb der Frist, welche ihm zur Einwendung, beziehungsweise, wenn er sie bereits angemeldet hat, zur Begründung frei steht, verlangen, dafs die Anklageschrift seinem Verteidiger eingehändigt werde. In diesem Falle ist der Termin von der erfolgten Zustellung an den Verteidiger zu rechnen.

§ 257. Der Beschuldigte kann gegen jeden Punkt der Anklageschrift Einwendung erheben.

Insbesondere kann er Einwendung erheben gegen die Zuständigkeit des Gerichtes, kann die Ergänzung der Nachforschung oder der Untersuchung beziehungsweise die Anordnung der Untersuchung beantragen, die die Zurechnungsfähigkeit und die Einleitung des strafgerichtlichen Verfahrens ausschliefsenden Gründe geltend machen, er kann Einwendung erheben gegen die Anordnung der vorläufigen Festnahme beziehungsweise der Untersuchungshaft (§ 256), er kann alle jene Umstände und Gründe vorbringen, aus welchen er folgert, dafs keine strafbare Handlung oder eine andre vorliegt, als auf welche die Anklage gegründet ist, und kann er auch die Beweismittel der Anklage, die thatsächlichen und rechtlichen Folgerungen derselben zum Gegenstande der Einwendung machen.

§ 258. Wenn der Beschuldigte innerhalb der im § 256 berechneten Frist Einwendung erhoben hat, übersendet der Untersuchungsrichter die Akten sofort an den Anklagesenat.

§ 259. Der Präsident des Anklagesenates setzt zur Verhandlung der Einwendung einen möglichst kurzen Termin fest und verständigt hiervon die königl. Staatsanwaltschaft und den Beschuldigten.

In der Verständigung an den letzteren ist zu bemerken, dafs er das Recht hat in der Sitzung des Anklagesenates zu erscheinen oder nicht zu erscheinen, sowie sich durch einen Verteidiger vertreten zu lassen.

Der angemeldete Verteidiger des Beschuldigten ist von dem Verhandlungstage zu verständigen.

§ 260. Das Wegbleiben des Beschuldigten oder seines Verteidigers hindert die Verhandlung und Beschlufsfassung nicht.

Wenn jedoch der Anklagesenat es für notwendig findet, kann er den Beschuldigten zum persönlichen Erscheinen in der Verhandlung der Einwendung verpflichten, beziehungsweise den in Haft befindlichen Beschuldigten sich vorführen lassen.

§ 261. Die Verhandlung der Einwendung ist nicht öffentlich.

Nach Eröffnung der Sitzung trägt der Referent die Angelegenheit vor. Nachdem dies geschehen, können die Parteien mündliche Vorstellungen machen. Das Schlufswort gebührt immer dem Beschuldigten und seinem Verteidiger.

Die Mitglieder des Anklagesenates können an den erschienenen oder vorgeführten Beschuldigten Fragen stellen.

Nach Beendigung der Verhandlung erbringt der Anklagesenat einen Bescheid und verkündet denselben sofort, dem nicht erschienenen Beschuldigten und der Privatpartei aber teilt er ihn binnen drei Tagen mit.

§ 262. Der Anklagesenat kann behufs weiterer Aufklärung der Angelegenheit die Nachforschung, beziehungsweise die Ergänzung der Untersuchung und insofern eine Untersuchung nicht gepflogen wurde, die Vornahme derselben, ferner die Richtigstellung, Wiederholung einzelner Untersuchungs-Handlungen oder die Aufnahme oder Beschaffung neuer Beweismittel anordnen.

§ 263. Der Anklagesenat verweiset die Angelegenheit vor das zuständige Gericht oder die Behörde, wenn der Gerichtshof oder das Schwurgericht für das Verfahren nicht die Zuständigkeit oder den Wirkungskreis besitzt.

§ 264. Der Anklagesenat weist die Anklageschrift zurück und stellt das Verfahren mit Bescheid ein:

1. wenn die den Gegenstand der Anklage bildende Handlung keine strafbare Handlung ist, oder wenn sie zwar eine strafbare Handlung ist, jedoch bezüglich derselben früher ein rechtskräftiges Urteil erbracht worden ist;

2. wenn infolge des Ablebens des Beschuldigten, der königlichen Gnade oder der Verjährung ein Verfahren nicht statt hat;

3. wenn der Beschuldigte an einer die Zurechnungsfähigkeit ausschliefsenden, unheilbaren Geistesstörung leidet, oder zur Zeit der Begehung der strafbaren Handlung das zwölfte Lebensjahr noch nicht zurückgelegt hat. (§ 83 Ges.-Art. V vom Jahre 1878);

4. wenn die zur Fortsetzung des Verfahrens notwendige Bevollmächtigung, der Wunsch oder der Privatantrag fehlt, beziehungsweise wenn der zum Privatantrage Berechtigte seinen zurückziehbaren Antrag rechtzeitig zurückgezogen hat;

5. wenn sämtliche zur Vertretung der Anklage Berechtigten die Anklage fallen gelassen, beziehungsweise die Vertretung der Anklage rechtzeitig nicht übernommen haben;

6. wenn die wider den Beschuldigten vorgebrachten Beweise nicht genügend sind, um hinsichtlich seiner Strafbarkeit einen begründeten Verdacht zu erregen.

Im Falle des Punktes 5 ist der Bescheid nur damit zu begründen, dafs der Ankläger die Anklage fallen gelassen und die Vertretung derselben auch ein andrer Berechtigter nicht rechtzeitig übernommen habe.

Wenn der die Abweisung der Anklage nach sich ziehende Grund sich auch auf einen solchen Beschuldigten bezieht, welcher keine Einwendung erhoben hat, geht der Anklagesenat so vor, als wenn auch dieser Einwendung erhoben hätte.

§ 265. Der Anklagesenat setzt die Fortsetzung des Strafverfahrens aus:

1. wenn hinsichtlich der Giltigkeit einer Ehe oder eines für die Entscheidung der Strafsache wesentlichen andern privatrechtlichen Rechtsverhältnisses gemäfs § 7 dritter und vierter Absatz das Abwarten des Beschlusses des Civilgerichtes oder einer andern Behörde sich als notwendig erweiset;

2. wenn im Falle des § 31 die Entscheidung des Justizministers abzuwarten ist;

3. wenn die Aufhebung des Immunitätsrechtes des Beschuldigten notwendig ist;

4. wenn bezüglich des Beschuldigten eine die Zurechnungsfähigkeit ausschliefsende oder beschränkende Geistesstörung vorhanden zu sein scheint und der Anklagesenat die fernere fachmännische Beobachtung des Beschuldigten für notwendig erachtet (§ 246).

Das Verfahren bleibt im Falle des Punktes 1 und 2 bis zur Entscheidung der vorhergehenden Frage, beziehungsweise bis zu der infolge der Verspätung notwendigen Verfügung (§ 7 letzter Absatz), im Falle des Punktes 3 bis zur Aufhebung des Immunitätsrechtes, im Falle des Punktes 4 aber insolange in Schwebe, bis das Gericht sich die Überzeugung verschafft, dafs der Zustand des Beschuldigten die Zurechnungsfähigkeit nicht ausschliefst, oder dafs derselbe unheilbar geistesgestört ist.

§ 266. Wenn kein einziger der in den §§ 262—265 bestimmten Fälle obwaltet, spricht der Anklagesenat mit Bescheid aus, dafs er den Beschuldigten unter Anklage stellt.

Dieser Bescheid hat die Namen der bei der Verhandlung anwesend gewesenen Richter, ferner die genaue Angabe der persönlichen Verhältnisse des Angeklagten und die Qualifizierung der als Grundlage der Unteranklagestellung dienenden strafbaren Handlung mit Berufung auf die betreffenden Paragraphen des Strafgesetzes zu enthalten.

In demselben Bescheide beschliefst der Anklagesenat auch darüber, welche Zeugen und Sachverständige zur Hauptverhandlung vorzuladen sind.

Der Anklagesenat ist hinsichtlich der Anwendung des Gesetzes an den Antrag des Anklägers nicht gebunden.

§ 267. Der Anklagesenat beschliefst auch über die weitere Inhafthaltung oder Enthaftung des Beschuldigten, ja er kann im Falle eines gesetzlichen Grundes auch die vorläufige Festnahme, beziehungsweise die Untersuchungshaft des auf freiem Fufse gewesenen Beschuldigten anordnen.

Die im Anklagebeschlufs angeordnete oder aufrechterhaltene vorläufige Festnahme beziehungsweise Untersuchungshaft ist auch ohne die Verlängerung nach § 159 bis zu dem in der Hauptverhandlung zu erbringenden meritorischen Beschlusse giltig. Der Anklagesenat kann jedoch dieselbe aus einem gesetzlichen Grunde aufheben.

Die vorläufige Festnahme, beziehentlich die Untersuchungshaft kann auch aufser den Fällen der §§ 157 und 162 aufgehoben werden, wenn wider den Angeklagten eine schwerere Hauptstrafe als fünfjährige Freiheitsstrafe voraussichtlich nicht wird verhängt werden können.

Wenn der Anklagesenat die Fortsetzung des Verfahrens aussetzt, jedoch gleichzeitig die vorläufige Festnahme oder die Untersuchungshaft anordnet, beziehungsweise die Aufrechterhaltung derselben beschliefst, so sind für die Dauer und für die Verlängerung derselben die Bestimmungen des § 159 erster Absatz anzuwenden.

§ 268. Wenn der Beschuldigte während des im § 256 vorgeschriebenen Termines keine Einwendung erhoben, oder auf sie ausdrücklich verzichtet hat, so sind die bezüglichen Akten an den zuständigen Gerichtshof oder das Schwurgericht zu übersenden, welcher (welches) die Angelegenheit in geschlossener Sitzung untersucht und in betreff der weiteren Inhafthaltung des Beschuldigten oder seiner Enthaftung (§ 267) beschliefst.

Der Gerichtshof oder das Schwurgericht weist, wenn er (es) sich nicht für zuständig hält (§ 15), die Angelegenheit an das zuständige Gericht oder die Behörde; im Falle des § 264 Punkt 1—5 weist er (es) die Anklageschrift im Sinne der Bestimmungen des § 264 zurück, und stellt das Verfahren mit Bescheid ein; im Falle des § 265 aber suspendiert er (es) die Fortsetzung des Verfahrens. Im entgegengesetzten Falle verfügt er (es) unverzüglich in betreff der Festsetzung des Tages der Hauptverhandlung.

§ 269. Unter den vom Anklagesenate gemäfs §§ 262–267, vom Gerichtshofe oder Schwurgerichte gemäfs § 268 erbrachten Bescheiden kann die königl. Staatsanwaltschaft und der Verletzte nur gegen den das Verfahren zum Teile oder im Ganzen einstellenden oder aussetzenden, oder die Übermittelung anordnenden Bescheid einen Rekurs einlegen. Wenn die königl. Staatsanwaltschaft rekurriert und den Rekurs nicht zurückgezogen hat, kann der Rekurs des Verletzten nicht in Betracht genommen werden.

§ 270. Der Beschuldigte und die zu seinen Gunsten zur Einbringung von Rechtsmitteln Berechtigten (§ 383 Punkte I und II) können gegen die gemäfs §§ 262—268 erbrachten Bescheide nur in der Frage der vorläufigen Festnahme beziehungsweise der Untersuchungshaft und gegen den auf Grund des § 265 Punkt 1 erbrachten aussetzenden Bescheid einen Rekurs einbringen, welcher jedoch das weitere Verfahren nicht hemmt.

§ 271. Infolge des Rekurses sind die Akten binnen drei Tagen vom Ablaufe der zur Einreichung der Begründung bewilligten Frist gerechnet an die königl. Gerichtstafel vorzulegen. Im Falle des Rekurses des Beschuldigten erfolgt die Vorlage gemäfs des letzten Absatzes des § 151.

§ 272. Die königl. Gerichtstafel erledigt den Rekurs in geschlossener Sitzung, sie kann die Angelegenheit vom Gesichtspunkte der Punkte 1—5 des § 264 auch von Amtswegen überprüfen, und alle jene Bescheide erbringen, welche gemäfs §§ 262—268 in den Wirkungskreis des Anklagesenates, beziehungsweise des Gerichtshofes oder des Schwurgerichtes fallen.

§ 273. Das Gericht erster Instanz teilt den Bescheid der königl. Gerichtstafel den Parteien mittelst Zustellung, dem in Haft befindlichen Beschuldigten aber im Wege der Verkündung mit und vollzieht sofort alle infolge des Beschlusses erforderlichen Verfügungen.

§ 274. Gegen den gemäfs § 272 erbrachten Bescheid der königl. Gerichtstafel ist ein Rekurs nicht zulässig.

Nachdem der die unter Anklagestellung anordnende Bescheid in Rechtskraft erwachsen, oder die Hauptverhandlung angeordnet worden ist (dritter Absatz § 268), ist eine Übermittelung der Angelegenheit wegen Nichtzuständigkeit des vorgehenden Gerichtes (§§ 16, 17) nicht statthaft.

§ 275. Wenn die königl. Staatsanwaltschaft nach der unter Anklagestellung oder der Anordnung der Hauptverhandlung die Anklage fallen zu lassen wünscht, ist sie verpflichtet, dies dem vorgehenden Gerichte anzuzeigen. Bezüglich des weiteren Vorgehens ist die im vierten Absatze § 42 dieses Gesetzes enthaltene Verfügung mafsgebend.

## B. Vorgang, wenn der Privatankläger die Anklage vertritt.

§ 276. Der in Vertretung der Anklage vorgehende Privatankläger hat binnen 15 Tagen von der Verständigung über die Beendigung der Untersuchung (§ 129) gerechnet, die Anklageschrift bei dem Untersuchungsrichter einzureichen, oder die Ergänzung der Untersuchung zu beantragen. Im entgegengesetzten Falle ist anzunehmen, als hätte er die

Anklage fallen gelassen. Wenn die königl. Staatsanwaltschaft die Anklageschrift eingereicht, später jedoch die Anklage vor der unter Anklagestellung, beziehungsweise vor der Anordnung der Hauptverhandlung oder der unmittelbaren Vorladung fallen gelassen hat, sind hiervon die Verletzten, welche die Anzeige erstattet, oder den Privatantrag gestellt, oder ihre Ansprüche zur Anzeige gebracht haben, mit der Erinnerung zu verständigen, dafs sie innerhalb acht Tage die Anordnung der Untersuchung beantragen, wenn jedoch in der Angelegenheit eine Untersuchung stattgefunden hat, entweder wegen Ergänzung derselben einen Antrag stellen oder erklären können, dafs sie die Vertretung der Anklage übernehmen oder die Anklageschrift der königl. Staatsanwaltschaft sich zu eigen machen.

Wenn die Aufforderung erfolglos bleibt, so ist von den Verletzten anzunehmen, dafs sie die Vertretung der Anklage zu übernehmen nicht geneigt sind.

Der letzte Absatz des § 254 ist in den in diesem Paragraphen umschriebenen Fällen auf den Privatankläger anzuwenden.

§ 277. Der Privatankläger ist verpflichtet, die Anklageschrift im Sinne der im § 255 enthaltenen Bestimmungen zu verfassen.

Wenn der im § 276 festgesetzte Termin erfolglos abgelaufen ist, sind die Akten unverzüglich dem Anklagesenate vorzulegen, welcher die Einstellung des Verfahrens ausspricht.

§ 278. Wenn der Privatankläger die Anklageschrift eingereicht, oder wenn er die Anklageschrift der königl. Staatsanwaltschaft sich zu eigen gemacht hat, geht der Untersuchungsrichter oder der Präsident des Anklagesenates, bei dem die Akten der Angelegenheit sich befinden, gemäfs § 256 vor.

Wenn der Beschuldigte innerhalb des im § 256 bezeichneten Termines Einwendungen einreicht, so untersucht der Anklagesenat die Angelegenheit in einer gemäfs den Bestimmungen der §§ 259—261 festzusetzenden und abzuhaltenden Verhandlung.

Der Privatankläger ist mit der Erinnerung vorzuladen, dafs wenn er von der Verhandlung wegbleibt und sein Wegbleiben in annehmbarer Weise nicht entschuldigt, oder wenn er für sich keinen Vertreter entsendet, der Anklagesenat dies so betrachten wird, als wenn er die Anklage fallen gelassen hätte.

Die Verhandlung kann vertagt werden, wenn der Privatankläger die genügende Ursache seines Nichterscheinens vor Beginn der Verhandlung glaubhaft macht.

§ 279. Wenn der Beschuldigte innerhalb der gesetzlichen Frist keine Einwendung erhoben oder auf dieselbe verzichtet hat, untersucht der Anklagesenat die Angelegenheit auf Grund der an denselben übermittelten Akten in geschlossener Sitzung und beschliefst gemäfs §§ 262—267.

§ 280. Gegen die im Sinne der §§ 263, 264 und 265 erbrachten Beschlüsse des Anklagesenates können der Privatankläger und die sich Anschliefsenden den Rekurs ergreifen. Wenn der Privatankläger rekurriert hat, kann der Rekurs des sich Anschliefsenden nicht in Betracht genommen werden, es sei denn, dafs der Privatankläger seinen Rekurs zurückgezogen hat.

Im übrigen sind die Bestimmungen der §§ 269—275 entsprechend anzuwenden.

## XVI. Kapitel.

### Unmittelbare Ladung zur Hauptverhandlung.

§ 281. Eine unmittelbare Ladung zur Hauptverhandlung ist im Falle einer mit einer Freiheitsstrafe bis zu fünf Jahren oder einer milderen Strafe zu belegenden Handlung am Platze:

1. wenn der Fall des Betretens auf frischer That vorliegt (§ 142), oder
2. wenn der Beschuldigte seine Schuld vor dem Gerichte eingestanden hat, und sein Geständnis im vollen Einklange mit den Daten der Nachforschung oder der Untersuchung steht.

In den auf Grund des Zusammenhanges (§§ 18, 19) vereinigten Strafsachen kann die unmittelbare Ladung nur dann angeordnet werden, wenn dies gemäfs des oben Vorgebrachten hinsichtlich aller strafbaren Handlungen und aller Beschuldigten am Platze ist.

Die unmittelbare Ladung zur Hauptverhandlung schliefst die Einwendungen gegen die Anklageschrift aus.

Gegen einen die unmittelbare Ladung anordnenden Bescheid kann der Beschuldigte keine Zuständigkeits-Einwendung erheben.

§ 282. Die Anordnung der unmittelbaren Ladung kann in der Regel nur die königl. Staatsanwaltschaft beantragen. Ihren diesbezüglichen und wenn notwendig, ihren auf die Festnahme des Beschuldigten bezüglichen Antrag stellt sie in der Anklageschrift, welche sie mit den auf die Nachforschung beziehungsweise auf die Untersuchung bezughabenden Akten dem Gerichtshofe oder dem Schwurgericht (dritter Absatz § 337) vorlegt.

Im Falle des Zusammenhanges (§§ 18, 19) kann auch der Ersatz-Privatkläger die Anordnung der unmittelbaren Ladung beantragen, wenn die königl. Staatsanwaltschaft in einer der zusammenhängenden Angelegenheiten einen derartigen Antrag gestellt hat.

§ 283. In betreff der unmittelbaren Ladung und der Festnahme des Beschuldigten (§ 267) beschliefst das Gericht erster Instanz. Insofern die Bedingungen der unmittelbaren Ladung mangeln, ordnet es das in den §§ 254—275 geregelte Verfahren an, doch steht demselben das Recht zu, die Durchführung der Untersuchung oder die Ergänzung der Nachforschung beziehungsweise der Untersuchung, im Falle des § 265 aber die Aussetzung der Fortsetzung des Strafverfahrens, eventuell die Übermittelung der Angelegenheit an das zuständige Gericht und im Falle der Punkte 1—5 § 164 die Einstellung des weiteren Verfahrens auszusprechen.

Gegen den das Verfahren einstellenden, aussetzenden oder die Übermittelung anordnenden Bescheid können die königl. Staatsanwaltschaft und der Verletzte rekurrieren.

Wenn die königl. Staatsanwaltschaft ebenfalls rekurriert und den Rekurs nicht zurückgezogen hat — kann das Rechtsmittel des Verletzten nicht in Betracht genommen werden.

Wenn die königl. Gerichtstafel infolge Rekurses des Verletzten den Einstellungsbescheid des Gerichtes erster Instanz abgeändert und die Fortsetzung des Verfahrens angeordnet hat, so kann dies nur mittelst Untersuchung oder mittelst des in den §§ 276—280 geregelten Verfahrens erfolgen. Gegen die im ersten Absatz dieses Paragraphen erwähnten übrigen Beschlüsse kann nur bei Gelegenheit der Hauptverhandlung, beziehungsweise mittelst einer gegen das Urteil einbringbaren Appellation Abhilfe gesucht werden.

Das Gericht erster Instanz kann auf Grund der Ergebnisse der Hauptverhandlung von der unmittelbaren Ladung absehen, und auch in diesem Falle die Durchführung der Untersuchung oder das im XV. Kapitel geregelte Verfahren anordnen.

Wenn die Hauptverhandlung den Thatbestand vollständig aufgeklärt hat, kann das Gericht in der Sache auch dann ein Urteil fällen, wenn es findet, dafs eine unmittelbare Ladung nicht am Platz gewesen wäre.

§ 284. Für die unmittelbar angeordnete Hauptverhandlung ist ein möglichst kurzer Termin festzusetzen; die Anklageschrift und der Vorladeschein sind gleichzeitig zuzustellen.

Wenn bezüglich irgend einer der auf Grund des Zusammenhanges (§§ 18, 19) vereinigten Angelegenheiten die Einstellung des weiteren Verfahrens, bezüglich der andern aber die unmittelbare Ladung angeordnet worden ist, und die königl. Staatsanwaltschaft oder der Verletzte rekurriert hat (1. und 2. Absatz § 283), so ist die betreff der Festsetzung der Hauptverhandlung getroffene Verfügung aufser Kraft zu setzen, oder gemäfs des § 21 vorzugehen.

## XVII. Kapitel.

### Vorbereitung der Hauptverhandlung.

§ 285. Behufs Vorbereitung der Hauptverhandlung sind die Akten dem Präsidenten der Hauptverhandlung zu übergeben. Wenn der Angeklagte im Gefängnisse irgend eines Bezirksgerichtes in Haft ist, so mufs er unverzüglich in das Gefängnis des Gerichtshofes überführt werden.

Der Präsident der Hauptverhandlung ist verpflichtet, sich den Angeklagten unverzüglich vorführen zu lassen und zum Zwecke der Vorbereitung der Hauptverhandlung zu verhören und namentlich auch in Bezug darauf, ob er nicht bis nun nicht geltend gemachte neue Beweise zu bezeichnen, bezüglich der wider ihn erbobenen Anklage neuerdings sich zu äufsern oder einen Verteidiger zu wählen wünsche.

Das Verhör des auf freiem Fufs befindlichen Angeklagten in der obbezeichneten Richtung kann unterlassen werden, wenn jedoch der Präsident der Hauptverhandlung es für notwendig erachtet, kann er den Angeklagten vorladen, oder wegen Hörung desselben das am Aufenthaltsorte desselben befindliche Gericht ersuchen.

Insofern einer der im § 56 bestimmten Fälle obwaltet, verfügt der Präsident der Hauptverhandlung in betreff der Bestellung eines Verteidigers, wenn der Angeklagte noch keinen Verteidiger hat (§ 58).

§ 286. Der Präsident der Hauptverhandlung bestimmt den Termin der Hauptverhandlung und ladet zu derselben den Verteidiger, die Parteien, den Verletzten und ihre Vertreter, ferner die im Anklagebeschlusse, und wenn ein solcher nicht erbracht wurde, die in der Anklageschrift aufgezählten Zeugen und Sachverständigen.

Der Angeklagte ist so vorzuladen, daſs zwischen der Zustellung des Vorladescheines und dem Termine der Hauptverhandlung ein Zeitraum von mindestens acht Tagen falle.

Die Nichteinhaltung dieser Vorschrift ist nur dann ein Grund zur Aufschiebung der Hauptverhandlung, wenn der Angeklagte dieser nicht zugestimmt, oder wegen derselben bei der Hauptverhandlung bis zur Verlesung des Anklagebeschlusses, beziehungsweise der Anklageschrift (§ 304) eine Einwendung erhoben hat.

Der Privatankläger ist im Vorladescheine auf die Bestimmung des letzten Absatzes des § 49 aufmerksam zu machen.

Der Verletzte soll zum persönlichen Erscheinen nur dann verpflichtet werden, wenn seine Vernehmung zur Aufklärung irgend eines wesentlichen Umstandes notwendig ist. Nichtsdestoweniger sind auch der Verletzte und der sich Anschlieſsende im Vorladescheine darauf aufmerksam zu machen, daſs insofern sie in der Hauptverhandlung nicht erscheinen, das Gericht von ihnen annehmen werde, daſs sie die Vertretung der eventuell fallen zu lassenden Anklage zu übernehmen nicht geneigt sind.

Die Privatpartei ist darauf aufmerksam zu machen, daſs im Falle ihres Wegbleibens ihre Bitte betreffend den privatrechtlichen Anspruch aus den Akten wird verlesen werden.

Der Verletzte kann für sich stets einen Bevollmächtigten entsenden, ausgenommen wenn das Gericht ihn ausdrücklich zum persönlichen Erscheinen verpflichtet hat.

§ 287. Der Präsident der Hauptverhandlung verfügt in betreff der Verständigung der Mitglieder des Gerichtes und des Protokollführers, sowie je nach Erfordernis in betreff der Bestellung eines oder mehrerer Ersatzrichter eventuell eines Dolmetschers.

Wenn der Präsident der Hauptverhandlung Kenntnis erlangt davon, daſs der noch nicht vernommene, jedoch zur Hauptverhandlung vorgeladene Zeuge oder Sachverständige wegen längere Zeit andauernder Krankheit oder wegen eines nicht zu beseitigenden andern Hindernisses in der Hauptverhandlung nicht wird erscheinen können, so kann er seine Vernehmung durch einen entsendeten oder requirierten Richter anordnen.

Vom Termine der Vernehmung sind die Parteien, unaufschiebbare Dringlichkeit ausgenommen, im vorhinein zu verständigen.

Der Einvernommene ist, insofern die in den §§ 221, 222 und 229 bestimmten Fälle nicht obwalten, zu beeidigen.

Wenn das Hindernis des Erscheinens aufgehört hat, ist der einvernommene Zeuge oder Sachverständige zur Hauptverhandlung zu laden.

§ 288. Die Parteien können auch nach der Anberaumung des Termines der Hauptverhandlung verlangen, daſs das Gericht die im Anklagebeschlusse beziehungsweise in der Anklageschrift angeführten Beweise ergänze oder neue Beweise beschaffe.

Zu diesem Behufe haben sie ihren motivierten Antrag beim Präsidenten der Hauptverhandlung spätestens vier Tage vor der Hauptverhandlung mündlich oder schriftlich vorzubringen, und in diesem ihrem Antrage den zu vernehmenden oder zur Hauptverhandlung zu ladenden Zeugen oder Sachverständigen, ferner die zu beschaffenden sonstigen Beweise und die zu beweisen gewünschte Thatsache genau anzugeben.

Die Zeugen oder Sachverständigen, deren Ladung die Parteien verlangt haben, sind in der Regel zur Hauptverhandlung zu laden, ausgenommen, wenn der zu beweisen gewünschte Umstand für die Entscheidung der Sache ganz unwesentlich erscheint, oder es offenkundig ist, dafs die Partei sich auf den Zeugen oder Sachverständigen behufs Verzögerung der Entscheidung der Sache beruft. Von der Ladung der Zeugen und Sachverständigen sind die Parteien vor der Hauptverhandlung zu verständigen.

Die Beschlüsse des Präsidenten beschränken nicht die Wiederholung der Anträge in der Hauptverhandlung und den Beschlufs des erkennenden Gerichtes.

Der Präsident kann zur Hauptverhandlung neue Zeugen und Sachverständige auch von Amts wegen laden.

§ 289. Wenn nach der unter Anklagestellung eine neue Untersuchungshandlung vorgenommen worden ist, so kann der Ankläger nach § 316 vorgehen, doch kann er vor Beginn der Hauptverhandlung gleichzeitig mit der Zurückziehung der Anklageschrift auch eine neue Anklageschrift einreichen.

Im letztern Falle ist der Anklagebeschlufs beziehungsweise der die Hauptverhandlung anberaumende Bescheid aufser Kraft zu setzen und mufs auf Grund der neuen Anklageschrift gemäfs des Kapitels XV beziehungsweise XVI vorgegangen werden.

§ 290. Der Präsident kann die Hauptverhandlung vor dem Beginne derselben aus wichtigen Gründen vertagen. Der Umstand, dafs der Verteidiger verhindert ist, ist nur dann ein Grund zur Vertagung, wenn wegen Kürze der Zeit ein andrer Verteidiger nicht bestellt werden, oder der bestellte Verteidiger sich für die Verteidigung nicht genügend vorbereiten kann.

§ 291. Die Hauptverhandlung ist in der Regel am Amtssitze des Gerichtes erster Instanz abzuhalten.

Nichtsdestoweniger kann über Vortrag des vorgehenden Gerichtes behufs wesentlicher Erleichterung des Beweisverfahrens der Justizminister gestatten, dafs die Hauptverhandlung an einem andern Orte abgehalten werde.

§ 292. Gegen die Verfügungen des Präsidenten der Hauptverhandlung und des Gerichtes erster Instanz betreffend die Anberaumung und Vorbereitung der Hauptverhandlung (§§ 285—291) ist ein Rekurs nicht statthaft.

## XVIII. Kapitel.

### Hauptverhandlung vor dem Gerichtshofe.

### I. Die Öffentlichkeit und Aufrechterhaltung der Ordnung.

§ 293. Die Hauptverhandlung ist in der Regel öffentlich.

Die in der Hauptverhandlung erbrachten richterlichen Beschlüsse sind mit Ausnahme der im Laufe der mit Ausschlufs der Öffentlichkeit abgehaltenen Hauptverhandlung erbrachten Beschlüsse, stets öffentlich zu verkünden.

Bei der Beratung und Abstimmung können nur die Mitglieder und der Notar des erkennenden Gerichtes anwesend sein.

Das Gericht kann den Ausschlufs der Öffentlichkeit für die ganze Hauptverhandlung oder einen Teil derselben wann immer anordnen, wenn die Öffentlichkeit der Verhandlung die öffentliche Ordnung oder die öffentliche Moral gefährden würde.

In dieser Frage beschliefst der Gerichtshof nach mit Ausschlufs des Publikums erfolgter Vernehmung der Parteien.

Wenn der Beschlufs den Ausschlufs der Öffentlichkeit anordnet, hat das Publikum nach erfolgter öffentlicher Verkündung dieses Beschlusses sich zu entfernen.

§ 294. Auch im Falle des Ausschlusses der Öffentlichkeit können in der Hauptverhandlung von Seite eines jeden Beschuldigten oder Verletzten je zwei Vertrauensmänner anwesend sein.

§ 295. Nicht Erwachsene und solche Individuen, welche nicht der Würde des Ortes entsprechend erscheinen, sind aus der Reihe der Zuhörer auszuschliefsen.

Mit einem Stocke darf niemand, mit einer Waffe aber dürfen nur diejenigen in den Verhandlungssaal eingelassen werden, welche die Waffe infolge ihrer amtlichen oder dienstlichen Stellung tragen.

Der Präsident kann im Falle von Raummangel die später Erscheinenden ausschliefsen.

§ 296. Die Hauptverhandlung leitet der Präsident und beschliefst über jeden auf das Verfahren bezüglichen Antrag der Parteien, bezüglich dessen das Gesetz die Verfügung nicht dem Gerichtshofe vorbehält.

Der Präsident hat darauf zu achten, dafs der Lauf der Verhandlung durch die Beweisführung oder die Erörterung über durchaus nicht zur Angelegenheit gehörende Umstände nicht verzögert werde.

Aufgabe des Präsidenten ist ferner die Aufrechterhaltung der Ordnung sowie der Würde der Verhandlung.

Derjenige, der vor Gericht verhört wird, oder zu dem Gerichte spricht, mufs in der Regel stehend sprechen. Der Präsident kann von dieser Vorschrift eine Ausnahme machen.

Diejenigen aus der Reihe der Zuhörerschaft, welche den Gang der Verhandlung stören, oder die Würde derselben verletzen, Gefallen oder Mifsfallen äufsern, ruft der Präsident zur Ordnung und kann sie, wenn dies erfolglos bleibt, aus dem Saale weisen, nötigen Falls abführen lassen. Wenn die Ordnung der Verhandlung in einer andern Weise nicht aufrecht zu erhalten ist, kann der Präsident die Entfernung der ganzen Zuhörerschaft anordnen.

Der Präsident kann denjenigen, welcher sich seiner Anordnung widersetzt, oder die Ordnung wiederholt oder schwerer stört — insofern die folgenden Paragraphen nicht anders verfügen — sofort festnehmen lassen und mit Einsperrung bis zu acht Tagen bestrafen.

§ 297. Wenn der Angeklagte, der Privatankläger, der Zeuge, der Sachverständige oder der Verletzte ein unschickliches oder rohes Benehmen bekunden oder sich eines zur Beurteilung der Sache oder zur Beweisführung nicht gehörenden, verletzenden Ausdruckes bedienen, ruft der Präsident sie zur Ordnung und kann die Unbotmäfsigen mit einer bis zu zweihundert Kronen sich erstreckenden in Einsperrung umwandelbaren Geldstrafe belegen.

Gegen den in Haft befindlichen Angeklagten ist statt dessen eine Disziplinarstrafe in Anwendung zu bringen.

Wenn der Angeklagte ungeachtet der Ermahnung des Präsidenten sich wiederholt roh benimmt, kann er auf Grund des Beschlusses des Gerichtshofes aus dem Saale entfernt, unter Bewachung gestellt, und die Verhandlung in seiner Abwesenheit fortgesetzt werden; vor der Beendigung des Beweisverfahrens jedoch mufs er in den Saal gerufen, und bei Nichtigkeit des Verfahrens von den in seiner Abwesenheit aufgetauchten wesentlichen Umständen und davon, was die Vernommenen ausgesagt haben, verständigt werden.

§ 298. Eine der Jurisdiktion des Militärgerichtes unterstehende Person kann der Präsident, wenn sie die Verhandlung stört oder ein unanständiges Benehmen bekundet (§§ 296—297) zur Ordnung rufen, nötigen Falls aus dem Verhandlungssaale entfernen lassen und ersucht wegen ihrer Bestrafung die vorgesetzte Militärbehörde.

§ 299. Wenn der in der Angelegenheit vorgehende Advokat eine Ordnungsstörung begeht, kann der Präsident ihn zur Ordnung rufen, im Falle einer wiederholten oder schwereren Ordnungsstörung aber kann das erkennende Gericht ihn mit einer Geldbufse bis zu fünfhundert Kronen bestrafen, und sofern die Ordnungsstörung eine derartige ist, dafs die Verhandlung mit ihm nicht weiter fortgesetzt werden kann, anstatt seiner auch einen andern Advokaten bestellen.

Insofern dies allsogleich durchaus nicht, oder nur mit Verletzung der Interessen des Angeklagten beziehungsweise des Verletzten erfolgen kann, ist die Hauptverhandlung behufs Erwählung beziehungsweise Bestellung eines andern Advokaten auf Kosten des die Ordnungsstörung begehenden Advokaten zu unterbrechen oder zu vertagen.

Sollte das Mitglied der königl. Staatsanwaltschaft eine schwerere Ordnungsstörung verüben und die Ermahnung des Präsidenten erfolglos bleiben, soll die Sitzung sofort unterbrochen und der unmittelbare Vorgesetzte des öffentlichen Anklägers unter Mitteilung der Umstände der Ordnungsstörung wegen Bestellung eines andern Anklägers ersucht werden.

§ 300. Gegen die im Laufe der Hauptverhandlung erbrachten

Zwischenbescheide des Präsidenten und des urteilenden Gerichtes ist ein Rekurs nicht zulässig.

Gegen die gemäfs des § 297 eine Geldstrafe, gemäfs des § 299 eine Geldbufse feststellenden, sowie gegen die gemäfs der §§ 299 und 302 in die Kosten der Hauptverhandlung verfällenden Bescheide aber ist ein Rekurs zulässig.

## II. Eröffnung der Hauptverhandlung, Feststellung der Anwesenheit des Geladenen und Verhör des Angeklagten.

§ 301. Die Hauptverhandlung eröffnet nach kurzer Darstellung der Angelegenheit der Präsident und erinnert sohin die Zuhörer an die Einhaltung der Ruhe und Ordnung und an die Folgen der Ordnungsstörung.

Der Angeklagte erscheint ohne Fesseln, wenn er aber verhaftet ist, in Begleitung eines Wachmannes. Der Präsident sorgt für die zur Aufrechterhaltung der Sicherheit notwendigen Vorsichtsmafsregeln. Im Notfalle kann er auch den auf freiem Fufs befindlichen Angeklagten unter bewaffnete Bewachung stellen.

Nachdem der Präsident den Angeklagten über seine persönlichen Verhältnisse (erster Absatz § 133) befragt hat, stellt er die Anwesenheit oder Abwesenheit der geladenen Parteien, Zeugen und Sachverständigen fest, und nachdem dies erfolgt ist, fordert er die Zeugen und Sachverständigen zum Verlassen des Saales mit der Erinnerung auf, dafs sie sich ohne seine Erlaubnis aus der ihnen bezeichneten Räumlichkeit nicht entfernen mögen. Erforderlichen Falls verfügt der Präsident, dafs der Angeklagte, die Zeugen und die Sachverständigen sich nicht entfernen und sich untereinander nicht verabreden.

Der als Zeuge abzuhörende Privatankläger und Verletzte können den Umständen gemäfs ebenfalls zum Verlassen des Saales verpflichtet werden. Sie sind jedoch aufmerksam zu machen, dafs ihr Vertreter, und wenn sie für einen solchen noch nicht gesorgt hätten, der von ihnen allsogleich wählbare Vertreter im Saale bleiben kann.

Wenn von den Geladenen einer oder mehrere nicht erschienen sind, beschliefst der Gerichtshof nach Anhörung der Parteien in betreff der Vertagung oder Fortsetzung der Hauptverhandlung.

Der Gerichtshof kann diesen Beschlufs auch auf später verschieben.

Wird in der Hauptverhandlung festgestellt, dafs der Angeklagte gestorben ist, stellt der Gerichtshof gegen ihn das weitere Strafverfahren mittelst Bescheid ein.

§ 302. Ohne Anwesenheit des Angeklagten darf die Hauptverhandlung nicht abgehalten werden.

Ohne Anwesenheit der königl. Staatsanwaltschaft kann die Hauptverhandlung nur in den im § 41 dieses Gesetzes bestimmten Fällen abgehalten werden, insofern die königl. Staatsanwaltschaft die Vertretung der Anklage aus öffentlichem Interesse nicht übernommen hat.

In einer und derselben Angelegenheit kann die königl. Staatsanwaltschaft auch mehrere ihrer Mitglieder vertreten, doch kann hierdurch die Zahl der Vorträge nicht vermehrt werden.

Wenn der Verteidiger in einer Angelegenheit, bezüglich deren die Verteidigung gemäfs § 56 unerläfslich ist, von der Hauptverhandlung wegbleibt oder sich vor der Zeit entfernt, so bestellt der Präsident der Hauptverhandlung, insofern der Angeklagte nicht selbst einen Verteidiger wählt, aus der Reihe der anwesenden Advokaten einen zur sofortigen Übernahme der Verteidigung sich bereit erklärenden Verteidiger. Wenn dies nicht möglich ist, so unterbricht oder vertagt das Gericht die Hauptverhandlung auf Kosten des sein Versäumnis nicht entschuldigenden Advokaten.

Damit der säumige öffentliche Ankläger oder Advokat zur Verantwortung gezogen werde, soll seine vorgesetzte, beziehungsweise Disziplinar-Behörde verständigt werden.

§ 303. Insofern die schleunige Stelligmachung des nicht erschienenen, oder vor der Zeit sich entfernten Angeklagten, Zeugen oder Sachverständigen angehofft werden kann, kann der Präsident denselben sofort vorführen lassen, beziehungsweise kann derselbe behufs dringender Stelligmachung eines im aktiven Dienste stehenden Mitgliedes der bewaffneten Macht oder der Gendarmerie dessen vorgesetzte Behörde ersuchen und zu diesem Zwecke die Hauptverhandlung auf einige Stunden unterbrechen.

Die Vorführung schliefst die Anwendung der in diesem Gesetze festgestellten Strafen auch dann nicht aus, wenn wegen jener die Hauptverhandlung auch nicht vertagt werden mufste.

§ 304. Nachdem die Zeugen und die Sachverständigen den Verhandlungssaal verlassen haben, ist bei Nichtigkeit der Verhandlung der verfügende Teil des Anklagebeschlusses beziehungsweise jener Teil des etwa später gefafsten Beschlusses zu verlesen, infolge dessen irgend einer der Anklagepunkte entfallen ist, wenn jedoch ein Anklagebeschlufs nicht gefafst worden ist, sind die im Punkt 1 und 2 § 255 bezeichneten Teile der Anklageschrift zu verlesen. Der Präsident ist verpflichtet zu kontrollieren, dafs aus dem Anklagebeschlusse oder aus der Anklageschrift mehr als obiges nicht verlesen werde.

Hierauf verhört in Abwesenheit der Zeugen und der übrigen Angeklagten der Präsident den Angeklagten, und wenn deren mehrere sind, jeden einzelnen derselben.

Der Präsident fragt den Angeklagten, ob er die Anklage verstanden habe und im Falle einer verneinenden Antwort, erklärt er ihm die Anklage, sohin stellt er an den Angeklagten die Frage, ob er seine Schuld bekenne oder nicht. Wenn der Angeklagte leugnet, macht ihn der Präsident aufmerksam, dafs er gegenüber der Anklage den Thatbestand erzählen, bezüglich der Beweise seine Bemerkungen im Laufe der Verhandlungen machen, seine im vorangegangenen Verfahren behufs Ergänzung des Beweisverfahrens gestellten, jedoch nicht in Betracht genommenen Anträge wiederholen und eine neue Beweisaufnahme beantragen könne.

Beim Verhör des Angeklagten sind aufser den in diesem Kapitel enthaltenen auch die Bestimmungen des X. Kapitels entsprechend anzuwenden. An den Angeklagten kann aufser dem Präsidenten weder unmittelbar, noch unter Vermittlung des Präsidenten jemand eine Frage stellen.

§ 305. Wenn die in der Hauptverhandlung und im vorhergehenden Verfahren gemachten Aussagen des Angeklagten von einander wesentlich abweichen, macht der Präsident ihn hierauf aufmerksam, befragt ihn über die Ursachen der Abweichung und kann in diesem Falle, sowie auch dann, wenn der Angeklagte sich überhaupt nicht äufsert, das über die frühere Aussage aufgenommene Protokoll im Ganzen oder zum Teile verlesen oder zur Verlesung bringen lassen. Wenn die Aussagen mehrerer Angeklagten bezüglich desselben Umstandes wesentlich von einander abweichen, sind die Angeklagten einander gegenüberzustellen.

Nach der Verlesung einer jeden Urkunde oder eines jeden Protokolles sowie nach dem Verhör eines jeden Mitschuldigen, Zeugen oder Sachverständigen ist der Angeklagte aufmerksam zu machen, dafs er seine Bemerkungen vorbringen könne.

Der Angeklagte kann auch während der Hauptverhandlung sich mit seinem Verteidiger besprechen, doch darf er nach der Fragestellung bezüglich der Antwort von ihm keinen Rat einholen.

## III. Beweisverfahren.

§ 306. Nach dem Verhör des Angeklagten ist der Beweis in Anwesenheit der Parteien in der vom Präsidenten bestimmten Reihenfolge und in der Regel in der Weise aufzunehmen, dafs die Beweismittel der Anklage den Beweismitteln der Verteidigung vorangehen.

Von dem Verhör des zur Hauptverhandlung vorgeladenen und erschienenen Zeugen oder Sachverständigen, sowie von der Aufnahme der zur Hauptverhandlung beschafften sonstigen Beweise kann nur mit Zustimmung der Parteien oder in dem Falle Umgang genommen werden, wenn das Gericht dies für vollkommen überflüssig erachtet.

Sowohl der Präsident als auch der Gerichtshof können die Aufnahme oder Beschaffung neuer Beweise anordnen.

Nichtsdestoweniger kann einen Beschlufs, welcher den hierauf bezüglichen Antrag abweist, sowie ein Beweisverfahren anordnet, wegen dessen die Hauptverhandlung auf länger als vierundzwanzig Stunden zu unterbrechen wäre, nur der Gerichtshof fassen.

Den in der Hauptverhandlung angeordneten Augenschein nimmt der ganze Gerichtshof oder, wenn dies nicht möglich ist, ein abgesondertes Mitglied desselben vor, welches nach Beendigung des Augenscheines dem Gerichtshofe sofort Bericht erstattet. Die Parteien sind vom Zeitpunkte der Abhaltung des Augenscheines bei sonstiger Nichtigkeit zu verständigen.

Die Erhebung oder Beschaffung von neuen Beweisen kann aus dem Grunde der Verspätung des Antrages nicht verweigert werden.

§ 307. Die Zeugen und Sachverständigen verhört, wenn der Fall des § 308 nicht obwaltet, im Sinne der Kapitel XIII und XIV der Präsident. Aufser ihm können die Richter, der Ankläger, beziehungsweise sein Vertreter, der Angeklagte, der Verteidiger und die Privatpartei oder ihr Vertreter an die Zeugen und Sachverständigen unmittelbar Fragen stellen.

Wenn jene eine mit der Angelegenheit in keinerlei Zusammenhang stehende, oder einen Hinweis auf die Antwort enthaltende Frage stellen, oder wenn die Frage und die Antwort die Ehre eines andern ohne jede Notwendigkeit verletzen würde, oder wenn die Frage sich auf einen solchen Umstand bezieht, dessen Beweis das Gesetz ausschliefst, ist der Präsident verpflichtet, die Fragestellung beziehungsweise die Beantwortung zu untersagen.

Wenn dunkle oder unverständliche Fragen gestellt werden, fordert der Präsident den Fragesteller auf, seine Absicht zu erklären oder klar auszudrücken, und wenn er seine Absicht verstanden hat, kann er selbst die Frage stellen.

Wenn der Zeuge oder Sachverständige eine mit der Angelegenheit nicht im Zusammenhange stehende, beleidigende, parteiische, oder eine Äufserung macht, welche sich auf einen zur Beweisführung nicht zugelassenen Umstand bezieht, ist der Präsident verpflichtet ihn zu unterbrechen und aufmerksam zu machen, dafs er sich in seiner Antwort genau an die an ihn gestellte Frage zu halten habe.

§ 308. Hat der Angeklagte einen Verteidiger, so verhören über seinen Antrag, insofern der Ankläger nicht widerspricht, in erster Reihe die Vertreter der Parteien, die Zeugen und Sachverständigen.

Das Verhör durch die Parteien kann über ihr einverständliches Verlangen der Gerichtshof auch dann gestatten, wenn kein Verteidiger bestellt ist, der Angeklagte aber infolge seiner Intelligenz oder seiner besonderen Fachbefähigung als zur Vornahme des Verhörs geeignet erscheint.

In diesen Fällen stellen an die Zeugen, beziehungsweise an die Sachverständigen der Anklage zuerst der Ankläger, an die Zeugen und Sachverständigen der Verteidigung aber in erster Reihe der Angeklagte, beziehungsweise der Vertreter derselben Fragen, und sohin kann auch die Gegenpartei des Fragestellers an selbe Fragen richten. Demnächst kann die Privatpartei oder ihr Stellvertreter Fragen stellen. Nach der Gegenpartei beziehungsweise der Privatpartei oder ihrem Vertreter kann der erste Fragesteller neue Fragen richten, jedoch nur bezüglich solcher neuer Thatumstände, welche infolge der Frage der Gegenpartei beziehungsweise der Privatpartei ihres Vertreters aufgetaucht sind.

Der Präsident und die Mitglieder des Gerichtes können sowohl nach Beendigung der Fragestellung als auch nach auf welche Frage immer gegebenen Antwort so viele Fragen stellen, als sie für notwendig erachten.

Die in den Absätzen 3—5, § 307 enthaltenen Verfügungen sind auch im Falle des Verhörs durch die Parteien anzuwenden.

Das Gericht kann das Verhör durch die Parteien sofort einstellen, sobald es sich überzeugt, dafs der Fragesteller nicht die erforderliche Fähigkeit zur Fragestellung besitzt, oder wenn der Privatankläger, oder der Angeklagte beziehungsweise ihre Vertreter, ungeachtet der wiederholten Ermahnung des Präsidenten, untersagte Fragen stellen.

§ 309. Der Präsident ist verpflichtet dafür zu sorgen, dafs der noch nicht abgehörte Zeuge beim Beweisverfahren, der noch nicht abgehörte Sachverständige aber bei dem Verhör des andern Sachverständigen nicht anwesend sei.

Wenn der Zweck des Verfahrens es erfordert, kann der Präsident gestatten, dafs der Sachverständige bei dem Verhör des Angeklagten und der sämtlichen Zeugen anwesend sei.

Die abgehörten Zeugen und Sachverständigen können sich aus dem Saale der Hauptverhandlung nur über Auftrag oder mit Erlaubnis des Präsidenten entfernen.

Der Präsident kann verfügen, dafs die abgehörten Zeugen und Sachverständigen den Saal verlassen, später aber kann er sie rufen lassen und entweder einzeln, oder auch in Gegenwart andrer Zeugen und Sachverständigen, auch wiederholt verhören.

Wenn der Angeklagte und der Zeuge oder die Zeugen untereinander bezüglich irgend eines wesentlichen Umstandes abweichende Aussagen machen, ist ihre Gegenüberstellung vorzunehmen.

§ 310. Der Präsident kann den Angeklagten während des Verhörs eines der Zeugen oder Mitangeklagten, im Interesse der Freiheit der Zeugenaussage, ausnahmsweise aus dem Saale entfernen lassen.

Das Ergebnis des in seiner Abwesenheit vorgenommenen Verhörs ist dem Angeklagten ohne Verzug mitzuteilen und das Verhör über Wunsch des Angeklagten in seiner Gegenwart zu wiederholen. Die Mitteilung hat bis zur Beendigung des Beweisverfahrens bei sonstiger Nichtigkeit des Beweisverfahrens zu erfolgen.

Gleichfalls der Präsident veranlafst die seiner Ansicht nach oder infolge Beschlusses des Gerichtshofes notwendigen Gegenüberstellungen und weist jene Gegenstände vor, deren Identität festzustellen ist.

§ 311. Betreff der Beeidigung oder Nichtbeeidigung eines jeden Zeugen beschliefst das Gericht nach dem Verhör desselben und nach Anhörung des Antrages der Parteien abgesondert; es kann jedoch die Beeidigung über Antrag welcher Partei immer oder von Amts wegen auf später aufschieben.

Die Beeidigung ist in den Fällen der §§ 221 und 222 und dann zu unterlassen, wenn keine der Parteien dieselbe wünscht.

§ 312. Kann ein im vorhergehenden Verfahren nicht abgehörter Zeuge oder Sachverständiger in der Hauptverhandlung nicht erscheinen, so kann das Gericht seine nach § 287 zu erfolgende Vernehmung anordnen.

§ 313. Die auf die strafbare Handlung bezügliche Urkunde, das behördliche Zeugnis, das über den richterlichen Augenschein, die Hausdurchsuchung, die Beschlagnahme oder Leibesdurchsuchung aufgenommene Protokoll und das Urteil über die früher erfolgte rechtskräftige Verurteilung des Angeklagten sind in der Hauptverhandlung zu verlesen, behördliche Mitteilungen können verlesen werden. Ein über das Vorleben oder die Moralität des Angeklagten ausgestelltes ungünstiges Zeugnis darf aber nur dann verlesen werden, wenn in demselben irgend eine früher verübte strafbare Handlung des Angeklagten genau bezeichnet ist.

Das im vorhergehenden Verfahren abgegebene Gutachten des Sachverständigen oder kontrollierenden Sachverständigen kann nur dann verlesen werden:

1. wenn ein behördlicher Arzt dasselbe abgegeben hat und das Ver-

fahren wegen des Verbrechens der schweren körperlichen Verletzung oder des Vergehens der körperlichen Verletzung im Zuge ist;

2. wenn der justizärztliche Senat, der gerichtliche Landeschemiker, beziehungsweise eine zur Abgabe eines Supergutachtens berufene sonstige Korporation oder Behörde das Gutachten abgegeben hat;

3. wenn der Sachverständige, welcher das Gutachten abgegeben hat, zur Verhandlung nicht vorgeladen werden konnte, oder am Erscheinen verhindert war.

Das über die Zeugenaussage aufgenommene Protokoll darf nur im Falle des § 200 und des § 201 Punkt 1 und 2 und in dem Falle noch verlesen werden, wenn der Zeuge die Zeugnisabgabe in der Hauptverhandlung ohne gesetzliche Berechtigung, ungeachtet der Anwendung von Zwangsmafsregeln verweigert hat, oder wenn der Zeuge gestorben oder in einen unzurechnungsfähigen Zustand geraten und es ausgeschlossen erscheint, dafs er bereits bei seiner früheren Vernehmung in unzurechnungsfähigem Zustande gewesen ist; ferner wenn der Aufenthaltsort desselben nicht erforscht werden kann; schliefslich wenn sein Erscheinen mit grofsen Schwierigkeiten oder unverhältnismäfsig grofsen Kosten verbunden wäre.

Das über die Aussage des Mitthäters oder Teilnehmers aufgenommene Protokoll kann unter denselben Bedingungen und auch dann verlesen werden, wenn der Mitthäter oder Teilnehmer bereits verurteilt ist.

Im Falle der Verlesung dieser Schriften ist der Grund der Verlesung im Protokolle über die Hauptverhandlung stets zu erwähnen.

Das über die Aussage des von der Verpflichtung zur Zeugnisabgabe befreiten Zeugen aufgenommene Protokoll darf überhaupt nicht verlesen werden, wenn ein solcher Zeuge zur Hauptverhandlung nicht vorgeladen war, oder wenn derselbe in der Hauptverhandlung die Zeugenschaft verweigert hat.

## IV. Vorträge der Parteien.

§ 314. Nach der Beweisaufnahme stellt der Präsident an die Parteien und den Verletzten die Frage: ob sie hinsichtlich der Ergänzung der Beweisführung einen Antrag zu stellen wünschen.

Im Falle einer verneinenden Antwort, oder nach Abweisung der Bitte, beziehungsweise nach der Aufnahme des neuen Beweises erklärt der Präsident das Beweisverfahren für geschlossen und fordert den Ankläger auf, seine Anklagerede, sohin den Angeklagten und den Verteidiger die Verteidigung mündlich vorzutragen.

Im Falle des § 41 kann nach dem Vertreter der königl. Staatsanwaltschaft auch der Haupt-Privatkläger das Wort ergreifen.

Nach dem Ankläger gebührt das Recht das Wort zu ergreifen der Privatpartei (§ 51 Punkt 3) oder dem Vertreter derselben.

Der Ankläger kann auf die Verteidigungsrede antworten. Das Schlufswort gebührt jedenfalls dem Angeklagten und seinem Verteidiger, und wenn auch ein Verteidiger anwesend ist, mufs der Angeklagte dennnoch befragt werden, ob er zu seiner Verteidigung das Wort zu ergreifen wünsche.

Wenn der Angeklagten mehrere sind, bestimmt der Präsident die Reihenfolge der Vorträge.

§ 315. Sofern der Ankläger den Angeklagten zu verurteilen erachtet, stellt er hinsichtlich der Schuldigsprechung des Angeklagten und des gegen denselben anzuwendenden Strafsatzes einen begründeten Antrag. In Betreff der Höhe der zu bemessenden Strafe darf er sich in seinem Antrage nicht äufsern.

Wenn der Ankläger den Angeklagten nicht zu verurteilen erachtet, so läfst er die Anklage fallen, doch hat die königl. Staatsanwaltschaft das Fallenlassen der Anklage zu begründen.

Wenn der Verletzte sich dem Strafverfahren nicht angeschlossen hat (§ 51), oder die Privatpartei zur Hauptverhandlung nicht erschienen ist, so ist bezüglich des privatrechtlichen Anspruches das im vorhergehenden Verfahren vorgebrachte Ansuchen aus den Akten zu verlesen, und stellt hinsichtlich des Ansuchens die königl. Staatsanwaltschaft einen entsprechenden Antrag.

§ 316. Wenn der Ankläger infolge des Beweisverfahrens den Thatbestand derart verändert sieht, dafs der Angeklagte einer andern strafbaren Handlung schuldig erscheint, als welcher er nach dem Anklagebeschlusse beziehungsweise nach der Anklageschrift angeklagt war, oder dafs den Angeklagten aufser der zum Gegenstande der Anklage gemachten strafbaren Handlung auch eine für die Anwendung des § 96 Ges.-Art.. V vom Jahre 1878 als Grundlage dienende andere strafbare Handlung belastet; so trägt er nach Beendigung des Beweisverfahrens entweder seinen auf den veränderten Thatbestand basierten Anklageantrag vor, oder stellt behufs Erhebung der entsprechenden Anklage einen Antrag auf Untersuchung beziehungsweise Vertagung der Hauptverhandlung (§ 335).

Wenn der Ankläger auf Grund des Ergebnisses des Beweisverfahrens sich davon überzeugt, dafs die der Anklage zu Grunde liegende That an sich oder zufolge der im Laufe der Hauptverhandlung aufgetauchten Umstände den Thatbestand einer in den Wirkungskreis des Schwurgerichtes gehörenden strafbaren Handlung feststellt, so beantragt er die Abtretung der Angelegenheit an das Schwurgericht.

§ 317. Der Angeklagte ist über den betreffend die Unterbreitung oder Vertagung beziehungsweise die Abtretung an das Schwurgericht im Sinne des § 316 gestellten Antrag anzuhören.

Im Falle der Abänderung der Anklage, wenn der Angeklagte keinen Verteidiger hat, ist der Präsident verpflichtet, dem Angeklagten die Änderung der Anklage zu erklären und sich zu überzeugen, ob der Angeklagte die Folgen dieser Änderung erkannt hat.

Nachdem dies erfolgt ist, sind der Angeklagte beziehungsweise sein Verteidiger zu befragen, ob sie wegen Änderung der Anklage zur Vorbereitung der Verteidigung die Unterbrechung beziehungsweise Vertagung der Hauptverhandlung wünschen.

Diese Frage und die Beantwortung derselben sind in das Protokoll der Hauptverhandlung bei sonstiger Nichtigkeit aufzunehmen.

§ 318. Das Gericht kann die Untersuchung oder Vertagung der Hauptverhandlung nur dann verweigern, wenn dies zur Vorbereitung der Verteidigung nicht notwendig ist.

Findet der Ankläger, dafs aufser der im Anklagebeschlusse beziehungsweise in der Anklageschrift bezeichneten strafbaren Handlung noch eine andere vorliegt, so mufs dem Antrage des Angeklagten auf Vertagung bei sonstiger Nichtigkeit stets Folge gegeben werden, oder bezüglich der aufgetauchten selbständigen strafbaren Handlung die Trennung des Verfahrens angeordnet werden.

Nach Ablehnung des Antrages auf Vertagung oder Unterbrechung, beziehungsweise nach Abhaltung der beantragten neuen Hauptverhandlung kann der Gerichtshof, insofern sein Wirkungskreis es zuläfst und er den Thatbestand für aufgeklärt erachtet, über die geänderte Anklage mit Unterlassung des im XV. Kapitel geregelten Verfahrens urteilen.

Im entgegengesetzten Falle tritt er die Angelegenheit an das zuständige Gericht ab, oder ordnet unter Unterbrechung, beziehungsweise Vertagung der Hauptverhandlung eine Untersuchung oder einzelne Untersuchungshandlungen an.

Wenn der Gerichtshof die Abtretung der Angelegenheit an das Schwurgericht beschliefst und der Beschlufs in Rechtskraft erwächst, ist der Ankläger verpflichtet, seinen entsprechenden Antrag binnen acht Tagen dem Schwurgerichte vorzulegen.

Wird in diesem Falle eine neue Untersuchung gepflogen und hat sich der Thatbestand verändert, so ist eine neue Anklageschrift einzureichen.

Im Falle eines im Wege der Druckschrift begangenen und vor das Schwurgericht gehörenden strafbaren Handlung mufs der Ankläger immer eine neue Anklageschrift einreichen.

§ 319. Die Vorträge können nicht unterbrochen werden, ausgenommen, wenn ihr Inhalt die öffentliche Ordnung oder die Moral verletzt, wenn eine strafbare Handlung oder die Ehre eines Dritten ohne Notwendigkeit berührende Ausdrücke in derselben enthalten sind oder einen solchen Umstand erwähnen, dessen Beweis das Gesetz ausschliefst.

§ 320. Wenn die geringere Bildung des Angeklagten, oder seine Unbewandertheit in der Verhandlungssprache es erwünscht macht, so erklärt der Präsident den Inhalt der Vorträge, erforderlichen Falls mit Hilfe eines Dolmetschers, in kurzem Auszuge.

Ist der Angeklagte taub, so ist ihm der Inhalt der Anklage- und Verteidigungsreden mit entsprechender Anwendung der im § 140 zweiter Absatz vorgeschriebenen Mafsnahmen mitzuteilen.

### V. Schöpfung und Verkündung des Urteiles oder Beschlusses.

§ 321. Nach der Beendigung der Vorträge zieht der Gerichtshof sich behufs Beschlufsfassung aus dem Saale der Hauptverhandlung zurück, oder läfst denselben räumen, den in Haft befindlichen Angeklagten aber bis zur Beschlufsfassung in beiden Fällen entfernen.

An der Beschlufsfassung kann nur jener Richter teilnehmen, der während des ganzen Verlaufes der Hauptverhandlung anwesend war.

§ 322. Wenn der Gerichtshof die weitere Aufklärung der Angelegenheit für notwendig findet, ordnet er die Ergänzung des Verfahrens mittelst Zwischenbeschlusses an.

§ 323. Wenn der Ankläger die Anklage in der Hauptverhandlung fallen gelassen hat, und jene Verletzten, die die Anzeige erstattet, sowie auch diejenigen, welche ihre Ansprüche angemeldet haben, zur Hauptverhandlung vorgeladen wurden, jedoch nicht erschienen sind, oder wenn keiner von den erschienenen Verletzten die Vertretung der Anklage trotz Aufforderung übernommen hat (§ 42), stellt das Gericht, zur Begründung sich auf diese Umstände berufend, das Verfahren mittelst Bescheid ein.

Aufser diesem und dem im letzten Absatze des § 301 erwähnten Falle entscheidet das Gericht in der Wesenheit der Angelegenheit mittelst Urteiles.

§ 324. Das Gericht kann sein Urteil nur auf in der Hauptverhandlung vorgekommene Beweise gründen.

Der Inhalt von Schriften kann nur insofern als Beweis dienen, als dieselben mit Einhaltung der Vorschriften des § 313 in der Hauptverhandlung verlesen worden sind.

Über das Ergebnis des Beweisverfahrens beschliefst das Gericht mit genauer Erwägung der Beweise in ihrer Einzelnheit und ihrem Zusammenhange.

In dem Urteile spricht das Gericht den Angeklagten von der Anklage frei, oder erklärt ihn für schuldig.

Ein Freispruch wegen Ungenügendheit oder Nichtfeststellbarkeit der Beweise ist nicht statthaft.

§ 325. Das Gericht kann bei sonstiger Nichtigkeit eine That nicht zum Gegenstande seines Urteiles machen, wegen welcher der Ankläger keine Klage erhoben hat.

Weder in Bezug auf die Qualifizierung der That, noch auf die Bemessung der Strafe ist der Gerichtshof an den Antrag des Anklägers gebunden.

Wenn jedoch das Gericht findet, dafs die den Gegenstand der Anklage bildende That den Thatbestand einer schwereren strafbaren Handlung feststellen kann, als worauf die Anklage gerichtet ist, oder dafs auf dieselbe auch eine solche Qualifizierung angewendet werden kann, welche die Vorbereitung der Verteidigung in einer neuen Richtung notwendig macht, so hat es die Parteien bezüglich dieser Eventualitäten bei sonstiger Nichtigkeit zu vernehmen und dem Angeklagten bekannt zu geben, dafs er zum Zwecke der Vorbereitung der Verteidigung auch die Vertagung der Hauptverhandlung eventuell die Anordnung einer Untersuchung beantragen kann.

Der Antrag auf Vertagung kann nicht zurückgewiesen werden, wenn das Gesetz auf die die Grundlage der Anklage bildende strafbare Handlung eine Freiheitsstrafe von bestimmter Dauer verordnet, das Gericht aber auch die Möglichkeit einer solchen Qualifikation nicht ausgeschlossen findet, laut welcher nach dem Gesetze die Todesstrafe oder lebenslängliche Zuchthausstrafe zu verhängen wäre, oder wenn die Vertagung im Interesse der Vorbereitung der Verteidigung notwendig ist.

§ 326. Ein freisprechendes Urteil ist zu fällen:

1. wenn die zum Gegenstande der Anklage gemachte Handlung keine strafbare Handlung ist, oder wenn sie zwar eine strafbare Handlung ist, sie betreffend jedoch bereits ein rechtskräftiges Urteil gefällt wurde;

2. wenn die als Grundlage der Anklage angenommene strafbare Handlung oder der Umstand nicht bewiesen wurde, dafs der Angeklagte die Handlung begangen habe;

3. wenn eine die Einleitung des Strafverfahrens oder die Zurechnungsfähigkeit ausschliefsende, oder die Strafbarkeit aufhebende Ursache vorhanden ist;

4. wenn die zur gesetzlichen Erhebung der Anklage notwendige Bevollmächtigung, das Verlangen, oder der Privatantrag fehlt, beziehungsweise wenn der zum Privatantrage Berechtigte seinen zurückziehbaren Antrag rechtzeitig zurückgezogen hat.

§ 327. Das Urteil hat zu enthalten:

1. die Erklärung, dafs dasselbe im Namen Seiner Majestät des Königs geschöpft worden ist;

2. die Benennung des vorgehenden Gerichtes und die Bezeichnung desselben als Strafgericht, ferner Ort und Tag sowohl der Hauptverhandlung als der Urteilsfällung und die Erwähnung dessen, ob die Hauptverhandlung öffentlich war oder nicht, und dafs die Anklage und die Verteidigung angehört worden ist;

3. die Namen der an der Hauptverhandlung und Urteilsfällung teilnehmenden erkennenden Richter, des in Vertretung der Anklage vorgegangenen öffentlichen oder Privatklägers, eventuell des Vertreters des letztern, des Verteidigers und Protokollführers;

4. den Namen des Angeklagten;

5. die Aufzählung der persönlichen Verhältnisse (§ 133 erster Absatz) des Angeklagten, ausgenommen, ob er bestraft war oder nicht;

6. die Benennung der in dem Anklagebeschlusse, beziehungsweise in der Anklageschrift bezeichneten strafbaren Handlung;

7. die Verurteilung oder die Freisprechung des Angeklagten von der Anklage;

8. die Verfügung betreffend die Kosten des Strafverfahrens;

9. die Begründung, welche von dem verfügenden Teil des Urteiles abzusondern ist.

Im Falle der Verurteilung des Angeklagten hat der verfügende Teil des Urteils noch zu enthalten:

a) die Bezeichnung jener strafbaren Handlung, bezüglich welcher das Gericht den Angeklagten schuldig befunden hat, mit Hervorhebung der für die Unterscheidung, sowie den angewendeten Strafsatz als Grundlage dienenden Umstände;

b) die Qualifizierung der strafbaren Handlung nach dem Gesetze, und

c) die bemessene Strafe. Die zwei letztern unter Anführung der angewendeten Gesetzes-Paragraphen;

d) im Falle der Feststellung einer Geldstrafe die Verfügung, in welche Freiheitsstrafen von welcher Dauer jene umzuwandeln ist, wenn dieselbe nicht beigetrieben werden kann;

e) im entsprechenden Falle die Verfügung hinsichtlich der Einrechnung oder Nichteinrechnung der bis zur Urteilsfällung ausgestandenen vorläufigen Festnahme oder Untersuchungshaft in die Strafe, beziehungsweise hinsichtlich der infolge der Einrechnung der Strafe als ausgestanden angenommenen Dauer; der gemäfs § 61 Ges.-Art. V vom Jahre 1878 auszusprechenden Konfiskation oder Vernichtung und des im Laufe des Strafverfahrens geltend gemachten privatrechtlichen Anspruches; schliefslich

f) im entsprechenden Falle die Bestimmung darüber, dafs die Kosten des Strafverfahrens nicht beigetrieben werden können. (§ 4 Ges.-Art. XLIII vom Jahre 1890.)

Die Nichteinhaltung der in diesem Paragraphen Punkt 1, 4, 7 und 9 erster Absatz, ferner der in den Punkten b und c zweiter Absatz enthaltenen Bestimmungen bildet einen Nichtigkeitsgrund.

Die Verabsäumung der Anführung von Gesetzes-Paragraphen, Namen, Zahlen und sonstige derartige offenkundige Fehler dienen nicht als Grundlage der Nichtigkeit.

§ 328. In der Begründung des Urteiles ist anzuführen, welche Thatsachen und aus welchen Gründen das Gericht sie als bewiesen oder als nicht bewiesen erachtet; ferner sind die Gründe aufzuzählen, welche bei der Entscheidung der Rechtsfragen, beziehungsweise bei der Erbringung des Beschlusses über die im Laufe der Hauptverhandlung gestellten, jedoch zurückgewiesenen Anträge mafsgebend waren.

Im Falle der Verurteilung sind die erschwerenden und die mildernden, besonders aber jene Umstände genau zu bezeichnen, welche zur Anwendung des § 92 Ges.-Art. V vom Jahre 1878 geführt haben.

In dem freisprechenden Urteile ist jener Fall des § 326 ausdrücklich zu bezeichnen, welcher zur Grundlage der Freisprechung gedient hat.

§ 329. Das Urteil ist nach Beendigung der Verhandlung in der Regel sofort zu fällen und öffentlich zu verkünden. Wenn der Angeklagte zur Verkündung des Urteiles nicht erschienen ist, kann der Präsident verfügen, dafs derselbe vorgeführt, oder dafs das Urteil ihm durch einen entsendeten oder requirierten Richter verkündet werde.

Ein freisprechendes Urteil kann dem Verurteilten auch im Wege der Zustellung mitgeteilt werden. Das Gericht kann anordnen, dafs auch das über eine Anklage von minderer Wichtigkeit gefällte Urteil dem Angeklagten im Wege der Zustellung mitgeteilt werde.

Die Verkündung des Urteiles erfolgt in der Weise, dafs der Präsident den vor der Verkündung schriftlich zu verfassenden verfügenden Teil des Urteils verliest. Die Begründung ist ebenfalls zu verlesen, sollte dieselbe jedoch bei Gelegenheit der Verkündung noch nicht zur Gänze schriftlich verfafst sein, so ist das Wesen derselben mündlich vorzutragen.

Das am Tage der Hauptverhandlung verkündete Urteil ist binnen drei Tagen vollständig schriftlich zu verfassen.

In wichtigen und verwickelten Fällen, sowie im Falle des § 76 zweiter Absatz kann das Gericht die Fällung und die Verkündung des Urteiles höchstens auf acht Tage verschieben, doch mufs zu dieser Zeit das Urteil vollständig schriftlich verfafst sein.

§ 330. Nach der Verkündung des Urteiles befragt der Präsident erst den Ankläger, sodann den Angeklagten, ob sie sich eines Rechtsmittels bedienen wollen.

Bei dieser Gelegenheit hat der Präsident den Angeklagten, wenn dieser keinen Verteidiger hat, über die Benützung der Rechtsmittel aufzuklären. Wenn das Urteil dem Angeklagten im Wege der Zustellung (§ 329 dritter Absatz) mitgeteilt wird, ist diese Aufklärung in dem die Zustellung anordnenden Beschlusse aufzunehmen.

Nach dem Vortrage der auf das Rechtsmittel Bezug habenden Erklärungen beschliefst das Gericht über die weitere Inhaftbehaltung, beziehentlich Inhaftnahme oder Enthaftung des Angeklagten.

Wenn bei der Schwere der verhängten Strafe oder infolge sonstiger Umstände die Entweichung des Verurteilten zu besorgen ist, kann der Gerichtshof die vorläufige Festnahme oder Untersuchungshaft desselben verlängern, beziehungsweise den auf freiem Fufs befindlichen Angeklagten in vorläufige Festnahme oder Untersuchungshaft setzen.

Ein rechtskräftiges Urteil, welches Amtsverlust und Suspendierung von der Ausübung politischer Rechte zusammen oder abgesondert feststellt, ist auch dem Munizipium des Verurteilten, das in betreff einer wider den Ges.-Art. VI vom Jahre 1889 verstofsenden strafbaren Handlung gefällte Urteil aber auch der zuständigen Militärbehörde mitzuteilen.

Das die Unterbringung in eine Besserungsanstalt anordnende rechtskräftige Urteil ist, wenn der gesetzliche Vertreter des Verurteilten bei der Verkündung des Urteiles nicht anwesend war, diesem zuzustellen.

## VI. Protokoll.

§ 331. Über die Hauptverhandlung ist bei sonstiger Nichtigkeit ein Protokoll aufzunehmen, welches zu enthalten hat: Ort und Tag der Hauptverhandlung, die Namen des Präsidenten, der Richter, des Protokollführers, des Anklägers eventuell seines Vertreters, des Angeklagten und seines Verteidigers, die Benennung der zur Grundlage der Anklage dienenden strafbaren Handlung und die Angabe, ob die Hauptverhandlung öffentlich war oder nicht, ferner hat das Protokoll die genaue Beschreibung des Ganges der Verhandlung und jeder wesentlichen Formalität, hauptsächlich aber die Erwähnung dessen zu enthalten, welche Angeklagte, Zeugen und Sachverständige verhört worden, und welche Gegenüberstellungen erfolgt sind, welche Urkunden verlesen, und ob die Zeugen und Sachverständigen beeidigt wurden oder aus welchem Grunde ihre Beeidigung unterlassen wurde, schliefslich sämtliche Anträge der Parteien und die Entscheidungen des Präsidenten oder des Gerichtes.

Die Aussagen des Angeklagten und der Zeugen und das Gutachten der Sachverständigen sind in das Protokoll derart einzutragen, dafs das Protokoll den wesentlichen Inhalt der Aussage beziehungsweise des Gutachtens erschöpfend und vollkommen getreu ersichtlich mache.

Die Parteien können zur Wahrung ihrer Rechte verlangen, dafs einzelne Umstände oder Erklärungen zu Protokoll genommen werden.

Die Aufnahme irgend eines Umstandes oder einer Erklärung in das Protokoll können der Präsident und das Gericht auch von Amts wegen anordnen.

In wichtigen Fällen kann das Gericht die stenographische Verzeichnung der ganzen Hauptverhandlung oder eines Teiles derselben anordnen.

Das Gericht kann dies über rechtzeitig vorgebrachte, motivierte Bitte welcher Partei immer auch in einer andern Angelegenheit anordnen, wenn die Partei die Kosten im voraus zu Gericht deponiert.

Hinsichtlich der Zeit der Anfertigung des Protokolls sind die betreffend das Urteil im § 329 enthaltenen Bestimmungen mafsgebend.

Über die bei Gelegenheit der Hauptverhandlung abgehaltene Beratung und Abstimmung des Gerichtes ist ein besonderes Protokoll aufzunehmen, und ist in das Protokoll der Hauptverhandlung nur der gefafste Beschlufs einzutragen.

Die Parteien können in das Protokoll der Hauptverhandlung und in die Beilagen desselben Einsicht nehmen, von demselben Abschriften nehmen oder auf ihre Kosten nehmen lassen, ferner können sie bei dem Präsidenten um die Richtigstellung und Ergänzung des Protokolls ansuchen.

§ 332. Das Protokoll unterschreibt der Präsident, der Protokollführer eventuell der Dolmetscher.

Das Protokoll beweist das in der Hauptverhandlung Vorgefallene.

Wenn die Parteien gegen den Inhalt des Protokolls eine Einwendung erheben und die Einwendung sich auf einen auf die Entscheidung der Angelegenheit wesentlichen Einflufs besitzenden Umstand bezieht, kann das Obergericht hinsichtlich des beanstandeten Teiles den Gegenbeweis gestatten.

## VII. In der Hauptverhandlung begangene strafbare Handlungen. Vertagung und Unterbrechung.

§ 333. Wenn jemand während der Hauptverhandlung im Verhandlungssaale eine strafbare Handlung begeht, kann das Gericht denselben über Antrag des öffentlichen Anklägers sofort festnehmen lassen, und gegen ihn, wenn die Beurteilung der strafbaren Handlung den Wirkungskreis des Gerichtes nicht übersteigt, mit Unterbrechung der unter Erledigung befindlichen Angelegenheit oder sogleich nach Beendigung derselben eine Hauptverhandlung abhalten und ein Urteil oder einen peremptorischen Beschlufs fassen. Der Mangel eines Verteidigers behindert das Verfahren nur im Falle Punkt 1 § 56. Über das Verfahren ist ein besonderes Protokoll aufzunehmen.

Gegen den in einem solchen Falle gefafsten Zwischenbeschlufs des Gerichtshofes ist ein Rekurs nicht zulässig.

Jedoch kann der Gerichtshof die Angelegenheit auch auf das ordentliche Verfahren eventuell vor das zuständige Gericht verweisen.

Das im aktiven Dienste stehende Mitglied der bewaffneten Macht oder der Gendarmerie kann, wenn dasselbe während der Hauptverhandlung ein Verbrechen begeht, über Antrag des Anklägers sofort festgenommen, und unter Mitteilung des Thatbestandes seiner vorgesetzten Behörde übergeben werden; im Falle einer geringeren strafbaren Handlung, sowie der Unterlassung der Festnahme aber ist die vorgesetzte Behörde desselben zu verständigen.

§ 334. Wenn gewichtige Daten dahin weisen, dafs ein Zeuge in der Hauptverhandlung falsche Zeugenschaft (§§ 213 und 214 Ges.-Art. V vom Jahre 1878) verübt hat, kann der Präsident den Zeugen vorläufig festnehmen lassen, und teilt das über seine Aussage aufgenommene Protokoll der königl. Staatsanwaltschaft mit.

Wenn die auf eine falsche Zeugenschaft hinweisenden gewichtigen Daten gegen eine der Jurisdiktion des Militärgerichtes unterstehende Person auftauchen, ist das über die Aussage aufgenommene Protokoll unter Mitteilung des Thatbestandes und der belastenden Daten seiner vorgesetzten Behörde zu übersenden und im Falle seiner Festnahme auch der Zeuge sofort dorthin zu überführen.

In diesen Fällen kann die Hauptverhandlung den Umständen gemäfs unterbrochen beziehungsweise vertagt werden.

§ 335. Im Falle der Vertagung unterbricht das Gericht die Hauptverhandlung ohne Festsetzung eines neuen Termines für unbestimmte Zeit und beginnt dieselbe in der Regel neuerdings mit der Wiederholung des Beweisverfahrens.

Die Unterbrechung erfolgt auf bestimmte Zeit. Zu dem behufs Fortsetzung der Hauptverhandlung anberaumten Zeitpunkte sind die Anwesenden mittelst Verkündung des Beschlusses zu laden, und ist die Hauptverhandlung vor demselben Senate des Gerichtshofes innerhalb acht Tage ohne Wiederholung fortzusetzen. Nach einer länger als acht Tage andauernden Vertagung oder Unterbrechung kann der Beginn der Hauptverhandlung vom Anfange nur dann unterlassen werden, wenn seit der aufgeschobenen Hauptverhandlung nicht mehr als ein Monat verstrichen ist, wenn in derselben sämtliche Mitglieder des Gerichtes anwesend waren und wenn keiner derselben die Wiederholung des Beweisverfahrens wünscht.

Die Vertagung ordnet das Gericht an, die Unterbrechung auf vierundzwanzig Stunden der Präsident, auf längere Zeit das Gericht.

Zur Fortsetzung der vertagten Hauptverhandlung setzt der Präsident der Hauptverhandlung einen neuen Termin an.

§ 336. Die Hauptverhandlung ist aufser den in diesem Kapitel bestimmten Gründen auch in folgenden Fällen zu unterbrechen beziehungsweise zu vertagen:

1. wenn der Angeklagte vor Ausführung seiner Verteidigung (zweiter Absatz § 314) erkrankt und ein freisprechendes Urteil nicht gefällt werden kann;

2. wenn der Verteidiger während der Hauptverhandlung erkrankt und ein andrer Verteidiger nicht sofort bestellt werden kann;

3. wenn ein Zeuge oder Sachverständiger zufolge Krankheit eine Erklärung abzugeben nicht im stande ist und das Gericht die Aussage beziehungsweise das Gutachten für so wesentlich hält, dafs die Hauptverhandlung ohne persönliche Vernehmung der Zeugen oder Sachverständigen nicht fortgesetzt werden kann;

4. wenn das Gericht die Beschaffung eines neuen Beweismittels oder die eingehendere Vorbereitung der Verteidigung für notwendig findet;

5. wenn dies das Fallenlassen der Anklage und demzufolge das im § 42 bestimmte Verfahren notwendig macht;

6. wenn die Fortsetzung der Hauptverhandlung auf unüberwindliche Schwierigkeiten stöfst.

Die Hauptverhandlung kann auch vom Gesichtspunkte der Erholung der an derselben teilnehmenden Personen unterbrochen werden.

## XIX. Kapitel.

## Hauptverhandlung vor dem Schwurgericht.

### I. Vorbereitung der vor dem Schwurgericht abzuhaltenden Hauptverhandlung.

§ 337. Die Bestimmungen der Kapitel XVII und XVIII sind, insofern dieses Kapitel nicht abweichend verfügt, bei dem vor dem Schwurgericht stattfindenden Verfahren anzuwenden.

Die auf den Gerichtshof beziehungsweise den Präsidenten desselben bezüglichen Bestimmungen der oberwähnten zwei Kapitel sind im schwurgerichtlichen Verfahren auf die richterlichen Mitglieder des Schwurgerichtes beziehungsweise auf den Präsidenten desselben zu verstehen.

Insolange das Schwurgericht nicht konstituiert ist, besorgt die an das Schwurgericht verwiesenen Agenden jener Gerichtshof, an dessen Amtssitze das Schwurgericht wirkt.

Der Präsident des Schwurgerichtes ist während der ganzen Hauptverhandlung verpflichtet, den Geschwornen hinsichtlich der Ausübung ihres Berufes, die nach den auftauchenden Umständen notwendige Weisung zu erteilen und sie an ihre Pflichten zu erinnern.

§ 338. Der Präsident des Schwurgerichtes ladet für jede Schwurgerichts-Session die in der Dienstesliste aufgezählten dreifsig Geschworenen unter den gesetzlichen Folgen, vorschriftsmäfsig (§§ 79 und 80) und zu einer solchen Zeit, dafs der Vorladeschein den Geschworenen mindestens acht Tage vor dem Termine der Hauptverhandlung zugestellt sei. Die später, jedoch noch vor der Hauptverhandlung erfolgte Zustellung enthebt den Geschworenen von der Verpflichtung zum Erscheinen nicht.

Gleichzeitig mit der Vorladung der Geschworenen sind die in der Dienstesliste benannten zehn Ersatz-Geschworenen zu verständigen, dafs sie während der Session zur Zeit der Hauptverhandlungen womöglich in ihrer Wohnung sich aufhalten.

Die Ersatz-Geschworenen sind im Falle der auftauchenden Notwendigkeit in jener Reihenfolge einzuberufen, in welcher ihr Name in der Dienstesliste vorkommt.

§ 339. In der ordentlichen Session des Schwurgerichtes sind von den in den Wirkungskreis desselben gehörenden Angelegenheiten alle jene zu erledigen, in welchen der Anklagebeschlufs bereits vor dem ersten Tage der Session erbracht oder die Hauptverhandlung angeordnet (dritter Absatz § 268) worden ist.

Wenn der Anklagebeschlufs oder der die Hauptverhandlung anordnende Beschlufs erst während der Session des Schwurgerichtes erbracht worden ist, kann das Gericht die Abhaltung der schwurgerichtlichen Hauptverhandlung in der betreffenden Angelegenheit während der laufenden Session nur mit Zustimmung des Angeklagten und nach Anhörung des Anklägers anordnen.

Gegen diesen Beschlufs ist ein Rekurs nicht zulässig.

§ 340. Das Schwurgericht kann auf übereinstimmende Bitte der Parteien die Hauptverhandlung einer solchen Angelegenheit, welche gemäfs des § 339, erster Absatz in der nächstfolgenden Session zu erledigen wäre, aus wichtigen Gründen endgiltig auf eine spätere Session aufschieben. Gegen diesen Beschlufs ist ein Rekurs nicht zulässig.

§ 341. Das Namensverzeichnis der richterlichen Mitglieder des Schwurgerichtes und der einberufenen Geschworenen ist mindestens drei Tage vor dem Beginne der Hauptverhandlung dem in Haft befindlichen Angeklagten zuzustellen, für den auf freiem Fufs befindlichen Angeklagten aber behufs Einsichtnahme ins Expedit des Gerichtshofes zu geben. Die Namen der eventuell später einberufenen Geschworenen müssen dem Angeklagten vor Beginn der Hauptverhandlung nachträglich mitgeteilt werden.

## II. Konstituierung des Schwurgerichts.

§ 342. Nach Eröffnung der Hauptverhandlung und nach erfolgtem Verhör des Angeklagten über seine persönlichen Verhältnisse (§ 133, erster Absatz) ist in Anwesenheit der Parteien und deren Vertreter, immer in öffentlicher Sitzung und in der Regel für jede Angelegenheit abgesondert, das Schwurgericht zu konstituieren.

Zu diesem Behufe stellt der Präsident vor allem fest, ob die einberufenen Geschworenen anwesend sind. Wenn auch sechsundzwanzig Geschworene nicht erschienen sind, ladet der Präsident aus der Reihe der Ersatz-Geschworenen unter Hinweisung auf die gesetzlichen Folgen des Wegbleibens so viele vor (§ 338), um wie viele weniger als sechsundzwanzig anwesend sind.

Wenn zur späteren Hauptverhandlung mehr als sechsundzwanzig Geschworene erschienen sind, entläfst der Präsident die einberufenen Ersatzgeschworenen in der umgekehrten Reihenfolge ihrer Einberufung.

§ 343. Wenn infolge nachträglicher Einberufung oder ohne diese mindestens sechsundzwanzig Geschworene anwesend sind, ist der Präsident bei sonstiger Nichtigkeit verpflichtet, an die Parteien, die Privatpartei und die Geschworenen die Frage zu richten, ob unter den letzteren nicht ein solcher ist:

1. bezüglich dessen einer der in den Punkten 1—4, § 64 dieses Gesetzes aufgezählten Ausschliefsungsgründe obwaltet;

2. welcher im Falle der Verurtheilung oder Freisprechung des Angeklagten einen Nutzen anhofft oder einen Schaden befürchtet;

3. welcher in der Angelegenheit als Zeuge oder Sachverständiger bereits verhört, beziehungsweise zur Hauptverhandlung vorgeladen worden ist;

4. welcher in der Angelegenheit als Geschworener, Ankläger, Vertheidiger oder als Vertreter des Verletzten gewirkt hat;

5. welcher der Staatssprache nicht mächtig ist;

6. welcher zufolge körperlichem oder geistigem Gebrechen, oder weil gegen ihn ein Strafverfahren im Zuge, oder der Konkurs oder die Kuratel verhängt ist, in das Verzeichnis der Geschworenen nicht aufzunehmen gewesen wäre, oder bezüglich dessen diese Umstände später aufgetaucht sind.

Der Geschworene, gegen den irgend ein der unter Punkt 1—6 aufgezählten Gründe obwaltet, kann an der Erledigung der betreffenden Angelegenheit nicht teilnehmen. Jener, bezüglich dessen irgend ein der unter Punkt 5 und 6 bezeichneten Gründe obwaltet, ist auch aus der Liste der Geschworenen zu streichen.

Bezüglich der Ausschliefsung beschliefst nach Vernehmung des betreffenden Geschworenen und der Parteien das Gericht endgiltig.

Wenn auf die obige Weise von den Erschienenen so viele ausgeschlossen werden mufsten, dafs die Zahl der Geschworenen eine geringere als vierundzwanzig wäre, kann zur Konstituierung des Schwurgerichtes nur dann geschritten werden, wenn die zur Zurückweisung berechtigten Parteien (§ 344) hierzu einwilligen und mindestens so viele Geschworene übrig blieben, wie viele zur Konstituierung des Schwurgerichtes gemäfs §§ 345 und 346 erforderlich sind.

Im entgegengesetzten Falle sind die Geschworenen in der im § 342 zweiter Absatz bestimmten Weise derart zu ergänzen, damit ihrer wenigstens vierundzwanzig seien.

§ 344. Kann nach § 343 zur Konstituierung des Schwurgerichtes geschritten werden, so verliefst der vom Präsidenten bestimmte Richter den auf einen besondern Papierstreifen geschriebenen Namen eines jeden nicht beanstandeten Geschworenen und legt ihn in die auf dem Gerichtstische befindliche Urne.

Aus der Reihe der nicht beanstandeten Geschworenen können die Parteien so viele zurückweisen, um wie viel mehr als zwölf, beziehungsweise, insofern der Präsident die Verwendung von Ersatzgeschworenen angeordnet hat (§ 346) auch diese hinzugerechnet mehr Namen in der Urne sind.

Die Hälfte der zurückweisbaren Geschworenen kann der Ankläger, die andere Hälfte der Angeklagte zurückweisen. Wenn diese Zahl unpaar ist, kann der Angeklagte um einen Geschworenen mehr zurückweisen.

Mehrere Angeklagte üben das Recht der Zurückweisung gemeinschaftlich, wenn sie jedoch zu keinem Übereinkommen gelangen, abwechselnd, in jener Reihenfolge aus, in welcher ihr Name in der Anklageschrift vorkommt.

Im Sinne dieser Vorschriften spricht der Präsident aus, wie viele Geschworenen und in welcher Reihenfolge die Parteien zurückweisen können.

Die Ausübung des Rechtes zur Zurückweisung kann der Angeklagte auf seinen Verteidiger, der Privatankläger aber auf seinen Vertreter übertragen.

§ 345. Der Präsident zieht die in der Urne befindlichen Papierstreifen einzeln heraus und richtet nach der Entnahme eines jeden Papierstreifens und der Verlesung des auf demselben befindlichen Namens an die Parteien beziehungsweise an die Vertreter (§ 344 letzter Absatz) die Frage, ob sie den betreffenden Geschworenen annehmen.

Hierauf haben der Ankläger und nach diesem der Angeklagte mit dem Worte „elfogadom“ (ich nehme ihn an) oder „visszautasitom“ (ich weise ihn zurück) sich zu erklären. Der Grund ihrer Erklärung darf nicht angegeben werden. Die Verabsäumung der Erklärung ist als Annahme zu betrachten.

Sobald der Präsident einen weiteren Namen herausgezogen oder die Auslosung als beendet erklärt hat, können die Parteien ihre Erklärung nicht abändern.

Wenn der Präsident die Namen von zwölf solchen Geschworenen herausgezogen hat, welche eine der Parteien zurückgewiesen hat, oder wenn er nach Erschöpfung des Zurückweisungsrechtes der Parteien die Namen der von zwölf noch fehlenden Geschworenen herausgezogen hat: erklärt er das Schwurgericht für konstituiert.

§ 346. Wenn es vorauszusehen ist, dafs die Hauptverhandlung längere Zeit andauern wird, kann der Präsident die Verwendung eines oder mehrerer Ersatzgeschworenen anordnen und zu diesem Zwecke mehr als zwölf Geschworene auslosen. Ersatzgeschworene werden diejenigen sein, deren Namen der Präsident zuletzt aus der Urne gezogen hat.

§ 347. Wenn für einen Tag die Verhandlung mehrerer Angelegenheiten angesetzt ist, ist das Schwurgericht in jeder Angelegenheit besonders zu konstituieren.

§ 348. Die infolge der Einwendung (§ 343) abgelehnten, die zurückgewiesenen (§ 344) oder die nicht ausgelosten Geschworenen, mit Ausnahme jener, deren Namen aus den Listen gestrichen wurden (§ 343 zweiter Absatz), sind, wenn der Präsident nicht anders verfügt, verpflichtet, bis zum Schlufs der Session während der Zeit der schwurgerichtlichen Hauptverhandlung im Gerichtsgebäude sich aufzuhalten.

Die Mitglieder des Schwurgerichtes und die Ersatzgeschworenen sind verpflichtet, während der ganzen Hauptverhandlung bis zur Verkündung des Urteiles anwesend zu sein. Der Präsident enthebt von der Dienstesverpflichtung diejenigen, die wegen Krankheit oder aus einer andern wichtigen Ursache sich zu entfernen bemüfsigt sind. An deren Stelle treten die Ersatzgeschworenen nach der Reihenfolge der Auslosung. Wenn der Präsident die Verwendung von Ersatzgeschworenen nicht angeordnet hat, oder wenn diese nicht ausreichen, ist im oben erwähnten Falle die Auslosung der Geschworenen gemäfs § 345 fortzusetzen, eventuell das Schwurgericht im Sinne des § 342 zweiter Absatz zu ergänzen.

In letzterem Falle machen die Parteien das Einwendungs- und Zurückweisungsrecht, insofern sie es nicht erschöpft haben, nach der Verkündung des das Schwurgericht ergänzenden Beschlusses sofort geltend, und ladet der Präsident zur Hauptverhandlung nur jenen Geschworenen vor, welchen die Parteien nicht zurückgewiesen haben. Wenn die Ergänzung mittelst Auslosung oder Einberufung von Ersatzgeschworenen erfolgt, ist die Hauptverhandlung stets von Neuem zu beginnen.

§ 349. Nach Konstituierung des Schwurgerichtes beeidigt der Präsident die Geschworenen und Ersatzgeschworenen in Anwesenheit des Angeklagten in öffentlicher Sitzung bei sonstiger Nichtigkeit. Nachdem sie alle sich erhoben haben, richtet der Präsident folgende Aufforderung an dieselben:

„Schwören Sie Alle bei Gott dem Allwissenden und Allmächtigen, dafs Sie in der wider N. N. anhängigen Angelegenheit die Pflichten der Geschworenen treu erfüllen, das Gesetz einhalten, den ganzen Gang der Verhandlung mit sorgfältiger Aufmerksamkeit verfolgen, über die in Verhandlung stehende Angelegenheit mit niemand anderem als Ihren Geschworenen-Genossen Rücksprache pflegen, und jede Begünstigung, Furcht und persönliche Rücksicht bei Seite setzend, sowohl alle gegen den Angeklagten vorgebrachte als auch für denselben sprechende Beweise mit gleicher Sorgfalt und unparteiischer Gewissenhaftigkeit erwägen und nach Ihrer derart gewonnenen Überzeugung, gerecht und im Sinne des Gesetzes beschliefsen."

Hierauf antworten die Geschworenen, welche von dem Präsidenten nach der Reihe namentlich benannt werden, — indem sie die rechte Hand ans Herz legen — einzeln:

„Ich schwöre, so wahr mir Gott helfe."

Der Geschworene, welcher angibt, dafs der Eid seiner religiösen Überzeugung widerstrebt, legt statt des Eides ein Gelöbnis ab. Dieses Gelöbnis lautet: „Ich gelobe auf meine Ehre und mein Gewissen."

### III. Beweisverfahren, Fragestellung und Beschlufs der Geschworenen.

§ 350. Nach Ablegung des Eides nehmen die Geschworenen ihre dem Platze des Angeklagten gegenüber befindlichen Sitze ein. Sodann beginnt die Verhandlung der Angelegenheit.

Der Präsident ist verpflichtet dafür zu sorgen, dafs die Richter und die Geschworenen die während des Beweisverfahrens gemachten Aussagen und verlesenen Urkunden verstehen.

Die Übersetzung von als Beweis dienenden Urkunden, von Aussagen des Angeklagten und der Zeugen und der Erklärung der Sachverständigen auf die den Geschworenen verständliche Sprache kann nur ein beeidigter Dolmetscher besorgen.

§ 351. Die Geschworenen können an die Zeugen und Sachverständigen im Sinne des § 307 in der Weise Fragen stellen wie die richterlichen Mitglieder des Gerichtes.

Sie haben das Recht auch auf die Ergänzung des Beweisverfahrens Anträge zu stellen, worüber das Gericht beschliefst.

§ 352. Im Falle des Ablebens des Angeklagten oder des Fallenlassens der Anklage stellt das Gericht ohne Anhörung der Geschworenen gemäfs des letzten Absatzes § 301, beziehungsweise des ersten Absatzes § 323 das Verfahren mittelst Bescheid ein. Wenn es während der Hauptverhandlung sich herausstellt, dafs die zur gesetzlichen Erhebung der Klage erforderliche Bevollmächtigung, das Verlangen oder der Antrag fehlt, oder wenn der zum Privatantrage Berechtigte seinen zurückziehbaren Antrag rechtzeitig zurückgezogen hat; dafs bezüglich der zum Gegenstande der Anklage gemachten strafbaren Handlung bereits früher ein rechtskräftiges Urteil gefällt worden ist; dafs das Strafverfahren infolge königl. Gnade oder Verjährung nicht fortgesetzt werden kann; oder schliefslich, dafs der Angeklagte zur Zeit, als er die zum Gegenstande der Anklage gemachte strafbare Handlung begangen, das zwölfte Lebensjahr noch nicht erreicht hat, erbringt das Gericht nach Vernehmung der Parteien jedoch ohne Anhörung der Geschworenen ein freisprechendes Urteil.

§ 353. Insofern kein einziger der im § 352 aufgezählten Fälle vorliegt, beantragt nach Beendigung des Beweisverfahrens der königl. Staatsanwalt, beziehungsweise der Privatankläger, oder wenn derselbe einen Vertreter hat, dieser die an die Geschworenen zu stellenden Fragen. Behufs schriftlicher Verfassung derselben kann der Präsident die Sitzung auf kurze Zeit unterbrechen.

Der Präsident ist verpflichtet die beantragten Fragen bei sonstiger Nichtigkeit verlesen zu lassen.

Er kann die Fragen dem Angeklagten und den Geschworenen in Abschrift hinausgeben lassen, über ausgedrückten Wunsch derselben jedoch ist er verpflichtet dieselben hinauszugeben.

Ueber Antrag des Angeklagten, seines Verteidigers und eines der Geschworenen ist die Hauptverhandlung behufs Erwägung der Fragen zu unterbrechen.

Der Angeklagte, sein Verteidiger und jeder Geschworene kann die beantragten Fragen beanstanden, auf ihre Mängel aufmerksam machen und wegen Richtigstellung oder Abänderung derselben, oder der Stellung von neuen Fragen einen Antrag stellen.

In betreff der Annahme, der Ergänzung oder Richtigstellung der in Antrag gebrachten Fragen entscheidet das Gericht.

Die festgestellten Fragen sind zu verlesen.

§ 354. Die Fragen sind so zu stellen, dafs die Geschworenen dieselben blos mit „Ja" oder „Nein" beantworten können.

Wenn der Angeklagten mehrere sind oder mehrere strafbare Handlungen vorliegen, sind die Fragen bezüglich eines jeden Angeklagten und einer jeden strafbaren Handlung in einer abgesonderten Gruppe zu stellen.

Ist eine folgende Frage nur in dem Falle zu beantworten, wenn eine vorhergehende Frage bereits in einer gewissen Richtung entschieden ist, so mufs dies besonders bemerkt werden.

§ 355. Die Hauptfrage richtet sich dahin, ob der Angeklagte der zum Gegenstande der Anklage gemachten strafbaren Handlung schuldig ist.

Demzufolge ist in der Hauptfrage die zur Grundlage der Anklage dienende That nicht nur unter Aufzählung der zur Unterscheidung geeigneten thatsächlichen Umstände, sondern auch unter Anführung der in dem nach der Anklage anzuwendenden Gesetze bestimmten konstitutiven Elemente zu umschreiben.

Die Hauptfrage ist nach Mafsgabe jenes Thatbestandes und Gesetzes zu verfassen, auf welchen (welchem) der Anklagebeschlufs, und in Ermanglung eines solchen die Anklageschrift, insofern jedoch der Ankläger seine Anklage bei der Hauptverhandlung geändert hat, deren neuer Inhalt beruht.

Wenn hinsichtlich irgend eines konstitutiven Elementes die Parteien abweichende Anträge stellen, ist in der Umschreibung der als Grundlage der Anklage dienenden That auch der zur Entscheidung der strittigen Frage geeignete Thatumstand aufzunehmen.

§ 356. Wenn während des Beweisverfahrens der Thatbestand sich derart geändert hat, dafs der Angeklagte einer andern strafbaren Handlung schuldig erscheint, als welcher er nach dem Anklagebeschlusse beziehungsweise dem Antrage des Klägers beschuldigt worden ist oder dafs der des vollführten Verbrechens oder Vergehens Angeklagte nur des Versuches der strafbaren Handlung oder der als Thäter Angeklagte nur der Theilnahme beschuldigt erscheint, oder umgekehrt, so ist diesbezüglich an die Geschworenen eine besondere Frage zu stellen.

§ 357. Eine besondere Hauptfrage ist zu stellen, wenn während des Beweisverfahrens gegen den Angeklagten aufser der in dem Anklagebeschlusse beziehungsweise in der Anklageschrift bezeichneten strafbaren Handlung noch der Thatbestand einer andern, zur Anwendung des § 96 Ges.-Art. V vom Jahre 1878 als Grundlage dienenden strafbaren Handlung aufgetaucht ist.

Diese Frage kann jedoch nur mit Einwilligung des Angeklagten gestellt werden. Wenn der Angeklagte in dieselbe nicht eingewilligt hat, so ist bezüglich der neuerdings aufgetauchten strafbaren Handlung die Trennung des Verfahrens anzuordnen.

Nur mit Einwilligung des Angeklagten kann auch eine solche Frage gestellt werden, laut welcher die dem Angeklagten zur Last gelegte strafbare Handlung einer schwerern Qualifizierung unterliegt als auf welcher der Anklagebeschlufs, beziehungsweise die Anklageschrift beruht, in welchem Falle diese Frage jener, der in dem Anklagebeschlusse, beziehungsweise der Anklageschrift enthaltenen Qualifizierung entsprechenden Frage voranzugehen hat.

Wenn der Angeklagte hierzu seine Einwilligung nicht gegeben hat, oder wenn die dem Angeklagten zur Last gelegte strafbare Handlung unter eine Qualifizierung fällt, welche die Vorbereitung der Verteidigung in einer neuen Richtung notwendig macht, ist die Hauptverhandlung zu vertagen.

§ 358. Die die Zurechnungsfähigkeit ausschliefsenden Gründe (§§ 76, 77, 79, 80 und 82 Ges.-Art. V vom Jahre 1878) sind, wenn die Parteien dieselben geltend gemacht haben, oder ein Mitglied des Gerichtes oder des Schwurgerichtes dieselben vorgebracht hat, in die Hauptfrage möglichst derart einzubeziehen, dafs die auf die Hauptfrage gegebene bejahende Antwort das Vorhandensein jener ausschliefse.

Wenn jedoch die Einbeziehung die Hauptfrage sehr ausführlich oder schwer verständlich machen würde, kann der die Zurechnungsfähigkeit ausschliefsende Grund auch in eine besondere Frage einbezogen werden.

§ 359. Bezüglich eines im § 352 nicht erwähnten solchen Grundes, welcher im Sinne der besondern Bestimmungen der Strafgesetze die Strafbarkeit aufhebt, oder die Anwendung einer schwerern beziehungsweise mildern Strafart, oder eines schwerern oder mildern Strafsatzes nach sich zieht, ist eine besondre Frage zu stellen.

In betreff des Obwaltens von erschwerenden und mildernden Umständen (§§ 90, 91 und 92 Ges.-Art. V vom Jahre 1878) jedoch und bezüglich dessen, ob der Angeklagte bereits bestraft war, kann eine Frage an die Geschworenen nicht gestellt werden.

§ 360. Wenn der Angeklagte zur Zeit der Verübung der seine Schuld feststellenden strafbaren Handlung das sechzehnte Lebensjahr noch nicht zurückgelegt hat, ist eine besondre Frage zu stellen darüber, ob er zur Zeit des Verübens der strafbaren Handlung die zum Erkennen der Schuld der strafbaren Handlung notwendige Einsicht besessen habe.

Ist der Angeklagste taubstumm, so ist die auf seine Einsicht bezügliche Frage in die Hauptfrage einzubeziehen.

§ 361. Ein Antrag auf Stellung einer besondern Frage oder auf Einbeziehung einer auf den, die Zurechnung ausschliefsenden Umstand bezüglichen Frage in die Hauptfrage kann nur auf Grund einer aus dem Gesetze geschöpften Ursache abgewiesen werden.

§ 362. Nach Feststellung der Fragen folgen die auf die Schuldfragen bezüglichen Vorträge und Anträge der Parteien.

§ 363. Sohin unterschreibt der Präsident die eventuell neu oder modifiziert festgestellten Fragen und läfst dieselben bei sonstiger Nichtigkeit neuerdings verlesen. Der Verlesung der Fragen folgt die an die Geschworenen gerichtete Erörterung des Präsidenten.

Der Präsident erteilt den Geschworenen Weisung über ihre Aufgabe und ihren Wirkungskreis, erklärt denselben die durch sie zu lösenden Rechtsfragen, die anzuwendenden Gesetze, die bei der Anwendung derselben auf die zum Gegenstande der Anklage gemachte Strafhandlung mafsgebenden Gesichtspunkte, schliefslich die gestellten Fragen.

In seiner Erörterung darf er weder hinsichtlich des Ergebnisses der Beweisführung noch der Erwägung der Beweise sich äufsern.

Die Erörterung des Präsidenten darf niemand unterbrechen noch zum Gegenstande einer Bemerkung machen.

Auf Wunsch welcher Partei immer ist der auf die Rechtsfragen bezügliche Teil der Erörterung des Präsidenten in das Protokoll aufzunehmen.

§ 364. Nachdem der Präsident seine Erörterung beendet hat, übergibt er dem ältesten Geschworenen die Fragen, die im Laufe der Verhandlung verlesenen Urkunden und die vorgewiesenen Corpora delicti, ferner die die Reihenfolge der Verlosung der Geschworenen enthaltende Liste.

Sodann ziehen sich die Geschworenen in den für sie bestimmten Beratungssaal zurück.

Der Präsident verfügt, dafs der Angeklagte sich aus dem Sitzungssaale entferne, die Geschworenen aber vor Erbringung des Beschlusses — mit Ausnahme des im § 366 bestimmten Falles — den Beratungssaal nicht verlassen und ohne schriftliche Erlaubnis des Präsidenten mit dritten Personen nicht verkehren.

Das Gericht kann jenen Geschworenen, welcher dieser Vorschrift zuwider handelt, mit einer Geldbufse bis zu zweihundert Kronen bestrafen, über denjenigen aber, der ohne schriftliche Erlaubnis des Präsidenten mit dem Geschworenen verkehrt, eine bis vierundzwanzig Stunden sich erstreckende Einsperrung verhängen.

Wegen Bestrafung von der Jurisdiktion des Militärgerichtes unterstehenden Personen ist ihre vorgesetzte Behörde zu ersuchen.

In dem Beratungssaale der Geschworenen ist der die §§ 351, 363 bis 370 enthaltende Auszug dieses Gesetzes in mehrern Exemplaren zur Verfügung der Geschworenen zu stellen.

§ 365. Nachdem die Geschworenen sich zur Beratung zurückgezogen, wählen sie unter Vorsitz des ältesten unter ihnen mittelst mündlicher Abstimmung und einfacher Stimmenmehrheit ihren Obmann, welcher die den Geschworenen vorgelegten Fragen verliest und die weitere Beratung und Abstimmung leitet.

Wenn mehrere eine gleiche Stimmenanzahl erhielten, so ist der ältere als gewählt zu betrachten.

§ 366. Wenn die Mehrheit der Geschworenen in welcher Rechtsfrage immer einer weitern Aufklärung zu bedürfen glaubt, so erteilt der Präsident, nachdem die Geschworenen in den Sitzungssaal zurückgekehrt sind, nach Eröffnung der Sitzung in Anwesenheit der Parteien diese Aufklärung sofort.

Auf Wunsch welcher Partei immer ist diese Rechtserörterung ebenfalls in das Protokoll aufzunehmen.

Wenn die Mehrheit der Geschworenen die Abänderung oder Ergänzung der Fragen, eventuell die Stellung einer neuen Frage für notwendig erachten, sind die Parteien bezüglich dieses Antrages zu vernehmen und ist ein Beschlufs zu erbringen.

Nach der Aufklärung beziehungsweise nach dem erbrachten Beschlusse ziehen sich die Geschworenen behufs Fortsetzung der Beratung neuerdings in ihren Saal zurück.

§ 367. Nach Beendigung der Beratung der Geschworenen bringt ihr Obmann die Fragen nach der Reihenfolge der Fragestellung zur Abstimmung und fordert jeden Geschworenen, in der Reihenfolge, wie sein Name herausgezogen wurde, zur mündlichen Abgabe seiner Stimme auf, schliefslich gibt derselbe seine Stimme ab. Wenn einer der Geschworenen es wünscht, ist die Abstimmung eine geheime.

Die Abstimmung erfolgt bezüglich der ganzen Frage mit „Ja" oder „Nein"; es kann jedoch bezüglich irgend eines genau bezeichneten Teiles der Frage mit Ja, bezüglich der übrigen Teile auch mit Nein abgestimmt werden.

Bei der Abstimmung darf aufser den Geschworenen, bei sonstiger Nichtigkeit niemand anwesend sein.

Der Obmann schreibt das Ergebnis der Abstimmung mit dem Bemerken, mit wie viel Stimmen der Beschlufs erbracht wurde, neben jede Frage und unterschreibt dieselbe; in seiner Aufzeichnung darf eine Radirung nicht vorkommen. Die eventuell notwendigen Streichungen, Randbezeichnungen oder Einschaltungen hat der Obmann in einer mit seiner Unterschrift versehenen Anmerkung als seine Richtigstellungen anzuerkennen.

Wenn die Geschworenen ihren Beratungssaal verlassen, kann keiner von ihnen seine Stimme abändern.

Die Geschworenen sind verpflichtet den Verlauf der Abstimmung und das Verhältnis der einzelnen Stimmen geheim zu halten.

§ 368. Zu jenem Beschlusse der Geschworenen, welcher den Angeklagten schuldig erklärt oder im Sinne der besondern Bestimmungen der Strafgesetze die Anwendung einer schwerern Strafart oder eines schwereren Strafsatzes nach sich zieht, sind mindestens acht bejahende Stimmen erforderlich.

In allen andern Fällen entscheidet einfache Stimmenmehrheit.

Wenn die Stimmen gleich sind, wird als Beschlufs erhoben, was für den Angeklagten günstiger ist.

Jene Geschworenen, welche auf die Hauptfragen mit Nein gestimmt haben, können sich bei den weitern Fragen der Abstimmung enthalten und ist ihre Stimme zu den für den Angeklagten günstigern Stimmen hinzuzurechnen.

§ 369. Nach Beendigung der Abstimmung kehren die Geschworenen in den Verhandlungssaal zurück und nehmen ihre Plätze ein.

Nachdem der Präsident des Schwurgerichtes die Sitzung wieder eröffnet hat, verliest der Obmann der Geschworenen über des Präsidenten Aufforderung in Abwesenheit des Angeklagten nach diesen einleitenden Worten:

„Auf meine Ehre und mein Gewissen bezeuge ich vor Gott und den Menschen, dafs der Beschlufs der Geschworenen der folgende ist" bei sonstiger Nichtigkeit in Anwesenheit der Geschworenen die Fragen, samt den auf dieselben erteilten Antworten.

Wenn der Beschlufs der Geschworenen die Schuld oder einen solchen Grund feststellt, welcher im Sinne der besonderen Bestimmungen der Strafgesetze eine schwerere Strafart oder einen schwerern Strafsatz nach sich zieht, so erklärt der Obmann bei einem jeden dieser Beschlüsse (§ 368), dafs das Schwurgericht diesen Beschlufs mit mehr als sieben Stimmen erbracht habe.

Er darf das Verhältnis der Stimmen in einer andern Weise, beziehungsweise bei für den Angeklagten günstigeren Beschlüssen durchaus nicht bezeichnen. Den verlesenen Beschlufs unterschreiben der Präsident und der Notar des Schwurgerichtes.

### IV. Das weitere Verfahren und die Urteilsfällung.

§ 370. Wenn das Gericht der Ansicht ist, dafs der Beschlufs des Schwurgerichtes bezüglich seiner Form nicht vorschriftsmäfsig, oder bezüglich der Wesenheit irgend einer Frage dunkel, lückenhaft oder sich selbst widersprechend ist, kann es unter Abänderung oder Ergänzung der Fragen oder auch ohne dieselben die Geschworenen auffordern, ihren Beschlufs richtig zu stellen oder zu ergänzen, beziehungsweise die abgeänderten oder ergänzten Fragen zu beantworten.

Dieses Richtigstellungsverfahren mufs auch dann angeordnet werden, wenn einzelne Geschworene behaupten, dafs der verkündete Beschlufs den Beschlufs der Geschworenen nicht treu wiedergibt.

Das Richtigstellungsverfahren kann insolange angeordnet werden, bis das Gericht ein Urteil nicht geschöpft hat.

Über eine derartige Aufforderung des Gerichtes ziehen sich die Geschworenen behufs Beratung neuerdings zurück. Dem vorausgehend macht der Präsident die Geschworenen, wenn ihr Beschlufs nur in formeller Beziehung einem Anstande unterliegt, darauf aufmerksam, dafs sie nur die Mängel ausbessern können, wenn sie jedoch in der Wesenheit der Angelegenheit sich geirrt haben, so macht er sie aufmerksam, dafs sie von ihrem früheren Beschlusse gänzlich abweichen können.

Der neue Beschlufs mufs so neben die Fragen geschrieben werden, dafs der frühere Beschlufs leserlich bleibe.

Beharren die Geschworenen bei ihrem Beschlusse, welchen das Gericht als dunkel, lückenhaft oder sich selbst widersprechend erklärt hat, ist die Angelegenheit vor die nachfolgende Session des Schwurgerichts zu verweisen. Der Rekurs hat aufschiebende Wirkung.

§ 371. Wenn das Schwurgericht den Angeklagten schuldig erklärt hat, und sämtliche Mitglieder des Gerichtes überzeugt sind, dafs die Geschworenen in der Wesenheit der Sache zum Nachteile des Angeklagten sich geirrt haben, setzt das Gericht das weitere Verfahren aus, und weist die Angelegenheit, mittelst eines ohne Begründung zu erbringenden Beschlusses vor das Schwurgericht der nächsten Session.

Ein solcher Beschlufs kann nur von Amts wegen und nur bis zur Verkündung des Urteiles erbracht werden. Die Parteien haben nicht das Recht denselben zu beantragen.

Ein Rechtsmittel dagegen ist nicht zulässig.

Wenn das Verfahren wegen mehrerer strafbarer Handlungen oder wider mehrere Angeklagte anhängig ist, kann in dem obbezeichneten Falle nur jene strafbare Handlung, beziehungsweise jener Angeklagte vor ein neues Schwurgericht verwiesen werden, bezüglich welcher oder zu dessen Nachteil das Schwurgericht nach Ansicht des Gerichtes sich geirrt hat.

Auf Grund eines derartigen Beschlusses ist für die folgende Session, in dringenden Fällen für das Ende der laufenden Session, eine neue Schwurgerichtsverhandlung anzuberaumen. An dieser Verhandlung können die Geschworenen-Mitglieder des vorgegangenen Schwurgerichtes nicht teilnehmen.

Auf Grund des Beschlusses des neuen Schwurgerichtes ist das Gericht verpflichtet ein Urteil zu fällen und bei diesem den Beschlufs des neuen Schwurgerichtes als Grundlage anzunehmen, doch kann es wider den Angeklagten keine schwerere Strafe feststellen, als welche auf Grund des Beschlusses des frühern Schwurgerichtes hätte festgestellt werden können.

§ 372. Wenn bezüglich des Beschlusses des Schwurgerichtes die Erbringung des im § 370 umschriebenen Beschlusses nicht statt hat, läfst der Präsident des Schwurgerichtes den Angeklagten vorrufen, beziehungsweise vorführen, und vor ihm den endgiltigen Beschlufs des Schwurgerichtes, im Falle des § 371 aber den Beschlufs des Gerichtes durch den Notar verlesen.

§ 373. Wenn die Geschworenen den Angeklagten nicht schuldig befunden, oder wenn sie die Frage betreffend das Obwalten eines die Zurechnung ausschliefsenden Grundes bejahend beantwortet haben (§ 358 zweiter Absatz), spricht das Gericht den Angeklagten sofort mittelst Urteiles frei.

§ 374. Wenn der Beschlufs der Geschworenen den Angeklagten schuldig erklärt, trägt in erster Linie der Ankläger seinen Antrag in betreff des anzuwendenden Strafsatzes vor, sodann kann der Verletzte hinsichtlich seines privatrechtlichen Anspruches sich äufsern, und schliefslich der Angeklagte und sein Verteidiger einmal das Wort ergreifen. Der Beschlufs der Geschworenen darf zum Gegenstande einer Kritik nicht gemacht werden.

Sohin zieht sich das Gericht behufs Urteilsfällung zurück.

Wenn das Gesetz auf die That, welche der Angeklagte nach dem Ausspruche der Geschworenen begangen hat, eine Strafe nicht feststellt, oder wenn die Geschworenen einen solchen Grund als wahr angenommen haben, welcher die Strafbarkeit ausschliefst, beziehungsweise aufhebt, spricht das Gericht den Angeklagten auch ohne einen diesbezüglich gestellten Antrag frei.

Im entgegengesetzten Falle fällt es gemäfs der Vorschriften des § 327 wider den Angeklagten auch dann ein Strafurteil, wenn die strafbare Handlung desselben gemäfs des Beschlusses des Schwurgerichtes nicht zum Wirkungskreise des Schwurgerichtes gehören würde.

Der Beschlufs der Geschworenen beschränkt das Gericht bei der Bemessung der Strafe nur insofern, als das Gericht die durch das Gesetz bezüglich einzelner strafbarer Handlungen besonders festgestellten qualifizierenden, beziehungsweise erschwerenden Gründe (§ 359 erster Absatz) — mit Ausnahme jener, welche sich auf die vorhergehende Bestrafung des Angeklagten beziehen — nur auf Grund des Beschlusses des Schwurgerichtes anwenden kann.

Die Urteilsfällung und Verkündung des Urteiles kann im schwurgerichtlichen Verfahren nicht aufgeschoben werden.

§ 375. Der verfügende Teil des Urteiles hat auch die an die Geschworenen gerichteten Fragen und deren Beantwortung zu enthalten; die Begründung aber mufs sich in den von seite der Geschworenen entschiedenen Fragen auf den Inhalt des Beschlusses derselben stützen.

Das Original-Exemplar des Beschlusses des Schwurgerichtes ist dem Originalkonzepte des Urteiles anzuheften.

§ 376. Die schwurgerichtliche Hauptverhandlung kann nur insolange vertagt oder unterbrochen werden, bis die Geschworenen behufs Beratung sich nicht zurückgezogen haben.

Im Falle einer Unterbrechung oder Vertagung können die Geschworenen mit Erlaubnis des Präsidenten sich in ihre Wohnung entfernen. Der Präsident ist jedoch verpflichtet, sie auf die Folgen des Nichterscheinens bei der Fortsetzung der Hauptverhandlung und auch darauf aufmerksam zu machen, dafs sie im Sinne ihres geleisteten Eides in der in Verhandlung befindlichen Angelegenheit mit jemand anderm als ihren Geschworenen-Genossen nicht verkehren dürfen.

Im Falle einer länger als einen Tag andauernden Vertagung oder Unterbrechung ist das Schwurgericht neuerdings zu konstituieren und die Hauptverhandlung immer von neuem zu beginnen.

§ 377. Das Protokoll über die schwurgerichtliche Hauptverhandlung hat aufser den sonstigen Erfordernissen des Hauptverhandlungsprotokolls die Beschreibung der Konstituierung des Schwurgerichtes, die Namen der Geschworenen und Ersatzgeschworenen, die Erwähnung der vorschriftsmäfsig erfolgten Beeidigung derselben, die von seite des Anklägers in Antrag gebrachten Fragen, die im Sinne des § 353 gestellten Anträge und die bezüglich derselben erbrachten Beschlüsse des Gerichtes, die Skizzierung des Vorganges hinsichtlich der von Seite der Geschworenen erbetenen Aufklärungen (§ 366), oder der von Seite des Gerichtes gewünschten Richtigstellungen, beziehungsweise Ausbesserungen (§ 370), den Beschlufs der Geschworenen und auch den verfügenden Teil des aussetzenden Bescheides oder des Urteiles des Gerichtes zu enthalten.

## XX. Kapitel.

## Rechtsmittel und Ausbesserung.

### I. Rekurs.

§ 378. Gegen einen Bescheid ist ein economeininstanzlicher Rekurs statthaft, wenn dies das Gesetz nicht ausdrücklich ausschliefst.

Gegen die die vorläufige Festnahme, beziehentlich die Untersuchungshaft anordnende oder aufrechterhaltende Bescheide des Anklagesenates, sowie gegen den Antrag des Anklägers auf Anordnung der Untersuchung abweisende Bescheide (§§ 105 und 151), kann, wenn sie auch in zweiter Instanz erbracht wurden, ein Rekurs stattfinden.

Die Bescheide des Untersuchungsrichters und des Präsidenten des Anklagesenates überprüft der Anklagesenat, die Bescheide des Anklagesenates, des Gerichtshofes, des Schwurgerichtes und des von Seite der königl. Gerichtstafel entsendeten Richters oder beauftragten Bezirksgerichtes (§ 403) überprüft die königl. Gerichtstafel, die Bescheide der königl. Gerichtstafel aber die königl. Kurie.

Der Rekurs steht aufser den im § 383 erwähnten, den Zeugen, Sachverständigen und andern zu, auf die der Bescheid sich bezieht.

Die auf den Rekurs bezüglichen Erklärungen können schriftlich oder durch Erklärung zu Protokoll abgegeben werden.

Der Rekurs ist bei der Verkündung des Bescheides anzumelden.

Die Begründung kann bei der Anmeldung oder längstens binnen acht Tagen von der Anmeldung gerechnet bei dem die Verkündung vollziehenden Gerichte vorgebracht werden.

Wenn der Bescheid im Wege der Zustellung mitgeteilt wird, ist der Rekurs und die Begründung desselben binnen acht Tagen von der Zustellung gerechnet bei jenem Gerichte einzubringen, welches die Zustellung angeordnet hat.

Der Gegner des Rekurrierenden kann in den Rekurs und die Begründung desselben bei Gericht Einsicht nehmen, und seine Gegenbemerkungen bis zur Vorlage der Akten bei dem vorgehenden Gerichte, sohin aber bis zur Anmeldung der Angelegenheit behufs Erledigung bei dem über den Rekurs beschliefsenden Gerichte einbringen.

Aufser dem Falle der Zurückweisung legt der Richter oder das Gericht, welcher (welches) den Bescheid erbracht hat, den Rekurs samt den erforderlichen Akten ohne Verzug behufs Überprüfung vor.

§ 379. Der Anklagesenat erledigt den Rekurs, wenn er es für notwendig erachtet, nach erfolgter Anhörung der Parteien, eventuell des Untersuchungsrichters, oder nach Einholung der Erklärung derselben, in geschlossener Sitzung.

Die königl. Gerichtstafel, beziehungsweise die königl. Kurie erledigt den Rekurs in geschlossener Sitzung mit Bescheid. Vor der meritorischen Erledigung kann sie aufserhalb der Sitzung die Ergänzung der Akten anordnen und bezüglich des im Rekurse Enthaltenen Aufklärung von dem in der Angelegenheit vorgegangenen Gerichte verlangen.

Das Revisionsgericht weist den Rekurs zurück, dessen Zurückweisung das Gericht unterer Instanz verabsäumt hat.

Wenn der Rekurs meritorisch beurteilt werden kann, ändert das Revisionsgericht den angefochtenen Bescheid, insofern hierfür ein gesetzlicher Grund vorhanden ist, ab, beziehungsweise annulliert es denselben und beschliefst dem Gesetze entsprechend. Im entgegengesetzten Falle weist es den Rekurs zurück.

Der Mangel des richterlichen Wirkungskreises, die Exterritorialität und die Verletzung des Immunitätsrechtes sind von Amtswegen zu berücksichtigen.

§ 380. Der Rekurs hat nur in jenen Fällen aufschiebende Wirkung, in welchen das Gesetz dies ausdrücklich ausspricht.

Nichtsdestoweniger kann der Anklagesenat, der Gerichtshof, das Schwurgericht oder die königl. Gerichtstafel, welche (welcher, welches) den angefochtenen Bescheid erbrachte, die Vollziehung desselben aus wichtigen Gründen bis zur Erledigung des Rekurses aussetzen.

Die Verfügungen der §§ 386, 387, 389, 390, 391, 394, 396 und 425, und der Absatz vier und sechs des § 388 sind auch hinsichtlich des Rekurses entsprechend anzuwenden.

## II. Appellation.

### *A. Allgemeine Bestimmungen.*

§ 381. Gegen ein in erster Instanz erbrachtes Urteil des Gerichtshofes ist eine Appellation an die königl. Gerichtstafel zulässig.

Eine Appellation ist nicht zulässig:

1. gegen das Urteil des Schwurgerichtes;

2. gegen ein Urteil des Gerichtshofes, in welchem der Angeklagte nur einer solchen strafbaren Handlung schuldig erklärt, beziehungsweise von der Anklage einer solchen strafbaren Handlung freigesprochen worden ist, welche in den Wirkungskreis des Bezirksgerichtes oder der Verwaltungsbehörde gewiesen ist;

3. gegen das in zweiter Instanz geschöpfte Urteil des Gerichtshofes.

§ 382. Die Appellation kann wegen des verfügenden Teiles und der Motivierung des Urteiles, ferner auch wegen eines bei der Hauptverhandlung und der Urteilsfällung aufgetauchten Nichtigkeitsgrundes ergriffen werden.

Der vor der Hauptverhandlung aufgetauchte, bei Gelegenheit der Hauptverhandlung aber nicht vorgebrachte Nichtigkeitsgrund kann gegen das Urteil nicht mehr geltend gemacht werden.

§ 383. Die Appellation steht zu:

I. Sowohl zu gunsten als auch zu lasten des Angeklagten: der königl. Staatsanwaltschaft.

II. Zu gunsten des Angeklagten:

a) dem Angeklagten oder für ihn seiner Ehehälfte, wenn aber der Angeklagte nicht volljährig ist, seinem gesetzlichen Vertreter, dem letztern auch gegen den ausgesprochenen Willen des Angeklagten;

b) dem Verteidiger, auch gegen den ausgesprochenen Willen des Angeklagten;

c) dem Erben des Angeklagten, jedoch blofs gegen den auf den privatrechtlichen Anspruch bezüglichen Teil des Urteiles.

III. Zu lasten des Angeklagten:

1. dem Haupt- und Ersatz-Privatkläger;

2. dem Verletzten und zwar:

a) gegen das den Angeklagten schuldigsprechende Urteil blofs bezüglich seines privatrechtlichen Anspruches und diesbezüglich auch nur dann, wenn in der Schuldfrage und hinsichtlich der Bemessung der Strafe einer der hierzu Berechtigten appelliert hat;

b) gegen ein freisprechendes Urteil nur in dem Falle, wenn der Ankläger nicht appelliert hat;

3. dem Rechtsnachfolger des Verletzten in der sub Punkt 2a bestimmten Richtung und unter den dort bezeichneten Bedingungen.

§ 384. Formale Nichtigkeitsgründe sind:

1. wenn das erkennende Gericht nicht gesetzlich konstituiert war;

2. wenn der nach dem Gesetze ausgeschlossene Richter (§§ 64, 66 und § 65 erster und zweiter Absatz), Mitglied des erkennenden Gerichtes war;

3. wenn an der Urteilsfällung auch ein solcher Richter teilgenommen hat, der nicht in der ganzen Hauptverhandlung anwesend war;

4. wenn das erkennende Gericht seinen Wirkungskreis überschritten, oder eine in seinen Wirkungskreis gehörende Angelegenheit als nicht zu demselben gehörend erklärt hat;

5. wenn das Gericht eine Unregelmäſsigkeit oder ein Versäumnis begangen hat, welche (welches) das Gesetz bei sonstiger Nichtigkeit untersagt;

6. wenn die Hauptverhandlung ohne Anwesenheit einer Person abgehalten worden ist, deren Anwesenheit das Gesetz für unumgänglich notwendig erklärt, den Verteidiger mitverstanden in den Fällen, wo die Verteidigung obligatorisch ist;

7. wenn die Öffentlichkeit ohne gesetzlichen Grund ausgeschlossen worden ist;

8. wenn ungeachtet des Widerspruches des das Rechtsmittel Einlegenden während der Hauptverhandlung ein über eine nichtige Aussage oder Untersuchungshandlung aufgenommener, oder ein solcher Akt verlesen wurde, welcher nach dem Gesetze nicht verlesen hätte werden dürfen;

9. wenn das Gericht über den von Seite des das Rechtsmittel Einlegenden in der Hauptverhandlung gestellten Antrag einen Beschluſs nicht erbracht, oder seinem Antrage entgegen, beziehungsweise ungeachtet seines Widerspruches, in der Hauptverhandlung einen Zwischenbeschluſs erbracht hat, welcher eine vom Gesichtspunkte der Anklage oder der Verteidigung wesentliche Bestimmung oder ein ebensolches Prinzip des Gesetzes verletzt, beziehungsweise unrichtig angewendet hat;

10. wenn der verfügende Teil des Urteiles unverständlich ist, oder wenn die Begründung dem verfügenden Teile des Urteils widerspricht;

11. Wenn das Urteil ohne gesetzliche Anklage gefällt wurde, oder den Gegenstand der Anklage nicht erschöpft.

Auf Grund des § 281 ist ein Rechtsmittel nur dann statthaft, wenn der Angeklagte oder sein Verteidiger wegen der Anordnung der unmittelbaren Vorladung von dem Gerichtshofe in der Hauptverhandlung ohne Erfolg um Abhilfe angesucht hat.

Die auf Grund des § 281 geltend zu machenden, sowie die in den Punkten 5, 8 und 9 bezeichneten Nichtigkeitsgründe können weder zu lasten noch zu gunsten des Angeklagten geltend gemacht werden, wenn es offenkundig ist, daſs die formelle Verletzung auf das Urteil nicht von Einfluſs war.

Gegen die in der Hauptverhandlung getroffene Verfügung, das begangene Versäumnis, oder den erbrachten Zwischenbeschluſs ist ein Rechtsmittel nicht zulässig, wenn die betreffende Partei dasselbe bei Gelegenheit der getroffenen beschwerlichen Verfügung oder der begangenen Versäumnis, beziehungsweise bei Gelegenheit der Verkündung des beschwerlichen Zwischenbeschlusses nicht sofort angemeldet hat.

Von den in diesem Paragraphen aufgezählten Nichtigkeitsgründen sind die in den Punkten 1, 3, 4, 6 und 10 bezeichneten immer, der im Punkt 11 umschriebene Nichtigkeitsgrund aber dann von Amtswegen zu berücksichtigen, wenn das Gericht ohne gesetzliche Anklage die Schuld und Strafe des Angeklagten festgestellt hat.

§ 385. Materielle Nichtigkeitsgründe sind:

1. wenn das Gericht die entsprechende Bestimmung des Strafgesetzes nicht in Anwendung gebracht, oder irrig in Anwendung gebracht in jenen Fragen:

a) ob die die Grundlage der Anklage bildende That den Thatbestand einer strafbaren Handlung bildet;

b) gemäfs welcher Bestimmung der Strafgesetze die strafbare Handlung zu qualifizieren ist;

c) ob ein die Zurechnungsfähigkeit, die Einleitung des Strafverfahrens oder die Strafbarkeit ausschliefsender Grund, und welcher vorhanden ist;

2. wenn das Gericht bei Bemessung der Strafe die im Gesetze festgestellten Strafsätze, oder bei der gestatteten Milderung, Umwandlung oder Erschwerung derselben die im Gesetze gezogenen Grenzen nicht eingehalten hat;

3. wenn das Gericht den § 92 Ges.-Art. V vom Jahre 1878, beziehungsweise den § 21 Ges.-Art. XL vom Jahre 1879 in irriger Weise angewendet, oder ungeachtet des Obwaltens der Bedingungen derselben nicht angewendet hat.

Die in diesem Gesetze bestimmten Nichtigkeitsgründe sind nur dann auch von Amtswegen zu berücksichtigen, wenn sie zum Nachteile des Angeklagten gedient haben.

§ 386. Wenn das Gericht eine Verfahrensvorschrift verletzt hat welche zu gunsten des Angeklagten dient, kann aus diesem Grunde zu lasten des Angeklagten eine Appellation nicht eingelegt werden.

§ 387. Die Ueberprüfung beschränkt sich, mit Ausnahme der von Amtswegen zu berücksichtigenden Nichtigkeitsfälle, nur auf die mit Appellation angefochtene Verfügung des Urteiles.

Die von Seite des Anklägers, wenn auch zu lasten des Angeklagten ergriffene Appellation ist stets als auch zu gunsten des Angeklagten ergriffen zu betrachten.

Die Strafe des Angeklagten kann nur im Falle der von Seite des Anklägers zu ungunsten des Angeklagten ergriffenen Appellation erschwert werden.

Auf Grund eines zu gunsten des rekurrierenden Angeklagten dienenden Umstandes ist, wenn dieser auch hinsichtlich eines andern Angeklagten obwaltet, — das Urteil zu gunsten des letztern abzuändern, wenn auch derselbe die Appellation nicht ergriffen hat.

§ 388. Die auf die Appellation bezüglichen Erklärungen können schriftlich oder durch Erklärung zu Protokoll abgegeben werden. Die Appellation ist bei der Verkündung des Urteiles bei dem Gerichtshofe anzumelden.

Wenn das Urteil mittelst Zustellung mitgeteilt wird, mufs die Appellation binnen acht Tagen von der Zustellung gerechnet angemeldet werden.

Die Ehehälfte und der gesetzliche Vertreter des Angeklagten können in der zu gunsten des Angeklagten offen stehenden Frist, der Erbe des Angeklagten aber binnen acht Tagen von der in der Hauptverhandlung erfolgten Verkündung des Urteiles gerechnet, appellieren.

Die Appellation kann binnen acht Tagen von der Anmeldung, beziehungsweise vom Tage der Zustellung des Urteiles gerechnet, begründet werden.

Die Appellation kann innerhalb der zur Anmeldung offen stehenden Frist modifiziert, die Begründung aber innerhalb der für die Vorlage derselben bestimmten Frist ergänzt werden.

Über das von Seite des Angeklagten oder seines Verteidigers bei der Anmeldung der Appellation vorgebrachte Ansuchen kann gestattet werden, dafs sie die Begründung der Appellation erst binnen acht Tagen von der Zustellung des Urteiles gerechnet einreichen.

§ 389. Der Gerichtshof weist die verspätete, im Gesetze ausgeschlossene oder die Appellation, beziehungsweise die Begründung zurück, welche eine hierzu nicht berechtigte Person zur Vorlage bringt.

Der gegen den zurückweisenden Bescheid eingelegte Rekurs kann nur wegen Verspätung zurückgewiesen werden.

§ 390. Bei Anmeldung der Appellation ist stets ausdrücklich zu bezeichnen, gegen welche Verfügung des Urteiles der Appellant die Appellation einlegt.

Der Appellant hat auch stets ausdrücklich anzugeben, aus welchem Nichtigkeitsgrunde er die Appellation ergreift; er kann dies jedoch auch in der Begründung der Appellation thun.

§ 391. Wenn die schriftlich angemeldete Appellation den Bestimmungen des § 390 nicht entspricht, fordert der Gerichtshof den Appellanten mit Bescheid auf, jene Verfügung des Urteiles, gegen welche er zu appellieren wünscht, binnen drei Tagen bei dem Gerichtshofe mündlich oder schriftlich zu bezeichnen, weil im entgegengesetzten Falle seine Appellation zurückgewiesen werden wird.

Wenn die Aufforderung ohne Erfolg geblieben, und auch die im § 388 Absatz fünf festgestellte Frist abgelaufen ist, weist der Gerichtshof die Appellation zurück.

§ 392. Die Appellation beziehungsweise ihre Begründung ist in einem Exemplare einzureichen.

Von der Appellation ist der Gegner zu verständigen. Dieser kann in die Appellation und in die Begründung derselben bei Gericht Einsicht nehmen und seine Gegenbemerkungen bei dem Gerichtshofe bis zur Vorlage der Akten, unmittelbar bei der königl. Gerichtstafel aber bis zur Anmeldung der Angelegenheit zur Erledigung einreichen.

Wegen Abwartens der Gegenbemerkungen kann die Vorlage nicht verschoben werden.

§ 393. Jede der Parteien und der Verletzte können mit der bestimmten Bezeichnung der zu beweisen gewünschten Thatsache in der Appellationseingabe oder auch in den Gegenbemerkungen sich auf neue Beweismittel berufen; ferner können sie in einem abgesonderten Gesuche unmittelbar bei der königl. Gerichtstafel, ja auch in der vor der königl. Gerichtstafel abgehaltenen Hauptverhandlung neue Beweismittel anmelden.

In betreff der Aufnahme des neuen Beweises und zwar, wenn dieser nach Anordnung der Appellations-Hauptverhandlung angemeldet worden ist, beschliefst die königl. Gerichtstafel aufserhalb der Sitzung (§ 415 letzter Absatz) oder in einer besonderen Senatssitzung. Gegen den in dieser Angelegenheit erbrachten Beschlufs ist ein Rekurs nicht zulässig.

Die königl. Gerichtstafel verweigert die Aufnahme des angemeldeten neuen Beweises:

1. wenn sie den zu beweisen gewünschten Thatbestand für die Entscheidung der Angelegenheit unwesentlich findet;

2. wenn die Vernehmung einer aufserhalb des ungarischen Staatsgebietes sich aufhaltenden Person beantragt ist;

3. wenn ein gewichtiger Verdacht entsteht, dafs die Berufung auf das neue Beweismittel nur die Verzögerung der meritorischen Entscheidung der Angelegenheit bezweckt.

§ 394. Der Anmeldende kann bis zum Beginne der behufs Fällung des Urteils zweiter Instanz abgehaltenen geschlossenen Sitzung seine Appellation zurückziehen.

Der Angeklagte kann auch die von seiten seines Ehegenossen angemeldete Appellation zurückziehen.

Die zu gunsten des Angeklagten, wenn auch gegen seinen Willen angemeldete Appellation kann jedoch ohne Einwilligung des Angeklagten nicht zurückgezogen werden.

Derjenige, welcher seine Appellation vor Ablauf der für die Anmeldung anberaumten (§ 388) Frist zurückgezogen hat, kann dieselbe bis zum Ablauf der Frist neuerdings anmelden.

Wenn sämtliche Appellationen zurückgezogen wurden, so ist eine Überprüfung auch wegen eines von Amtswegen zu berücksichtigenden Nichtigkeitsgrundes nicht statthaft.

§ 395. Die Anmeldung der Appellation hemmt das Inkrafttreten des appellierten Teiles des Urteiles.

§ 396. Wenn die Frist zur Appellation und zur Begründung derselben bezüglich sämtlicher Berechtigten abgelaufen ist, ist die Appellation und ihre Begründung samt den übrigen Akten der Angelegenheit der königl. Gerichtstafel vorzulegen.

Wenn jedoch das Urteil blofs von seiten der königl. Staatsanwaltschaft zu Lasten des Angeklagten appelliert worden ist, sind die Akten der Angelegenheit dem an der Seite der königl. Gerichtstafel fungierenden Oberstaatsanwalt zu übersenden. Ebenso geht die königl. Gerichtstafel vor, wenn das Urteil infolge der Zurückziehung der übrigen Appellationen nach der erfolgten Vorlage zu Lasten des Angeklagten einzig und allein seitens der königl. Staatsanwaltschaft appelliert bleibt. Der Oberstaatsanwalt übersendet die Akten, insofern er der Appellation zustimmt, unter Erwähnung dieses Umstandes unverzüglich an die königl. Gerichtstafel, im entgegengesetzten Falle aber übersendet er mit der Bemerkung, dafs er die Appellation des königl. Staatsanwaltes zurückziehe, die Akten an den Gerichtshof beziehungsweise an die königl. Gerichtstafel zurück.

Wenn die Appellation auf das Verfahren bezügliche solche Beschwerdepunkte enthält, über welche die Akten einen entsprechenden Aufschlufs nicht bieten, ist das Gericht verpflichtet, bezüglich derselben in seiner Vorlage sich zu äufsern.

Die Parteien können in die Vorlage Einsicht und von derselben auf ihre Kosten Abschrift nehmen.

*B. Verfahren vor der königl. Gerichtstafel.*

§ 397. Die königl. Gerichtstafel erledigt die infolge Appellation an sie gelangten Angelegenheiten entweder ohne Sitzung (§ 398) oder in einer Senatssitzung (§ 400) oder in einer Hauptverhandlung (§ 407).

§ 398. Der Referent verfügt mit Zustimmung des Senatspräsidenten aufser der Sitzung:

1. wenn die Ergänzung der Schriften, die Übersendung derselben an den Oberstaatsanwalt (§ 396) oder eine Aufklärung bezüglich des in der Appellation Vorgebrachten notwendig ist;

2. wenn die Appellations-Hauptverhandlung ohne Vorladung beziehungsweise Vorführung des Angeklagten abzuhalten ist;

3. wenn im Sinne des § 415 letzter Absatz die Vorladung eines neuen Zeugen oder Sachverständigen zur Appellations-Hauptverhandlung anzuordnen ist.

Gegen aufser der Sitzung erfolgte Verfügungen ist ein Rekurs nicht statthaft.

Jene Angelegenheiten, welche aufser der Sitzung nicht erledigt werden können oder zu deren Erledigung aufser der Sitzung der Senatspräsident nicht beistimmt, meldet der Referent zur Senatssitzung an.

§ 399. Die Senatssitzung ist innerhalb der in den §§ 293, 294 und 295 bestimmten Grenzen öffentlich.

Die Parteien und deren Vertreter können das Wort nicht ergreifen.

In der Senatssitzung trägt in erster Reihe der Referent die Angelegenheit vor, und dann sind das zu überprüfende Urteil und wenn nötig, auch andre Schriften zu verlesen.

Der Senat erbringt seinen Beschlufs in geschlossener Sitzung, verkündet ihn aber in öffentlicher Sitzung.

§ 400. Die Erledigung gehört in die Senatssitzung:

1. wenn die königl. Gerichtstafel zur Überprüfung der Angelegenheit weder den Wirkungskreis noch die Zuständigkeit besitzt;

2. wenn wegen vorschriftswidriger Vorlage eine Verfügung, oder die Ergänzung der Akten oder bezüglich der in der Appellation vorgebrachten Umstände eine von seiten des Gerichtshofes zu erteilende Aufklärung erforderlich und bezüglich dieser Umstände aufser der Sitzung keine Verfügung getroffen worden ist;

3. wenn in dem im § 389 bestimmten Falle der Gerichtshof im Sinne dieses Paragraphen nicht verfügt hat;

4. wenn der Gerichtshof das im § 391 bestimmte Verfahren verabsäumt hat;

5. wenn die Appellation blofs wegen des privatrechtlichen Anspruches oder der strafgerichtlichen Kosten ergriffen worden ist;

6. wenn die Aufnahme eines Beweises, beziehentlich die Wiederholung oder Ergänzung des vor dem Gerichtshofe aufgenommenen Beweises (§§ 402, 413—415) sich als notwendig erweist;

7. wenn das Urteil wegen eines formalen Nichtigkeitsgrundes zu annullieren ist oder die Appellation blofs wegen eines solchen Nichtigkeitsgrundes ergriffen worden ist.

§ 401. Im Falle:

des Punktes 1, § 400 spricht die königl. Gerichtstafel den Mangel ihres Wirkungskreises oder ihre Nichtzuständigkeit aus und übersendet die Akten der Angelegenheit an das zuständige Gericht oder an eine andre Behörde;

im Falle des § 400 Punkt 2 sendet sie die Akten zur notwendigen Ergänzung, beziehungsweise behufs aufklärenden Berichtes an das die Vorlagen unterbreitende Gericht mittelst Dekrets zurück; wenn aber die Akten entgegen der im § 396 zweiter Absatz enthaltenen Bestimmung vorgelegt wurden, und der Oberstaatsanwalt hinsichtlich der Aufrechterhaltung der Appellation sich noch nicht geäufsert hat, übermittelt sie die Akten an den Oberstaatsanwalt;

im Falle des § 400 dritter Absatz weist sie die Appellation oder ihre Begründung zurück, beziehungsweise sendet sie im Falle der Berechtigte die Appellation zurückgezogen hat, die Akten ohne Überprüfung der Angelegenheit zurück;

im Falle des § 400 Punkt 4 sendet sie die ohne Bezeichnung der Angelegenheit angemeldete Appellation samt den bezüglichen Akten behufs Verfahrens im Sinne der Bestimmung des § 391 an den Gerichtshof zurück;

im Falle des § 400 Punkt 5 bestätigt sie oder ändert den bezüglichen Teil des Urteiles ab.

§ 402. Wenn die königl. Gerichtstafel das Beweisverfahren mangelhaft findet, oder wenn sie gewichtige Zweifel bezüglich der Richtigkeit der als Grundlage des Urteils des Gerichtshofes gedienten thatsächlichen Feststellungen hat und findet, dafs diesbezüglich die Verhörung des Angeklagten oder der in der Hauptverhandlung erster Instanz bereits verhörten eventuell anderer Zeugen oder Sachverständigen, beziehungsweise die Aufnahme oder Beschaffung sonstiger Beweise notwendig ist (§ 400 Punkt 6), stellt sie mit Bescheid fest,

1. ob die Beweisführung auf den ganzen Thatbestand oder nur blofs auf einzelne strittige thatsächliche Feststellungen sich erstrecken soll;

2. welche Beweise aufzunehmen oder zu beschaffen seien;

3. ob die Aufnahme beziehungsweise Beschaffung des Beweises in der Appellations-Hauptverhandlung oder aber im Wege der Entsendung beziehungsweise des Auftrages erfolgen soll (§ 403).

§ 403. Insofern die Aufnahme des Beweises vor der königl. Gerichtstafel mit grofsen Schwierigkeiten verbunden wäre, entsendet die königl. Gerichtstafel zur Aufnahme ihren eigenen Richter oder den Richter des in erster Instanz vorgegangenen Gerichtshofes, eventuell beauftragt sie damit jenes Bezirksgericht, in dessen Sprengel die Aufnahme am leichtesten erfolgen kann (§ 402 Punkt 3).

Die Ergänzung des Beweises in anderer Richtung kann dem Gerichtshofe aufgetragen werden.

Wenn die königl. Gerichtstafel die Wiederholung des derart aufgenommenen Beweises in der Hauptverhandlung für notwendig erachtet, kann sie dies entweder in der Senatssitzung oder in der Hauptverhandlung anordnen.

§ 404. Wenn die königl. Gerichtstafel findet, dafs ein gemäfs der §§ 382 und 384 in Betracht zu nehmender Nichtigkeitsgrund obwaltet (§ 400 Punkt 7), annulliert sie das Urteil samt dem ganzen Verfahren, welches auf die den Nichtigkeitsgrund feststellende Handlung gefolgt ist, und insofern ein neues Verfahren notwendig ist, weist sie hierzu denselben Gerichtshof an oder betraut hiermit einen auf dem Gebiete der königl. Gerichtstafel befindlichen andern Gerichtshof.

Wenn jedoch die Nichtigkeitsbeschwerde wegen der entgegen den Bestimmungen des § 281 erfolgten Anordnung der unmittelbaren Vorladung oder wegen irgend eines in den Punkten 2, 5, 7, 8 und 10 § 384 bestimmten Nichtigkeitsgrundes ergriffen worden ist, und die königl. Gerichtstafel die Appellation für begründet, und zugleich die Angelegenheit in der Wesenheit judizierbar findet, kann sie die Angelegenheit zur Hauptverhandlung verweisen.

Wenn das Urteil in betreff mehrerer Angeklagter beziehungsweise mehrerer strafbarer Handlungen verfügt, der Nichtigkeitsgrund aber sich nicht auf alle bezieht und die Trennung möglich ist, annulliert die königl. Gerichtstafel das Urteil nur in jenem Teile, bezüglich dessen der Nichtigkeitsgrund obwaltet.

Wenn ein im § 327 bezeichneter Nichtigkeitsgrund obwaltet, weist die königl. Gerichtstafel, — insofern sie gemäfs des zweiten Absatzes dieses Paragraphen in der Wesenheit nicht beschliefst — unter Annullierung des Urteiles denselben Gerichtshof zu einer neuerlichen Urteilsfällung beziehungsweise zur Abhaltung einer neuen Hauptverhandlung oder zur Ergänzung des Mangels an.

Wenn der Gerichtshof unrichtigerweise ausgesprochen hat, dafs das Verfahren nicht in seinen Wirkungskreis gehöre, ist derselbe unter Annullierung des Beschlusses anzuweisen, unter Zugrundelegung der abweichenden Feststellung der königl. Gerichtstafel ein Urteil zu fällen.

Wenn als Nichtigkeitsgrund festgestellt ist, dafs das Urteil den Gegenstand der Anklage nicht erschöpft, ist die neue Urteilsfällung nur bezüglich der nicht erledigten Anklagepunkte anzuordnen.

Die einzig wegen eines formalen Nichtigkeitsgrundes eingelegte, jedoch unbegründete Appellation weist die königl. Gerichtstafel ab.

§ 405. Insofern der Senat die Angelegenheit nicht in die Senatssitzung gehörig findet, ordnet er die Abhaltung der Hauptverhandlung an.

Gegen die im Sinne dieses Paragraphen, sowie der §§ 401—404 erbrachten Beschlüsse der königl. Gerichtstafel ist ein Rekurs nicht zulässig.

§ 406. Wenn die königl. Gerichtstafel die Ergänzung der Beweisführung dem Gerichtshofe aufgetragen hat (§ 403 zweiter Absatz), vollzieht dieser diesen Auftrag unverzüglich und erstattet über das Ergebnis unter Vorlage der Akten der königl. Gerichtstafel Bericht.

Wenn jedoch die königl. Gerichtstafel die Beweisaufnahme angeordnet hat (§ 402 und § 403 erster Absatz), stellt der hierzu entsendete Richter oder das beauftragte Bezirksgericht zur Beweisaufnahme ohne Verzug einen Termin fest und ladet hierzu bei sonstiger Nichtigkeit die Parteien vor.

Die Beweisaufnahme erfolgt in Anwesenheit der Parteien und mit entsprechender Anwendung der für die Vernehmung der Zeugen und der Sachverständigen in der Hauptverhandlung gegebenen Vorschriften.

Das Wegbleiben der vorschriftsgemäfs vorgeladenen Partei hindert die Beweisaufnahme nicht.

In betreff der Beeidigung der Verhörten beschliefst nach Anhörung der erschienenen Parteien der entsendete Richter beziehungsweise das beauftragte Bezirksgericht.

Die Beeidigung kann nur aus den in den §§ 221, 222 und 229 bestimmten Ursachen unterlassen werden.

Der entsendete Richter oder das Bezirksgericht legt seinen Bericht unter Anschlufs der über das Verfahren aufgenommenen Akten unmittelbar der königl. Gerichtstafel vor.

In den Fällen dieses Paragraphen unterzieht die königl. Gerichtstafel die Angelegenheit stets in einer Hauptverhandlung der Überprüfung.

§ 407. Vor der königl. Gerichtstafel sind in einer Hauptverhandlung alle jene Angelegenheiten zu überprüfen, welche weder aufser der Sitzung erledigt werden können, noch in die Senatssitzung gehören.

§ 408. Die Appellations-Hauptverhandlung ordnet in der Regel der Referent und Senatspräsident aufser der Sitzung, im Falle der §§ 405 und 413, sowie des § 414 aber die königl. Gerichtstafel in einer Senatssitzung an.

Den Termin zur Appellations-Hauptverhandlung stellt der Senatspräsident fest.

Gegen die Anordnung der Hauptverhandlung und die Feststellung des Termines derselben ist ein Rechtsmittel nicht zulässig.

§ 409. Die königl. Gerichtstafel ladet zur Hauptverhandlung den öffentlichen Verteidiger stets, aufser dem Falle des § 415 aber auch die

Oberstaatsanwaltschaft, unter Mitteilung des Verzeichnisses der in der Wochensession zu verhandelnden Angelegenheiten.

Der von Amtswegen bestellte Verteidiger ist mittelst besonderen Ladescheines zu laden.

Die übrigen Beteiligten sind durch Aushängung des wöchentlichen Verzeichnisses der zur Hauptverhandlung bestimmten Angelegenheiten auf der Ankündigungstafel der königl. Gerichtstafel und gleichzeitig in einem den Termin der Hauptverhandlung bekanntgebenden rekommandierten Brief zu verständigen. Die Nichtabsendung oder die Nichteinlangung des rekommandierten Briefes hat keine Rechtswirkung.

Zwischen die Aushängung und die Hauptverhandlung mufs eine Zwischenzeit von fünfzehn Tagen, zwischen die Verständigung der Oberstaatsanwaltschaft und der Verteidiger und den Tag der Hauptverhandlung aber eine Zwischenzeit von mindestens acht Tagen fallen.

§ 410. Zur Wochensession eines jeden Strafsenates der königl. Gerichtstafel entsendet die Advokatenkammer monatlich im vorhinein je nach Erfordernis einen oder mehrere öffentliche Verteidiger.

Im Falle des Wegbleibens oder der Verhinderung des öffentlichen Verteidigers bestellt den Stellvertreter desselben der die Appellations-Hauptverhandlung anberaumende, beziehungsweise leitende Senatspräsident.

§ 411. Die Betrauung des öffentlichen Verteidigers erstreckt sich auf alle vor diesem Senat der königl. Gerichtstafel in der Wochensession abzuhaltende Hauptverhandlungen und auf jeden bei diesen Hauptverhandlungen interressierten Angeklagten, ausgenommen jenen Angeklagten, in dessen Interesse ein besonderer Verteidiger erschienen ist.

Wenn der öffentliche Verteidiger beim Studium der Akten sich davon überzeugt, dafs er die Angeklagten oder einen Teil derselben wegen Gegensatzes der Interessen oder aus einer andern Ursache nicht vertreten kann, ist er verpflichtet, wegen Ernennung eines andern öffentlichen Verteidigers oder eines besondern Verteidigers jenem Präsidenten Anzeige zu machen, der die Hauptverhandlung anberaumt hat.

Der öffentliche Verteidiger erhält vom Staatsärar eine entsprechende Entlohnung. Die Details dieser Entlohnung werden vom Justizminister mittelst Normalverordnung festgestellt.

§ 412. Die Hauptverhandlung kann ohne Anwesenheit der Oberstaatsanwaltschaft oder des von seiten derselben betrauten königl. Staatsanwaltes nur in den im § 41 erster Absatz aufgezählten Fällen abgehalten werden.

Ohne Anwesenheit des öffentlichen Verteidigers kann die Hauptverhandlung nur dann abgehalten werden, wenn der Angeklagte einen besonderen Verteidiger hat.

Der Privatankläger, der auf freiem Fufs befindliche Angeklagte, die appellierende Ehehälfte oder der gesetzliche Vertreter des Angeklagten und die Privatpartei können in der Hauptverhandlung immer persönlich anwesend sein, zu derselben einen Advokaten, beziehungsweise einen Verteidiger entsenden und dort auch persönlich das Wort ergreifen.

Der in Haft befindliche Angeklagte mufs in der Regel nicht zur

Hauptverhandlung vorgeführt werden, doch kann er sich durch einen Verteidiger vertreten lassen.

Insofern die königl. Gerichtstafel es für notwendig findet, kann sie für den Angeklagten auch von Amtswegen einen besonderen Verteidiger bestellen. Bezüglich der Bestellung des Verteidigers sind die im § 58 enthaltenen Vorschriften mit der Abweichung anzuwenden, dafs anstatt des Präsidenten des Gerichtshofes der Präsident des vorhergehenden Senates der königl. Gerichtstafel zu verstehen ist.

Im Falle des Wegbleibens oder des Sich-entfernens des Verteidigers sind die Bestimmungen des § 302 vorletzter und letzter Absatz anzuwenden.

§ 413. Wenn die königl. Gerichtstafel das unmittelbare Verhör des Angeklagten für notwendig findet, ladet sie denselben zur Hauptverhandlung vor, beziehungsweise läfst sie ihn stelligmachen.

Zur Appellations-Hauptverhandlung ist der auf freiem Fufs befindliche Angeklagte stets vorzuladen, der in Haft befindliche Angeklagte aber stellig zu machen, wenn die königl. Gerichtstafel das freisprechende Urteil des Gerichtshofes auf Grund der Appellation des Anklägers überprüft.

§ 414. Die Anwesenheit des Angeklagten in der Hauptverhandlung ist unumgänglich notwendig, wenn die königl. Gerichtstafel in der Appellations-Hauptverhandlung einen Beweis aufnimmt (§ 402).

§ 415. Wenn die königl. Gerichtstafel auf Grund der §§ 402, 413 und 414 das Verhör des Angeklagten oder die Beweisaufnahme in der Appellationsverhandlung anordnet, ladet sie die Parteien und die Privatpartei, beziehungsweise die Vertreter derselben, ferner die in dem die Hauptverhandlung anordnenden Beschlusse bezeichneten Zeugen und Sachverständigen mittelst eines besonderen Vorladescheines.

In einem solchen Falle ist der Termin der Hauptverhandlung derart festzustellen, dafs zwischen die wahrscheinliche Zustellung der für den Angeklagten lautenden Vorladung und den Termin eine Zwischenzeit von fünfzehn Tagen falle.

Wegen Nichteinhaltung dieser Zwischenzeit ist ein Aufschub nur dann am Platze, wenn der Angeklagte zur Hauptverhandlung wegen Kürze der Zeit nicht erscheinen oder für seine Verteidigung nicht sorgen konnte.

Der in Haft befindliche Angeklagte ist vor der königl. Gerichtstafel stellig zu machen.

In der Vorladung für den Ankläger, den Angeklagten, und wenn dieser einen besonderen Verteidiger hat oder für ihn ein besonderer Verteidiger bestellt ist, den Verteidiger ist anzugeben, in welcher Richtung die Beweisführung und die Aufnahme welcher Beweise angeordnet ist.

Der auf freiem Fufse befindliche Angeklagte ist in dem Vorladescheine auf die Verfügungen des § 417 und darauf aufmerksam zu machen, dafs er im Falle Nichterscheinens vorgeführt werden wird, die Privatpartei aber ist darauf aufmerksam zu machen, dafs im Falle des Wegbleibens ihre Bitte betreffend ihren privatrechtlichen Anspruch aus den Akten verlesen werden wird.

Wenn die Appellations-Hauptverhandlung im Sinne des oben Vorgebrachten abzuhalten ist, können in dringenden Fällen der Referent und Senatspräsident die Vorladung eines neuen Zeugen oder Sachverständigen zur Hauptverhandlung anordnen.

§ 416. Die Hauptverhandlung ist in der Regel am Amtssitze der königl. Gerichtstafel abzuhalten.

Der vorgehende Senat der königl. Gerichtstafel kann behufs Erleichterung der Durchführung des Beweisverfahrens unter Anhörung des Oberstaatsanwaltes beschliefsen, die Hauptverhandlung innerhalb des Sprengels der königl. Gerichtstafel an jenem Orte abzuhalten, wo die Beweisaufnahme mit den wenigsten Schwierigkeiten verbunden ist.

§ 417. Der Ankläger, der Angeklagte und die Privatpartei, sowie deren Vertreter können nach Feststellung des Termins der Appellations-Hauptverhandlung in die Akten der Angelegenheit bis einschliefslich zwei Tage vor der Hauptverhandlung in den Amtslokalitäten der königl. Gerichtstafel Einsicht nehmen.

§ 418. Für die Appellations-Hauptverhandlung sind die Bestimmungen des XVIII. Kapitels mit den unten verzeichneten Abweichungen anzuwenden.

Nach Eröffnung der Hauptverhandlung trägt der Referent über Aufforderung des Präsidenten innerhalb des von der Appellation gegebenen Rahmens den Stand der Angelegenheit vor, insbesondere hebt er den angefochtenen Teil des Urteiles und die Gründe hervor, mit welchen das Rechtsmittel begründet ist. Sohin verliest er oder läfst er das Urteil der ersten Instanz verlesen. Erforderlichenfalls können solche Akten der Angelegenheit oder Teile derselben verlesen werden, deren Verlesung in der Hauptverhandlung § 313 nicht verbietet.

Nach Beendigung des Vortrages des Referenten können der Präsident, die übrigen Mitglieder des Senates und die Parteien die Aufklärung einzelner Punkte und die Verlesung einzelner Akten verlangen.

Über die hierauf bezüglichen Anträge der Parteien entscheidet der Senat. Der diesfällige Beschlufs, sowie das Referat können zum Gegenstande einer Bemerkung nicht gemacht werden. Gegen den Beschlufs kann ein besonderes Rechtsmittel nicht ergriffen werden.

§ 419. Insofern die königl. Gerichtstafel die Appellations-Hauptverhandlung mit dem Verhör des Angeklagten (§§ 413 und 414) oder mit einer Beweisaufnahme (§ 402) abhält, stellt der Präsident nach Eröffnung der Hauptverhandlung die Anwesenheit der Vorgeladenen fest.

Wenn von den zur Hauptverhandlung Vorgeladenen einer oder mehrere weggeblieben sind, beschliefst der Senat nach Anhörung der erschienenen Parteien und ihrer Vertreter, ob die Hauptverhandlung abgehalten werden kann.

Die Verhandlung der Angelegenheit beginnt mit der Verlesung des Urteiles des Gerichtshofes, und wenn der Appellant oder sein Gegner zur Hauptverhandlung einen Vertreter nicht entsendet haben, mit der Verlesung der Appellationen und der Gegenbemerkungen.

Diesem folgt, insofern nur das Verhör des Angeklagten oder nur die teilweise Wiederholung oder Ergänzung des Beweisverfahrens angeordnet worden ist, gemäfs Weisung des § 418 der Vortrag des Sachverhaltes in Abwesenheit der Zeugen und Sachverständigen.

Die Aussage, beziehungsweise das Gutachten jenes Angeklagten, Zeugen oder Sachverständigen, dessen Vorladung zur Hauptverhandlung die Senatssitzung nicht für notwendig gefunden hat, kann auf Grund des Beschlusses der königl. Gerichtstafel verlesen werden.

Wenn die königl. Gerichtstafel die Wiederholung des ganzen Beweisverfahrens angeordnet hat, ist das Verhör des Angeklagten und die Beweisaufnahme nach Verlesung des Urteiles des Gerichtshofes, beziehungsweise der Appellation und der Gegenbemerkungen vorzunehmen und entfällt in diesem Falle das Referat der Angelegenheit.

Wenn aber die königl. Gerichtstafel in der Appellations-Hauptverhandlung blofs den Angeklagten verhört oder nur einzelne Beweise aufnimmt, so mufs dies nach dem Referate der Angelegenheit erfolgen.

§ 420. Wenn derjenige Zeuge, auf dessen Aussage sich irgend eine Partei als neuen Beweis berufen hat, anwesend ist oder sogleich stellig gemacht werden kann und seine Personsidentität konstatiert werden kann, kann die königl. Gerichtstafel dessen sofortiges Verhör auch in der Hauptverhandlung anordnen, welches jedoch nur in Anwesenheit des Angeklagten erfolgen kann.

In solchem Falle kann auch die Vorladung oder Vorführung des Angeklagten im kurzen Wege angeordnet werden, wenn dies sogleich erfolgen kann.

§ 421. Nach dem Vortrage der Angelegenheit (§ 418), beziehungsweise der Beendigung des Beweisverfahrens (§§ 419 und 420), fordert der Präsident den Vertreter der appellierenden Partei, und wenn dieser nicht anwesend ist, den Appellanten selbst, insofern er anwesend ist, auf, die Gründe der Appellation zu entwickeln. Hierauf kann die Gegenpartei und deren Vertreter antworten.

Hat auch der Ankläger appelliert, so ist erst dieser anzuhören.

Dem Verteidiger gebührt immer das Schlufswort.

Wenn der Privatankläger oder der Verletzte appelliert hat, kann der Vertreter der Oberstaatsanwaltschaft nach der Replik des Gegners des Appellanten eine Vorstellung anbringen.

Nach Beendigung der Vorträge der Parteien und insofern der Senat es noch für notwendig erachtet, nach erfolgten neueren Aufklärungen, Verhören und der Verlesung von Akten beschliefst der Senat in geschlossener Sitzung.

§ 422. In erster Reihe ist zum Gegenstande der Beratung zu machen, ob nicht eine vorläufige oder eine solche Verfügung notwendig ist, welche im übrigen in die Senatssitzung gehören würde (§ 400).

Insofern eine solche Verfügung notwendig ist, geht die königl. Gerichtstafel gemäfs der §§ 401, 402, 403, 404 oder 416 vor, in entgegengesetztem Falle urteilt sie in der Wesenheit der Angelegenheit.

§ 423. Wenn die Appellation wegen eines formalen Nichtigkeitsgrundes (§ 384) ergriffen worden ist, und die königl. Gerichtstafel die

Angelegenheit auf Grund des § 404 zweiter Absatz zur Hauptverhandlung verwiesen hat, nach Abhaltung der Hauptverhandlung aber die Appellation zwar für begründet, doch die Angelegenheit auch in der Wesenheit für judizierbar findet, beschliefst sie unter Annullierung des Urteiles in der Wesenheit der Angelegenheit.

Wenn irgend einer der im § 385 bestimmten materiellen Nichtigkeitsgründe obwaltet, und derselbe über Appellation oder von Amtswegen in Betracht zu nehmen ist: annulliert die königl. Gerichtstafel das Urteil zur Gänze oder wenn die Trennung möglich ist, zum Teile und fällt ein dem Gesetze entsprechendes Urteil.

In sonstigen Fällen der meritorischen Überprüfung läfst die königl. Gerichtstafel den nicht appellierten Teil des Urteiles des Gerichtshofes unberührt, den appellierten Teil aber bestätigt oder ändert sie ab.

Wenn jedoch der Ankläger gegen das freisprechende Urteil des königl. Gerichtshofes appelliert hat und der Angeklagte zur Appellationshauptverhandlung nicht erschienen ist, kann die königl. Gerichtstafel das Urteil erster Instanz zum Nachteile des Angeklagten nicht abändern.

Findet die königl. Gerichtstafel, dafs das Urteil erster Instanz zum Nachteil des weggebliebenen Angeklagten abzuändern ist, hat sie ihn vorerst zu verhören, und zu diesem Behufe mit Unterbrechung oder Vertagung der Hauptverhandlung vorladen, eventuell vorführen zu lassen.

Wenn der Angeklagte nach Fällung des erstgerichtlichen Urteiles gestorben ist, setzt die königl. Gerichtstafel das Urteil erster Instanz aufser Kraft und stellt das Verfahren ein. Nichtsdestoweniger kann die königl. Gerichtstafel, wenn das Urteil erster Instanz den Angeklagten schuldig gesprochen hat, und diesbezüglich nicht appelliert war, den auf den privatrechtlichen Anspruch bezüglichen Teil des Urteiles überprüfen.

§ 424. Im Falle der Ab- oder Zurückweisung der Appellation, im Falle der Kassierung zufolge einer ergänzenden Verfügung oder zufolge Verletzung der Vorschriften des Strafverfahrens, mit Ausnahme der auf Grund des § 423 erster Absatz erfolgten Kassierung, ferner im Falle des § 423 sechster Absatz erbringt die königl. Tafel einen Bescheid, sonst aber ein Urteil.

### *C. Verfahren nach Erledigung der Appellation.*

§ 425. Nach Erbringung des Endbeschlusses und nach Ablauf der zur Anmeldung und Motivierung der Nichtigkeitsbeschwerde der in der Appellationshauptverhandlung anwesend gewesenen Berechtigten offen stehenden Frist übersendet die königl. Gerichtstafel die Ausfertigung ihres Beschlusses und die Akten der Angelegenheit, aufser dem Falle des § 431 letzter Absatz, dem in erster Instanz vorgegangenen Gerichtshofe.

Der Gerichtshof läfst den Beschlufs der königl. Gerichtstafel dem in der Appellationshauptverhandlung nicht anwesend gewesenen Ankläger und Verletzten zustellen, dem Angeklagten aber, insofern weder er noch sein Verteidiger in der Hauptverhandlung der königl. Gerichtstafel anwesend war, verkündet er den Beschlufs, eventuell geht er gemäfs der Vorschriften des § 329 dritter Absatz vor.

Wenn der in der Appellationshauptverhandlung anwesend gewesene Berechtigte eine Nichtigkeitsbeschwerde eingebracht hat, verständigt hiervon der Gerichtshof die Parteien.

### III. Nichtigkeitsbeschwerde.

§ 426. Eine Nichtigkeitsbeschwerde an die königl. Kurie ist in nachfolgenden Fällen zulässig:

1. gegen das Urteil des Schwurgerichtes (§§ 352, 373 und 374);
2. gegen ein solches Urteil des Gerichtshofes, bezüglich dessen § 381 Absatz 2 Punkt 2 die Appellation ausschliefst;
3. gegen ein in erster Instanz geschöpftes Urteil oder einen ebensolchen meritorischen Bescheid der königl. Gerichtstafel (§§ 333, 418);
4. gegen ein Urteil der königl. Gerichtstafel als zweiter Instanz;
5. gegen ein in zweiter Instanz gefälltes Urteil des Gerichtshofes (§ 554);
6. gegen ein eine Gesamtstrafe bemessendes erstrichterliches Urteil (§ 518).

§ 427. Im Falle § 426 Punkt 1 ist eine Nichtigkeitsbeschwerde auf Grund der in den §§ 384 und 385 bestimmten formalen und materiellen, ferner noch auf Grund der nachfolgenden materiellen Nichtigkeitsgründe zulässig:

1. wenn das Schwurgericht nicht vorschriftsmäfsig konstituiert war (§§ 342—347);
2. wenn irgend einer der Geschworenen, welcher bei der Erbringung des Beschlusses des Schwurgerichtes gestimmt hat, nicht während der ganzen Dauer der Hauptverhandlung anwesend war (§ 348);
3. wenn an der Erbringung des Beschlusses ein Geschworener teilgenommen hat, bezüglich dessen einer der im § 343 bestimmten Ausschliefsungsgründe obgewaltet hat, ausgenommen, wenn derjenige, der die Nichtigkeitsbeschwerde eingebracht, von dem Ausschliefsungsgrunde Kenntnis hatte, denselben aber bei der Konstituierung des Schwurgerichtes nicht geltend gemacht hat;
4. wenn bei der Fragestellung die imperativen Vorschriften der §§ 354—361 verletzt worden sind;
5. wenn der Präsident bei der Schlufserörterung (§ 363), beziehungsweise im Falle des § 366 den Geschworenen eine irrige, oder eine den Bestimmungen der §§ 363 und 366 nicht entsprechende Rechtsaufklärung erteilt hat;
6. wenn der Beschlufs der Geschworenen in seiner Wesenheit dunkel, mangelhaft oder sich widersprechend ist;
7. der Angeklagte kann die in den Punkten 4, 5 oder 6 dieses Paragraphen bezeichneten Nichtigkeitsgründe nur dann geltend machen, wenn es unzweifelhaft ist, dafs dieselben seine Interessen verletzt haben; der Ankläger aber nur dann, wenn dieselben die Interessen der Anklage verletzt haben, und besonders die unter Punkt 4 und 6 bestimmten nur in dem Falle, wenn er wegen derselben im Laufe der Verhandlung Einsprache erhoben oder seine Nichtigkeitsbeschwerde angemeldet hat.

Die in den Punkten 1 und 2 dieses Paragraphen bezeichneten Nichtigkeitsgründe sind von Amtswegen in Betracht zu nehmen. Die in den §§ 384 und 385 bestimmten Nichtigkeitsgründe können mit den in diesen Paragraphen festgestellten Beschränkungen geltend gemacht werden, und sind ebenso von Amtswegen in Betracht zu nehmen.

§ 428. In den Fällen der Punkte 2, 3 und 4 § 426 kann die Nichtigkeitsbeschwerde auf sämtliche in den §§ 384 und 385 bestimmten Nichtigkeitsgründe gegründet werden.

Nichtsdestoweniger kann im Falle des Punktes 4 § 426 jener formale Nichtigkeitsgrund, welcher in der Appellation nicht vorgebracht wurde, oder dessen Inbetrachtnahme die königl. Gerichtstafel ablehnte, mittelst der Nichtigkeitsbeschwerde nicht mehr geltend gemacht werden.

Im Falle des Punkt 5 § 426 kann die Nichtigkeitsbeschwerde im Sinne des dritten Absatzes § 556 ergriffen werden.

§ 429. Die königl. Kurie kann auch auf Grund eines von Amtswegen in Betracht zu nehmenden Nichtigkeitsgrundes nicht verfügen, wenn die eingebrachte Nichtigkeitsbeschwerde zurückzuweisen ist, entweder weil eine Nichtigkeitsbeschwerde überhaupt nicht am Platze ist, oder weil die eingebrachte Nichtigkeitsbeschwerde nicht geltend gemacht werden kann.

§ 430. Die Nichtigkeitsbeschwerde können nur der Oberstaatsanwalt, der öffentliche Verteidiger und die in den Punkten I, II a) und b) und III 1. § 383 benannten im Sinne der bezogenen Punkte ergreifen.

Der Privatankläger kann nur dann die Nichtigkeitsbeschwerde ergreifen, wenn er bereits vor der Urteilsfällung des Gerichtes zweiter Instanz die Anklage vertreten hat.

Die Bestimmungen der §§ 386—390, 392, 394—396 sind auch bezüglich der Nichtigkeitsbeschwerde entsprechend anzuwenden.

Die Nichtigkeitsbeschwerde, in welcher ein Nichtigkeitsgrund nicht bezeichnet ist, ist zurückzuweisen, das im § 391 umschriebene Verfahren ist nicht zulässig.

§ 431. Die gegen ein Urteil oder einen meritorischen Bescheid (§§ 333 und 418) der königl. Gerichtstafel als erster Instanz gerichtete Nichtigkeitsbeschwerde ist bei der königl. Gerichtstafel anzumelden.

Die in der Appellations-Hauptverhandlung anwesend gewesenen oder vertretenen Berechtigten haben auch gegen das Urteil der königl. Gerichtstafel als zweiter Instanz bei diesem Gerichte ihre Nichtigkeitsbeschwerde anzumelden.

In jedem andern Falle ist die Nichtigkeitsbeschwerde bei dem Gerichte erster Instanz anzumelden.

Die Begründung der bei der königl. Gerichtstafel anzumeldenden Nichtigkeitsbeschwerde mufs ebendort eingereicht werden. Eine Erklärung zu Protokoll ist nicht zulässig.

Die auf die Nichtigkeitsbeschwerde und deren Begründung bezüglichen Beschlüsse erbringt die königl. Gerichtstafel in geschlossener Sitzung.

Wenn sämtliche zur Anmeldung der Nichtigkeitsbeschwerde Berechtigten in der Hauptverhandlung der königl. Gerichtstafel anwesend oder vertreten waren, und einer derselben die Nichtigkeitsbeschwerde ergriffen hat, so legt die königl. Gerichtstafel die Akten unmittelbar der königl. Kurie vor.

§ 432. Die im Gesetze ausgeschlossene, sowie die verspätet oder durch eine hierzu nicht berechtigte Person ergriffene Nichtigkeitsbeschwerde und deren Begründung, beziehungsweise die ohne Bezeichnung des geltend zu machen gewünschten Nichtigkeitsgrundes eingereichte Begründung weist jenes Gericht zurück, bei welchem dieselbe angemeldet, beziehungsweise eingereicht worden ist.

Der gegen diesen Bescheid ergriffene Rekurs kann nur im Falle der Verspätung zurückgewiesen werden.

Aufser dem Falle der Zurückweisung ist die Nichtigkeitsbeschwerde nach Ablauf der zur Anmeldung und Begründung offen stehenden Frist bezüglich sämtlicher Berechtigten, — samt der Begründung und den übrigen Akten der Angelegenheit der königl. Kurie vorzulegen.

§ 433. Bei der königl. Kurie verfügen der Referent der Angelegenheit und der Senatspräsident aufser der Sitzung in betreff der Ergänzung der Akten und des aufklärenden Berichtes des Gerichtes unterer Instanz.

Das bezügliche Dekret kann an das Gericht erster Instanz auch unmittelbar gerichtet werden.

Auch die Verweisung der Angelegenheiten zur Verhandlung erfolgt in der Regel aufser der Sitzung.

Wenn der Senatspräsident und der Referent nicht der gleichen Ansicht sind, ist die Angelegenheit in der Senatssitzung zu erledigen.

Insofern die weiter unten folgenden Paragraphen eine Abweichung nicht feststellen, ist die Senatssitzung auch bei der königl. Kurie gemäfs der im § 399 enthaltenen Vorschriften abzuhalten.

§ 434. In die Senatssitzung gehört die Erledigung im Falle des Punktes 3 § 400, oder wenn die königl. Kurie den Nichtigkeitsfall mit einem in derselben Angelegenheit früher erbrachten Beschlusse bereits überprüft hat.

In der Senatssitzung verfügt die königl. Kurie auch im Falle des Punktes 2 § 400, wenn der Referent die Angelegenheit zur Senatssitzung angemeldet hat, und der Senat die Vorlage mangelhaft findet.

Die verspätet angemeldete, im Gesetze ausgeschlossene, mit einem früheren Beschlusse bereits judizierte, ferner die von Seite eines Nichtberechtigten oder ohne Bezeichnung des Nichtigkeitsgrundes ergriffene Nichtigkeitsbeschwerde und die Begründung derselben weist die königl. Kurie zurück, insofern dies das Gericht unterer Instanz nicht schon veranlafst hat.

Wenn der hierzu Berechtigte die Nichtigkeitsbeschwerde zurückgezogen hat, sendet die königl. Kurie die Akten der Angelegenheit ohne Überprüfung zurück.

Wenn die königl. Kurie die zur Senatssitzung angemeldete Angelegenheit als nicht dahin gehörend findet, verweist sie dieselbe zur Verhandlung.

§ 435. In der Verhandlung sind jene Angelegenheiten zu judizieren, welche aufser der Sitzung nicht erledigt werden können, und im Sinne des § 434 in die Senatssitzung nicht gehören.

Aufser dem Falle des letzten Absatzes des § 434 verweist über Vortrag des Referenten (§ 433 Absatz 3) der Senatspräsident die Angelegenheit zur Verhandlung.

Ebenfalls der Senatspräsident setzt den Verhandlungs-Termin fest.

Zur Verhandlung ist der Kronanwalt einzuladen.

Der Angeklagte und der Privatankläger sind von dem Termine, wenn sie einen in Budapest wohnhaften Bevollmächtigten angemeldet haben, mittelst zu dessen Händen zuzustellender Vorladung: im entgegengesetzten Falle im Wege der mindestens fünfzehn Tage vor der Verhandlung zu erfolgenden Aushängung der zur Verhandlung bestimmten Angelegenheiten auf der Ankündigungstafel der königl. Kurie zu verständigen. In der Vorladung ist der Angeklagte und der Privatankläger aufmerksam zu machen, dafs sie zwar in der Verhandlung erscheinen, doch nur ihre Advokaten das Wort ergreifen können.

Der in Haft befindliche Angeklagte kann der königl. Kurie nicht vorgeführt werden.

Die königl. Kurie kann, wenn sie dies wegen der Umstände der Angelegenheit für zweckmäfsig findet, von Amts wegen einen Verteidiger bestellen.

Die Parteien können in die Akten der Angelegenheit in den Amtslokalitäten der königl. Kurie nach Anberaumung des Termines bis zum zweiten Tage vor der Verhandlung Einsicht nehmen.

§ 436. Die Verhandlung kann ohne Anwesenheit des Kronanwaltes oder seines Stellvertreters nicht abgehalten werden.

Wegen Wegbleibens einer andern Partei oder ihres Vertreters kann die Sitzung nicht vertagt werden. Das Verhör des Angeklagten oder eine Beweisaufnahme ist in der Verhandlung nicht zulässig.

Hinsichtlich des Referates der Angelegenheit und der Vorträge der Parteien sind die Bestimmungen der §§ 418 und 421 entsprechend, jedoch mit der Abweichung anzuwenden, dafs der Angeklagte und der Privatankläger persönlich das Wort nicht ergreifen können.

§ 437. Die königl. Kurie ist verpflichtet ihren Beschlufs im Falle des § 426 Punkt 1 auf die durch das Schwurgericht, im Falle der Punkte 2 und 5 desselben Paragraphen durch den Gerichtshof, im übrigen durch die königl. Gerichtstafel als wahrgenommene Thatsachen zu gründen.

Bezüglich des formalen Nichtigkeitsgrundes beschliefst die Kurie, wenn das Gericht erster oder zweiter Instanz die Bestimmungen des § 384 verletzt hat, mit entsprechender Anwendung der im ersten Absatze und den Absätzen 3—7 des § 404 enthaltenen Vorschriften, wenn jedoch irgend einer der im § 427 aufgezählten Nichtigkeitsgründe obwaltet, im Sinne des ersten und dritten Absatzes des § 404.

Wegen der gegen § 385 oder 556 verstofsenden Verletzung des materiellen Gesetzes kassiert die königl. Kurie das Urteil des Gerichtes erster oder zweiter Instanz oder beider Gerichte unterer Instanz zur Gänze, oder wenn die Trennung möglich ist, zum Teile und fällt ein dem Gesetze entsprechendes Urteil.

Die unbegründete Nichtigkeitsbeschwerde weist die königl. Kurie zurück.

Wenn ein materieller Nichtigkeitsgrund vorliegt (§§ 385, 556) und die Anwendbarkeit der entsprechenden Bestimmung des Strafgesetzes die Feststellung eines solchen wesentlichen Umstandes notwendig macht, welchen das vorgegangene Gericht nicht erkannt oder aufser Acht gelassen hat, ordnet die königl. Kurie unter Kassierung des Urteiles ein neues Verfahren an, und betraut mit diesem den vorgegangenen oder einen andern Gerichtshof, ein andres Schwurgericht, beziehungsweise eine andre königl. Gerichtstafel.

Wenn die königl. Kurie in einer in den Wirkungskreis des Schwurgerichtes gehörenden Angelegenheit ein neues Verfahren anordnet, so kann sie auch anbefehlen, dafs an dem neuen Verfahren die richterlichen und die Geschworenen-Mitglieder des früheren Schwurgerichtes, oder aber nur die richterlichen, oder nur die Geschworenen-Mitglieder nicht mitwirken sollen.

§ 438. Wenn die königl. Kurie das Urteil blofs infolge einer im Interesse des Verurteilten ergriffenen Nichtigkeitsbeschwerde, oder wegen eines von Amts wegen in Betracht zu nehmenden Nichtigkeitsgrundes kassiert, kann sie eine schwerere Strafe, als in dem Urteile verhängt war, nicht feststellen.

Das zum neuen Verfahren oder zur Urteilsfällung angewiesene Gericht ist verpflichtet, die Feststellungen der königl. Kurie, insofern der Thatbestand im Laufe des neuen Verfahrens sich nicht geändert hat, als Grundlage seines Verfahrens beziehungsweise seines Urteiles anzunehmen.

§ 439. Im übrigen sind die Bestimmungen des XVIII. Kapitels bei der vor der Kurie abgehaltenen Verhandlung, sowie auch bezüglich der Erbringung des Beschlusses und der Verkündung desselben mit der im § 424 enthaltenen Ergänzung, entsprechend anzuwenden.

§ 440. Nach erfolgter Verkündung, beziehungsweise schriftlichen Verfassung des Urteiles beziehungsweise des Bescheides, sowie nach erfolgter Anfertigung des Verhandlungsprotokolles sendet die königl. Kurie die Akten der Angelegenheit samt der Ausfertigung ihres Beschlusses an jenes Gericht, welches in der als Grundlage des Verfahrens dienenden Angelegenheit in erster Instanz geurteilt oder beschlossen hat.

Die Parteien sind nach § 425 zu verständigen.

### IV. Rechtsmittel im Interesse der Rechtseinheit.

§ 441. Der Kronanwalt kann gegen den rechtskräftigen Beschlufs eines jeden Strafgerichtes oder gegen eine solche Verfügung desselben, welcher (welche) das Gesetz verletzt hat, im Interesse der Rechtseinheit unmittelbar bei der königl. Kurie ein Rechtsmittel ergreifen.

Dieses Rechtsmittel ist an keine Frist gebunden und besitzt keine aufschiebende Wirkung.

In einer strafrechtlichen Angelegenheit, in welcher die königl. Kurie bereits meritorisch beschlossen hat, ist ein Rechtsmittel im Interesse der Rechtseinheit nicht zulässig.

§ 442. Die königl. Kurie erledigt das im Interesse der Rechtseinheit ergriffene Rechtsmittel in einer Verhandlung, zu welcher aufser dem Kronanwalte eine andere Partei nicht vorzuladen ist.

Die Sitzung ist öffentlich.

Der Referent trägt die Umstände vor, welche Anlafs zum Rechtsmittel gegeben haben. Sohin entwickelt der Kronanwalt die Begründung des Rechtsmittels mündlich.

Darauf folgt die Erbringung des Beschlusses. Wenn die königl. Kurie das Rechtsmittel für begründet findet, spricht sie aus, dafs der angefochtene Beschlufs oder die Verfügung das Gesetz verletzt habe, im entgegengesetzten Falle weist sie das Rechtsmittel ab.

Der Beschlufs ist immer in öffentlicher Sitzung, in der Regel sofort, spätestens binnen acht Tagen kundzumachen.

Der die Verletzung des Gesetzes aussprechende Beschlufs der königl. Kurie besitzt für die Parteien in der Regel keine Wirksamkeit, wenn jedoch der Angeklagte mit Verletzung des Gesetzes verurteilt worden ist, kann die königl. Kurie ihn freisprechen, oder seine Strafe mildern, mangels der Zuständigkeit aber das Urteil kassieren und die Angelegenheit an die zuständige Behörde verweisen.

### V. Ausbesserung.

§ 443. Die in den gerichtlichen Beschlüssen bei Namen, Zahlen oder sonst vorkommenden offenbaren Fehler kann das Gericht, bei welchem diese Fehler geschehen sind, über Ansuchen welches Beteiligten immer und auch von Amts wegen ausbessern.

Dies steht auch dann, wenn die Ausfertigung des Beschlusses vom Originaltexte abweicht.

Die Ausbesserung ist auf jeder fehlerhaften Ausfertigung vorzunehmen.

Gegen die Zurückweisung des gestellten Ansuchens um Ausbesserung ist ein Rechtsmittel nicht zulässig.

## XXI. Kapitel.
## Wiederaufnahme.

§ 444. Die Nachforschung beziehungsweise Untersuchung, welche mangels eines Antrages des zum Privatantrage Berechtigten, beziehungsweise einer Bevollmächtigung, eines Verlangens (§§ 269—272 Ges.-Art. V vom Jahre 1878), wegen des Immunitätsrechtes des Thäters oder Teilnehmers, oder aus dem Grunde eingestellt worden ist, weil der Thäter oder Teilnehmer nicht ausgeforscht werden konnte, oder abwesend war, oder weil die Herbeischaffung eines Beweismittels mit aufserordentlichen Schwierigkeiten verbunden war, kann vor dem Eintritte der Verjährung über Antrag des Anklägers ohne einen neuerlichen Beschlufs fortgesetzt werden, wenn der Umstand, welcher die Fortsetzung des Verfahrens gehindert hat, erloschen ist.

§ 445. Wenn das Verfahren aus einer im § 444 nicht erwähnten Ursache rechtskräftig eingestellt worden ist, hat die Wiederaufnahme innerhalb der Verjährungsfrist nur auf Grund eines neuen belastenden Beweises und allein über Antrag der königl. Staatsanwaltschaft oder des Privathauptklägers statt.

Über diesen Antrag beschliefst erforderlichen Falls nach erfolgter Aufnahme des neuen Beweises durch einen entsendeten Richter das bezüglich der eingestellten Angelegenheit zuständige Gericht erster Instanz ohne Verhandlung.

§ 446. Die Wiederaufnahme eines mit Urteil beendeten strafrechtlichen Verfahrens zu gunsten des Verurteilten ist nur, nachdem das Urteil in Rechtskraft erwachsen ist, und im Falle des Obwaltens irgend eines der nachfolgenden Bedingungen zulässig:

1. wenn gegen den Verurteilten im Grundprozesse als Beweis eine falsche oder gefälschte Urkunde als echt benutzt, oder eine falsche Zeugenschaft abgelegt, oder ein falsches fachmännisches Gutachten abgegeben worden ist, und diese Beweismittel von Einflufs auf das Urteil sein konnten;

2. wenn ein Mitglied des erkennenden Gerichtes oder der Untersuchungsrichter, beziehungsweise ein an der Beschlufsfassung des Schwurgerichtes teilnehmender Geschworener bestochen war, oder wenn einer derselben bezüglich des Verfahrens eine unter das Strafgesetz fallende andre Verletzung seiner Amtspflicht begangen hat und es nicht ausgeschlossen ist, dafs diese strafbaren Handlungen vom Einflusse auf das Urteil waren;

3. wenn der Antragsteller eine solche neue Thatsache oder ein solches neues Beweismittel vorbringt, welche (welches) entweder an sich selbst, oder in Verbindung mit den im Laufe des Verfahrens vorgebrachten die Nichtschuld des Verurteilten, oder die Schuld desselben an einer unter die mildere Verfügung der Strafgesetze fallenden strafbaren Handlung wahrscheinlich macht;

4. wenn bezüglich einer und derselben strafbaren Handlung mehrere Urteile gefällt wurden und aus der Vergleichung dieser Urteile und der die Grundlage derselben bildenden Thatsachen es offenbar ist, dafs dieselbe Person wiederholt verurteilt wurde, oder dafs ein oder mehrere Angeklagte unschuldig, beziehungsweise einer solchen strafbaren Handlung schuldig sind, welche unter eine mildere Verfügung der Strafgesetze fällt, als jene, wegen welcher sie verurteilt wurden.

§ 447. Unter den im § 446 bestimmten Bedingungen können die Wiederaufnahme beantragen:

1. der Verurteilte auch nach Abbüfsung der Strafe;

2. sowohl bei Lebzeiten, als auch nach dem Ableben des Verurteilten, der Ehegenosse, der gesetzliche Vertreter oder Verteidiger desselben;

3. nach dem Ableben des Verurteilten seine Verwandten in auf- und absteigender Linie;

4. der auf Grund des § 448 letzter Absatz von Amtswegen bestellte besondere Verteidiger.

§ 448. Wenn das Gericht, die königl. Staatsanwaltschaft oder eine andre Behörde Kenntnis von einem Umstande erlangt, auf Grund dessen eine Wiederaufnahme zu gunsten des Verurteilten beantragt werden könnte, ist dasselbe (dieselbe) verpflichtet, hiervon jenes Gericht erster Instanz zu verständigen, welches in dem Hauptprozesse geurteilt hat, letzteres aber ist verpflichtet, den Verurteilten, beziehungsweise im Falle des mittlerweile erfolgten Ablebens, oder der Nichtauffindbarkeit desselben, den Ehegenossen oder den gesetzlichen Vertreter und den gewesenen Verteidiger desselben zu verständigen.

Insofern innerhalb vierzehn Tage von der Verständigung gerechnet, keiner der Beteiligten wegen Anordnung der Wiederaufnahme einen Antrag eingebracht hat, oder wenn die Dringlichkeit es erfordert, bestellt das Gericht auch früher sofort einen Verteidiger, der in betreff der Anordnung der Wiederaufnahme binnen der kürzesten Zeit einen Antrag zu stellen verpflichtet ist.

§ 449. Zum Nachteile des Freigesprochenen, beziehungsweise des Verurteilten kann die Wiederaufnahme des Verfahrens ausschliefslich über Antrag der königl. Staatsanwaltschaft oder des Privathauptklägers nach eingetretener Rechtskraft des Urteiles und im Falle des Obwaltens einer der folgenden weiteren Bedingungen gestattet werden, insofern die zur Geltung zu bringen gewünschte Strafbarkeit der strafbaren Handlung, welche den Gegenstand des Urteiles gebildet hat, noch nicht verjährt ist:

1. wenn zu gunsten des Freigesprochenen oder des Verurteilten in dem Hauptprozesse eine falsche oder gefälschte Urkunde als echt benutzt, oder eine falsche Zeugenschaft abgelegt, oder ein falsches fachmännisches Gutachten abgegeben worden ist, und dieses Beweismittel von Einfluss auf das Urteil sein konnte;

2. wenn ein Mitglied des erkennenden Gerichtes, oder der Untersuchungsrichter, beziehungsweise ein Geschworener bestochen worden ist, oder wenn einer von ihnen eine unter die Strafgesetze fallende andre solche Verletzung irgend einer seiner Amtspflichten begangen hat, von welcher vorausgesetzt werden kann, dafs sie von Einflufs auf das für den Angeklagten günstige Urteil war;

3. wenn die königl. Staatsanwaltschaft eine neue Thatsache oder ein Beweismittel vorbringt, welche (welches) in sich selbst, oder in Verbindung mit den im Laufe des frühern Verfahrens Vorgebrachten die Verurteilung des Freigesprochenen, oder die Schuld des Verurteilten an einer unter die schwerere Bestimmung der Strafgesetze fallenden strafbaren Handlung wahrscheinlich macht.

§ 450. Damit gegen den Verurteilten die schwerere Bestimmung der Strafgesetze angewendet werden könne, kann die Wiederaufnahme unter den im § 449 festgesetzten Bedingungen nur in folgenden Fällen angeordnet werden:

1. wenn der Verurteilte einer solchen strafbaren Handlung schuldig befunden worden ist, auf welche die Strafgesetze eine Freiheitsstrafe von bestimmter Dauer oder eine Geldstrafe setzen, nach dem neuen Beweismittel aber den Verurteilten eine mit Tod oder lebenslänglicher Zuchthausstrafe zu bestrafende Handlung belastet;

2. wenn ein Verbrechen vorzuliegen scheint, auf welches das Gesetz

als Strafe Zuchthaus in der Dauer von fünf oder mehr Jahren anordnet, und der Verurteilte dennoch eines solchen Verbrechens schuldig befunden wurde, auf welches die Strafgesetze eine Freiheitsstrafe von unter fünf Jahren setzen;

3. wenn ein Verbrechen vorzuliegen scheint, der Verurteilte aber nur eines Vergehens oder einer Übertretung schuldig befunden worden ist.

§ 451. Auf Grund des § 446 Punkt 1, 2, oder des § 449 Punkt 1, 2, kann das Gesuch um Wiederaufnahme nur dann verhandelt werden, wenn die als Grund der Wiederaufnahme erwähnte strafbare Handlung mit einem rechtskräftigen Strafurteile festgestellt worden ist, oder wegen derselben das Strafverfahren nicht wegen Mangel an Beweisen, sondern wegen irgend eines andern Grundes nicht eingeleitet, beziehungsweise mit Urteil beendet werden konnte.

§ 452. In der Frage der Wiederaufnahme beschliefst in der Regel jenes Gericht, welches die Angelegenheit in erster Instanz erledigt hat, in durch das Schwurgericht erledigten Angelegenheiten aber jener Gerichtshof, welcher mit den Geschworenen im Hauptprozesse vorgegangen ist. Bei diesem Gerichtshofe ist der Antrag auf Anordnung der Wiederaufnahme einzureichen oder zu Protokoll zu geben, und ist in dem Antrage der als Grundlage des Ansuchens genommene Grund und das Beweismittel genau zu bezeichnen.

Wenn in betreff der als Verbrechen erscheinenden Handlung ein Bezirksgericht oder eine Verwaltungsbehörde geurteilt hat, so ist betreff der Beschlufsfassung über den Antrag jener Gerichtshof zuständig, in dessen Sprengel der Amtssitz des Bezirksgerichtes, beziehungsweise der Verwaltungsbehörde gelegen ist.

§ 453. Weder der Antrag auf Anordnung der Wiederaufnahme noch die Anordnung der Wiederaufnahme hindern oder unterbrechen den Vollzug des Urteiles. Nichtsdestoweniger ist das Gericht im Falle der erfolgten Beantragung der Wiederaufnahme zu gunsten des Verurteilten, sowie des § 448 berechtigt, wenn die Aufserkraftsetzung des früheren Urteiles mit Grund zu erwarten steht, den Vollzug desselben, sowie auch den Vollzug bezüglich der Strafprozefskosten und des privatrechtlichen Anspruches nach Anhörung der königl. Staatsanwaltschaft bis zur Fällung des in der Frage der Wiederaufnahme zu erbringenden erstinstanzlichen meritorischen Beschlusses auszusetzen, beziehungsweise zu unterbrechen.

§ 454. Das Gericht weist nach Anhörung der königl. Staatsanwaltschaft ohne jede Untersuchung und Verhandlung den Antrag auf Wiederaufnahme mit Bescheid zurück, wenn derselbe den in diesem Gesetze bestimmten Anforderungen nicht entspricht, namentlich, wenn der Antrag von einer hierzu nicht berechtigten Person eingebracht worden ist, wenn in demselben der Umstand oder der Fall, welcher als Grund der Wiederaufnahme dienen kann, nicht bezeichnet ist, wenn ein geeignetes Beweismittel nicht vorgebracht erscheint, oder wenn der Antrag zum Nachteil des Verurteilten nach erfolgter Verjährung eingebracht worden ist.

§ 455. Wenn ein Grund zur Zurückweisung des Antrages auf Wiederaufnahme nicht vorhanden ist, und der um die Wiederaufnahme Ansuchende sich auch auf Beweise beruft, beschafft das Gericht dieselben, eventuell beauftragt es den Untersuchungsrichter mit der Aufnahme derselben, welcher nach den bezüglich der Untersuchung bestehenden Vorschriften vorgeht, jedoch mit der Abweichung, dafs er die Zeugen, wenn ein gesetzliches Hindernis nicht obwaltet, beeidigt.

Nach Beendigung der Untersuchung sind die Akten behufs Antragstellung der königl. Staatsanwaltschaft einzusenden.

Letztere legt binnen acht Tagen ihren Antrag dem Gericht vor.

Das Gericht untersucht das Ergebnis der Beweisführung, und wenn es letztere als gänzlich vereitelt findet, weist es den Antrag auf Wiederaufnahme zurück; im entgegengesetzten Falle setzt das Gericht eine öffentliche Verhandlung fest, zu welcher es den die Wiederaufnahme Beantragenden und seinen Gegner vorladet.

Eine öffentliche Verhandlung setzt das Gericht auch dann fest, wenn zugleich mit dem den gesetzlichen Erfordernissen entsprechenden Antrage auch das Beweismittel vorgelegt wird, oder die Berufung auf eine Thatsache erfolgte, welche eines Beweises nicht bedarf.

Gegen die Aussetzung der Verhandlung ist ein Rechtsmittel nicht zulässig.

Das Wegbleiben des Verurteilten, beziehungsweise des Ehegenossen, des gesetzlichen Vertreters oder Verteidigers desselben, sowie des Privatanklägers hindert die Abhaltung der Verhandlung nicht. Hingegen kann ohne Dazwischenkunft der königl. Staatsanwaltschaft die Verhandlung nicht abgehalten werden.

§ 456. Die Verhandlung eröffnet der Präsident mit der kurzen Bezeichnung der Angelegenheit.

Diesem folgt der dem Rahmen der Wiederaufnahme angepafste Vortrag des Referenten. Sohin macht der die Wiederaufnahme Beantragende mündliche Vorstellung. Hierauf kann die Gegenpartei antworten.

Das Gericht beschliefst in betreff der Anordnung oder Abweisung der Wiederaufnahme nach Anhörung der Parteien in geschlossener Sitzung und verkündet seinen Bescheid sofort, spätestens binnen drei Tagen.

Die Wiederaufnahme ist zu verweigern, wenn ein entsprechendes Beweismittel die Wahrheit der in dem Antrage vorgebrachten Thatsache nicht unterstützt, oder wenn die Bedingungen der Wiederaufnahme (§§ 446, 449, 450, 451) nicht vorhanden sind.

Im entgegengesetzten Falle ist die Wiederaufnahme anzuordnen.

§ 457. In dem der Wiederaufnahme stattgebenden Bescheide ist in der Regel auch die Hauptverhandlung anzuordnen; die Hauptverhandlung vor dem Schwurgericht jedoch ist nur dann anzuordnen, wenn bei der Wiederaufnahme eine Frage zu entscheiden ist, in welcher im Sinne der §§ 355—360 Geschworene einen Beschlufs zu fassen haben.

Wenn aber der Verurteilte bereits verstorben ist: ist eine Hauptverhandlung nicht abzuhalten, und fafst das Gericht auf Grund der von Seite des Antragstellers vorgebrachten, eventuell der durch den Untersuchungsrichter aufgenommenen Beweise in der Wesenheit der Angelegenheit einen Beschlufs.

In dem Falle, wenn dasselbe diese Beweismittel für überzeugend findet, setzt es das frühere Urteil zum Teile oder im ganzen aufser Kraft und schöpft ein neues Urteil, im entgegengesetzten Falle weist es den Antrag auf Wiederaufnahme ab.

Ohne Hauptverhandlung kann ein Urteil auch dann gefällt werden, wenn der herbeigeschaffte Beweis zur Freisprechung des Verurteilten oder Herabminderung seiner Strafe genügenden Grund bietet, dies auch von Seite der königl. Staatsanwaltschaft ausdrücklich anerkannt wird, und der Verurteilte die Abhaltung der Hauptverhandlung nicht wünscht.

Das Gericht läfst das im Sinne dieses Paragraphen gefällte Urteil auf Wunsch welcher beteiligten Partei immer im Amtsblatte, auf Kosten derselben aber auch in einem andern Blatte kundmachen.

§ 458. Wenn die Wiederaufnahme zum Nachteile des Freigesprochenen oder Verurteilten angeordnet ist, beschliefst das Gericht auf Antrag der königl. Staatsanwaltschaft gleichzeitig in betreff der Anordnung oder vorläufigen Festnahme beziehungsweise der Untersuchungshaft entsprechend den Bestimmungen des XI. Kapitels.

§ 459. Gegen den die Wiederaufnahme zum Nachteile des Freigesprochenen beziehungsweise des Verurteilten anordnenden Bescheid können nur diese, oder die anstatt ihrer Berechtigten (§ 447) einen Rekurs einlegen.

Gegen die Anordnung der Wiederaufnahme zu gunsten des Verurteilten ist ein Rechtsmittel nicht zulässig.

§ 460. Den Termin der mit rechtskräftigem Bescheide angeordneten Hauptverhandlung setzt der Präsident der Hauptverhandlung fest. Bei dem weitern Verfahren sind die Bestimmungen der Kapitel XVII, XVIII und XIX mit den in den folgenden Paragraphen enthaltenen Abweichungen anzuwenden.

§ 461. In der neuen Hauptverhandlung ist, wenn diese nicht vor einem Schwurgerichte abzuhalten ist, nur der Beweis aufzunehmen, welcher als Grundlage des gestellten Antrages auf Wiederaufnahme, und des angefochtenen Teiles des Urteiles dient.

Die Aussage beziehungsweise das Gutachten des Thäters, Mitthäters, Teilnehmers, Zeugen und Sachverständigen kann verlesen werden, wenn diese nicht mehr vernommen werden können.

Im Falle des Ablebens der Privatpartei sind seine Erben zur Hauptverhandlung vorzuladen, insofern der Privatpartei gemäfs des früheren Urteiles ein privatrechtlicher Anspruch zugestanden ist.

Derjenige Richter, welcher an der früheren Erledigung der Angelegenheit teilgenommen hat, ist bei der Bildung des in der Frage der Zulässigkeit der Wiederaufnahme (§§ 454—456) beschliefsenden und in der neuen Hauptverhandlung erkennenden Senates nach Möglichkeit aufser Acht zu lassen.

§ 462. Auf Grund des Ergebnisses der Hauptverhandlung hält das Gericht das frühere Urteil in seiner Kraft aufrecht, oder setzt es zur Gänze beziehungsweise zum Teile aufser Kraft und fällt ein neues Urteil.

Mit diesem Urteile kann die Unterbrechung beziehungsweise Aussetzung der im Hauptprozesse festgestellten Strafe bis zur rechtskräftigen Beendigung des Wiederaufnahmeverfahrens nur dann angeordnet werden, wenn das Gericht das frühere Urteil aufser Kraft gesetzt hat.

Im Falle der zu gunsten des Verurteilten angeordneten Wiederaufnahme kann eine schwerere Strafe als die im früheren Urteile festgesetzte nicht bemessen werden.

Die ausgestandene Strafe ist in die neu bemessene Freiheits- oder Geldstrafe verhältnismäfsig einzurechnen.

Auch im Falle der zum Nachteile des Freigesprochenen oder Verurteilten angeordneten Wiederaufnahme kann gemäfs des Ergebnisses der Hauptverhandlung ein freisprechendes oder eine mildere Strafe feststellendes Urteil gefällt werden.

Gegen das neue Urteil können die im § 383, beziehungsweise § 430 Benannten dieselben Rechtsmittel ergreifen, welche gegen andre Urteile zulässig sind.

Auf Grund der Appellation, welche gegen das das Ansuchen um Wiederaufnahme abweisende Urteil ergriffen worden ist, darf der Vollzug der Strafe nicht ausgesetzt werden.

## XXII. Kapitel.

## Rechtfertigung.

§ 463. Eine Rechtfertigung kann jene Partei und jener Verletzte einbringen, welche (welcher) einen Termin, den zur Hauptverhandlung, zur Verhandlung vor dem Bezirksgerichte, oder zur Appellations-Hauptverhandlung vor dem Gerichtshofe anberaumten Termin ohne sein oder seines Vertreters Verschulden, zufolge Unkenntnis oder eines andern unabwendbaren Hindernisses versäumt hat, insofern das Gesetz die Rechtfertigung nicht ausschliefst und das Versäumnis auf die Erledigung der Angelegenheit von wesentlichem Einflusse war.

Wegen Versäumnis des Termines der von der königl. Gerichtstafel abgehaltenen Appellationshauptverhandlung ist eine Rechtfertigung nicht zulässig.

§ 464. Das auf die Rechtfertigung bezügliche Ansuchen ist spätestens binnen acht Tagen, nachdem das Hindernis behoben worden ist, bei jenem Gerichte zu Protokoll zu geben, oder schriftlich einzureichen, bei welchem der Termin versäumt worden ist, beziehungsweise bei welchem die verabsäumte Handlung zu vollziehen gewesen wäre.

In diesem Ansuchen sind die Ursachen des Versäumnisses und die das Versäumnis rechtfertigenden Daten anzugeben, und insofern der Partei ein Beweismittel zur Verfügung steht, ist dasselbe der Eingabe anzuschliefsen oder dem Gerichte vorzulegen.

Die verabsäumte Eingabe ist samt dem Rechtfertigungsgesuch einzureichen.

§ 465. Über das Ansuchen beschliefst auf Grund der vorgebrachten Daten jenes Gericht, welches im Falle der rechtzeitigen Erfüllung der versäumten Handlung in der Wesenheit der Angelegenheit vorgegangen wäre, oder verfügt hätte.

Wenn der Gesuchssteller um die Rechtfertigung wegen Verabsäumung der Anmeldung eines Rechtsmittels ansucht, legt das Gericht samt dem Ansuchen um Rechtfertigung auch die Eingabe des Rechtsmittels und die zur Judizierung erforderlichen Akten dem zur Beschlufsfassung betreff des versäumten Rechtsmittels zuständigen Gericht höherer Instanz vor.

§ 466. Wenn die im Ansuchen enthaltenen Daten die im § 463 erwähnten Bedingungen der Rechtfertigung glaubhaft machen: ist der Rechtfertigung statt zu geben; im entgegengesetzten Falle ist das Ansuchen abzuweisen.

Wenn es der Rechtfertigung stattgibt, verfügt das Gericht gleichzeitig wegen Ergänzung des Versäumnisses eventuell beschliefst dasselbe in der Wesenheit.

§ 467. Gegen einen der Rechtfertigung stattgebenden Bescheid ist ein Rekurs nicht zulässig.

Gegen den Bescheid, welcher die Rechtfertigung im Laufe der Nachforschung und der Untersuchung abwies, ist ein Rekurs nicht zulässig; der Beschuldigte kann jedoch in seiner Einwendung gegen die Anklageschrift (§§ 256, 257) seine Bitte wegen Erfüllung der versäumten Handlung oder der Einreichung der verspäteten Eingabe vorbringen, und kann der Anklagesenat diese gestatten.

§ 468. Das Ansuchen um Rechtfertigung hat weder auf den Vollzug der Beschlüsse des Gerichtes noch auf die Fortsetzung des Verfahrens eine aufschiebende Wirkung.

Das im § 464 bezeichnete Gericht kann jedoch über das Ansuchen unterstützende wichtige Gründe das Verfahren, beziehungsweise die Vollziehung der Beschlüsse provisorisch aussetzen.

## XXIII. Kapitel.

### Verfahren gegen Unbekannte, Abwesende und Flüchtige.

§ 469. Wegen eines Verbrechens oder Vergehens ist die Nachforschung auch dann zu pflegen, wenn der Thäter, beziehungsweise der Teilnehmer unbekannt oder abwesend ist.

Der Beschuldigte, dessen Aufenthaltsort nicht erforscht werden konnte, und bezüglich dessen Verhaftung keiner der im § 141 bestimmten Gründe obwaltet, ist im Amtsblatte, oder wenn es zweckmäfsig ist, auch in einem andern Journal im Wege einer in monatlichen Zwischenräumen dreimal zu veröffentlichenden Kundmachung zum Erscheinen oder zur Anmeldung seines Aufenthaltsortes aufzufordern.

Wenn der Abwesende über Aufforderung binnen einem Monate von der letzten Veröffentlichung gerechnet nicht erscheint und seinen Aufenthaltsort nicht anmeldet, ist nach den folgenden Paragraphen vorzugehen.

§ 470. Wenn der Aufenthaltsort des Beschuldigten unbekannt, oder wenn derselbe während des gegen ihn eingeleiteten Strafverfahrens flüchtig geworden ist, und bezüglich seiner irgend einer der im § 141 bestimmten Umstände vorliegt, oder er gemäfs § 469 im Wege der Zeitung ohne Erfolg vorgeladen wurde, so ist wegen seiner Verhaftung je nach den Umständen mittelst Hausdurchsuchung, im Requisitionswege, mittelst Anordnung der Habhaftwerdung oder Erlassung eines Steckbriefes zu verfügen.

Im Falle der Anordnung der Habhaftwerdung entsendet das Gericht, die königl. Staatsanwaltschaft oder die Polizeibehörde ein amtliches Organ behufs Erforschung und Verhaftung des Beschuldigten. Diese Verfügung ist nur im Falle eines Verbrechens oder eines mit Gefängnis zu bestrafenden Vergehens statthaft.

Ein Steckbrief kann nur gegen ein der Verübung eines Verbrechens mit Grund beschuldigtes Individuum erlassen werden.

Zur Erlassung desselben ist der Anklagesenat, in dringenden Fällen aber auch der Untersuchungsrichter berechtigt.

Gegen einen eines Vergehens Beschuldigten ist ein Steckbrief nicht zu erlassen, wenn jedoch wichtige Gründe seine Stelligmachung erwünscht machen, übersendet der Untersuchungsrichter oder der Anklagesenat die Personsbeschreibung des Beschuldigten den Behörden mit der Aufforderung, im Falle der Auffindung der kurrentierten Person jenes Gericht zu verständigen, welches die Personsbeschreibung herausgegeben hat.

Wenn der Grund der Erlassung des Steckbriefes oder der Kurrentierung der Personsbeschreibung aufgehört hat, sind dieselben sofort zurückzuziehen.

§ 471. Wenn ein Ausländer auf dem Gebiete der Wirksamkeit dieses Gesetzes ein Verbrechen oder Vergehen begangen hat, zur Zeit des Verfahrens aber sich nicht hier aufhält, ist die Nachforschung, beziehungsweise die Untersuchung auch dann zu pflegen und die Verfügungen wegen der Auslieferung, beziehungsweise der Veranlassung der Hierhereskortierung zu treffen, wenn derselbe sich aber in seinem Vaterlande aufhält, erbittet die königl. Staatsanwaltschaft bezüglich der weitern Verfügungen im Wege des Oberstaatsanwaltes die Weisung des Justizministers und verständigt von der Verfügung des Justizministers das Gericht.

§ 472. Gegen einen Abwesenden, welcher vor das Gericht nicht stellig gemacht werden kann, ist weder eine Stellung unter Anklage, noch eine Hauptverhandlung, noch eine Urteilsfällung am Platze.

Wenn auch die Verfügung betreffs der Habhaftwerdung des Abwesenden (§ 470) beziehungsweise der Steckbrief oder das wegen Auslieferung an die ausländische Behörde gerichtete Ersuchen erfolglos geblieben ist, ist die Nachforschung, beziehungsweise die Untersuchung behufs Sicherstellung der Beweise nach Möglichkeit zu beenden, und insofern der Abwesende oder dessen Angehörige für die Verteidigung nicht gesorgt haben, ist behufs Vertretung der Interessen des Beschuldigten ein Verteidiger von Amtswegen zu bestellen.

Die verhörten Zeugen sind zu beeidigen.

Nach Beendigung der Nachforschung, beziehungsweise der Untersuchung ist das Verfahren bis zur Stelligmachung des Abwesenden auszusetzen.

Jener Abwesende, welcher nicht vor das Gericht stellig gemacht werden kann und dessen Aufenthaltsort bekannt ist, ist vom Gange der Verhandlung und den einzelnen richterlichen Handlungen nur dann zu verständigen wenn dies ohne jede Schwierigkeit oder Zeitverlust geschehen kann.

Das Gericht stellt in dem die Einstellung des Verfahrens aussprechenden Bescheide gegen den Beschuldigten die strafrechtlichen Kosten fest. Bis zur Höhe dieser Kosten, sowie des zur Befriedigung des privatrechtlichen Anspruches erforderlichen Betrages kann auf das Vermögen des Beschuldigten die strafrechtliche Beschlagnahme beziehungsweise die Sicherstellungsexekution angeordnet werden (§§ 492, 493).

§ 473. Der Umstand, dafs ein oder mehrere Mitbeschuldigte nicht vor Gericht stellig gemacht werden können, hindert nicht die Beendigung des gegen den Beschuldigten, welcher vor das Gericht stellig gemacht werden kann, eingeleiteten strafrechtlichen Verfahrens.

Wenn die Stelligmachung eines Abwesenden auf das Ergebnis des gegen den Anwesenden eingeleiteten Verfahrens von wesentlichem Einflufs zu sein scheint und die Stelligmachung mit Grund zu hoffen ist, kann die Fortsetzung des Verfahrens auf kurze Zeit verschoben werden.

## XXIV. Kapitel.

### Verfahren in Auslieferungsangelegenheiten.

§ 474. Bezüglich der Bedingungen der Auslieferung (§§ 9 und 17 des Ges.-Art. V vom Jahre 1878, § 14 des Ges.-Art. XL vom Jahre 1879) und des Verfahrens in Auslieferungsangelegenheiten sind die internationalen Verträge und in Ermangelung derselben die bestehende Reziprozität mafsgebend.

Insofern diese nicht abweichend verfügen, ist in Auslieferungsangelegenheiten gemäfs §§ 475 und 476 vorzugehen.

§ 475. Wenn eine im Auslande sich aufhaltende Person eine strafbare Handlung belastet, wegen welcher die Auslieferung am Platze ist, erläfst das zuständige Gericht einen Haftbefehl oder einen Steckbrief, insofern es jedoch einen Anklagebeschlufs oder ein die Schuld feststellendes Urteil gefällt hat, wartet es das Eintreten der Rechtskraft des Urteiles ab, erläfst erforderlichenfalls vor der Rechtskräftigkeit des Urteiles einen Haftbefehl und beschliefst nach Anhörung der königl. Staatsanwaltschaft über die Notwendigkeit der Auslieferung und die Erwirkung derselben.

Sohin erstattet dasselbe in den entsprechenden Fällen wegen Erwirkung der Auslieferung Bericht an den Justizminister und schliefst diesem die Personsbeschreibung des Abwesenden, ferner die amtlichen Ausfertigungen des gegen ihn erlassenen Haftbefehls, Steckbriefes, des rechtskräftigen Anklagebeschlusses oder Urteiles an.

Der zur Vorlage gebrachte Beschlufs oder einer der Beschlüsse mufs die genaue Bezeichnung der strafbaren Handlung des Abwesenden sowie die Anführung und den vollen Text jener Paragraphen des Strafgesetzes enthalten, welche die Qualifizierung und die Strafe der strafbaren Handlung feststellen.

§ 476. Wenn eine ausländische Behörde um Auslieferung mittelst Requisition, welcher ein Steckbrief, Haftbefehl, Anklagebeschlufs, ein die Schuld feststellendes Urteil, oder ein mit diesem gleiche Kraft besitzender

Beschlufs beigeschlossen ist, — ansucht, ist das Individuum, um dessen Auslieferung angesucht wird, festzunehmen — insofern aus dem Ansuchen nicht offenkundig ist, dafs eine Auslieferung nicht statt hat.

Wenn die Festnahme nicht von dem gemäfs § 27 zuständigen Gerichtshofe angeordnet worden ist, ist dessen Beschlufs unverzüglich einzuholen.

Gegen die Anordnung der Festnahme ist ein Rechtsmittel nicht zulässig.

Der Festgenommene kann nicht gegen Kaution auf freien Fufs gesetzt werden.

Auch ohne formelles Ersuchen um Auslieferung kann die Festnahme erfolgen, wenn Gefahr am Verzuge ist, insofern die ausländische Behörde einen Haftbefehl erlassen und hiervon die inländische Behörde mittelst Zuschrift oder telegraphischer Depesche oder Telephons verständigt hat.

Die festgenommene Person ist auf freien Fufs zu setzen, wenn das formelle Ersuchen innerhalb der nachfolgenden Fristen von der erfolgten Festnahme gerechnet an den Gerichtshof nicht einlangt, welcher die Festnahme anordnete; innerhalb eines Monates, wenn der Staat, von welchem das Ersuchen ausging, mit dem ungarischen Staate benachbart ist, — innerhalb sechs Wochen, wenn ein andrer europäischer Staat, und innerhalb drei Monate, wenn ein aufserhalb Europa gelegener Staat das Ersuchen gestellt hat.

Der gemäfs § 27 zuständige Gerichtshof läfst in dringender Weise erheben, ob die Bedingungen der Auslieferung vorhanden sind.

Nach Beendigung der Nachforschung legt derselbe Gerichtshof nach der in einer nicht öffentlichen Sitzung erfolgten Anhörung der königl. Staatsanwaltschaft und der auszuliefern verlangten Person, mittelst gutachtlichen Berichtes die Akten der Angelegenheit dem Justizminister vor, welcher in der Frage der Auslieferung beschliefst.

Die festgenommene Person kann, aufser dem Falle des sechsten Absatzes dieses Paragraphen, nur auf Grund des Beschlusses des Justizministers auf freien Fufs gesetzt werden.

## XXV. Kapitel.

### Verfahren im Falle § 62 des Gesetz-Artikels V vom Jahre 1878.

§ 477. In jenem im § 62 des Ges.-Art. V vom Jahre 1878 bestimmten Falle, in welchem das strafgerichtliche Verfahren gegen niemanden eingeleitet werden kann, beantragt die königl. Staatsanwaltschaft oder der Privatankläger den richterlichen Ausspruch der Einziehung und Vernichtung des Druckwerkes, der Schrift oder der bildlichen Darstellung beziehungsweise der Formen und Platten bei dem gemäfs § 24 zuständigen Gerichtshofe.

Der Gerichtshof setzt über den Antrag zur Hauptverhandlung einen Termin fest, und ladet zu derselben nach Möglichkeit auch alle jene, welche auf die einzuziehenden und zu vernichtenden Gegenstände etwa einen Anspruch haben. Diese üben die den Angeklagten zustehenden

Rechte aus und können zur Hauptverhandlung für sich auch einen Advokaten entsenden.

Das Nichterscheinen und die Nichtvertretung derselben kann das Verfahren und die Urteilsfällung nicht hindern.

Wenn die auf den einzuziehenden oder zu vernichtenden Gegenstand einen Anspruch Besitzenden unbekannt sind oder an einem unbekannten Orte sich aufhalten, ist für dieselben von Amtswegen ein Verteidiger zu ernennen und dieser zur Hauptverhandlung vorzuladen.

Die Hauptverhandlung findet gemäfs der Bestimmungen des XVIII. Kapitels statt, doch beschränkt sich das Urteil blofs auf die Frage der Einziehung und Vernichtung und auf die Feststellung der Kosten.

Gegen das Urteil können die Parteien eine Appellation an die königl. Gerichtstafel einlegen. Der Beschlufs derselben ist endgiltig.

§ 478. Das rechtskräftige Urteil ist sämtlichen Gerichten, ferner behufs Verständigung der Verwaltungsbehörden auch dem Minister des Innern mitzuteilen.

Jedes Gericht, jede königl. Staatsanwaltschaft oder Polizeibehörde kann den im Urteile als einzuziehen ausgesprochenen Gegenstand beschlagnahmen, und insofern das Urteil die Vernichtung ausgesprochen hat und in Rechtskraft erwachsen ist, auch die Vernichtung vollziehen.

## XXVI. Kapitel.

### Die Kosten des Strafverfahrens.

§ 479. Unter Kosten des Strafverfahrens sind die von der Nachforschung angefangen bis zur Beendigung des Strafvollzuges vom Staatsschatze vorschufsweise bestrittenen, ferner die dem Privatankläger an Barauslagen verursachten notwendigen Kosten, sowie auch die entsprechende Gebühr und die Barauslagen des Vertreters, des Privatanklägers und des Beschuldigten und des Verteidigers zu verstehen.

Die Kosten des Strafverfahrens, mit Ausnahme jener, welche die Vertretung, beziehungsweise die Verteidigung der Privatanklage und des Beschuldigten verursachte, werden unter Vorbehalt des Rückersatzes vom Staatsschatz vorschufsweise bestritten.

Im Strafurteile, im Strafbefehle, sowie in dem den Anklageantrag abweisenden oder das Strafverfahren einstellenden Bescheide mufs ausgesprochen werden, wer die Kosten des Strafverfahrens, und die bis dahin aufgelaufenen Kosten — insofern deren Feststellung nicht von der Verfügung einer andern Behörde abhängt, — in welchem Betrage, beziehungsweise in welchem Verhältnisse zu ersetzen verpflichtet ist.

Hinsichtlich der aus dem Staatsschatz vorschufsweise bestrittenen Kosten des Strafverfahrens bleiben die Bestimmungen des Ges.-Art. XLIII vom Jahre 1890 in Geltung.

Wenn ein Gericht auf das Verfahren noch nicht Einflufs genommen hat, stellt die infolge der veranlafsten Nachforschung aufgelaufenen Kosten, insofern die Notwendigkeit der Feststellung der Kosten sich ergiebt, jenes Gericht fest, welches in der Angelegenheit vorzugehen zuständig wäre.

§ 480. Wenn das Gericht den Angeklagten schuldig erklärt hat, ist der Angeklagte verpflichtet, die Kosten des Strafverfahrens zu ersetzen.

Wenn der Verurteilte wegen mehrerer strafbarer Handlungen unter strafgerichtlichem Verfahren stand, und die Trennung möglich ist, hat derselbe nur die auf jene strafbare Handlung bezüglichen Kosten zu tragen, welcher er schuldig erklärt worden ist.

Wenn der Verurteilte vor dem Eintreten des Urteiles in Rechtskraft gestorben ist, trägt der Staatsschatz die Kosten des Strafverfahrens.

Die in dem vor dem Tode des Verurteilten in Rechtskraft erwachsenen Urteile gegen den Verurteilten innerhalb der Schranken des Ges.-Art. XLIII vom Jahre 1890 festgestellten Kosten des Strafverfahrens sind bis zur Höhe der Verlassenschaft von den Erben desselben beizutreiben.

§ 481. Unter mehreren Verurteilten ist jeder abgesondert verpflichtet, jene Kosten zu ersetzen, welche seine vorläufige Festnahme, beziehungsweise Untersuchungshaft, Verteidigung, der Vollzug seiner Strafe, die nur ihn berührenden Vorfälle oder die nur seinerseits begangenen Fehler, beziehungsweise Versäumnisse verursacht haben.

Die übrigen Kosten des Strafverfahrens haben die Mitangeklagten solidarisch zu ersetzen, es sei denn, dafs das Gericht aus Billigkeitsgründen den Betrag der auf jeden einzelnen der Angeklagten entfallenden Kosten abgesondert feststellt.

§ 482. Wenn das Gericht den Angeklagten nicht schuldig erklärt, belasten die Kosten des Strafverfahrens, mit Ausnahme jener, welche mit der Vertretung der Privatanklage und der Verteidigung des Beschuldigten verbunden waren, in der Regel den Staatsschatz.

Nichtsdestoweniger sind — wenn das Verfahren allein auf Grund einer Privatanklage stattfand, oder wenn dasselbe infolge Zurückziehung der Privatanklage eingestellt worden ist, im erstern Falle der Privatankläger, in letzterm Falle der zur Privatanklage Berechtigte verpflichtet, die Kosten des Strafverfahrens zu ersetzen.

Mehrere Privatankläger oder mehrere zum Privatantrage Berechtigte sind für die verursachten Kosten solidarisch verantwortlich, doch kann das Gericht den Umständen gemäfs das Verhältnis der Verantwortlichkeit feststellen.

Der Freigesprochene, beziehungsweise derjenige, gegen den das Strafverfahren eingestellt worden ist, kann nur in die mit seiner Verteidigung verbundenen und durch sein sträfliches Versäumnis verursachten Kosten verfällt werden.

Die königl. Staatsanwaltschaft kann zum Ersatz der Kosten des Verfahrens nicht verpflichtet werden.

§ 483. In jene Kosten, welche mit dem auf Grund wesentlich falscher oder auffällig unachtsamer Anzeige eingeleiteten Verfahren aufgelaufen sind, ist der Anzeiger nach seiner Anhörung zu verfällen.

§ 484. Die Kosten des infolge eines zurückgezogenen oder offenbar unbegründeten Rechtsmittels oder eines Antrages auf Wiederaufnahme veranlafsten Verfahrens ist der das Rechtsmittel Benützende, beziehungsweise der um die Wiederaufnahme Ansuchende zu ersetzen verpflichtet.

Die Kosten des auf die Rechtfertigung bezüglichen Verfahrens belasten denjenigen, der um die Rechtfertigung angesucht hat.

§ 485. Der Advokat oder Bevollmächtigte, welcher im Laufe des Verfahrens eine der Parteien oder den Verletzten vertreten hat, kann verlangen, dafs das vorgegangene Gericht erster Instanz seine Gebühren und Kosten — ohne Rücksicht darauf, wen das Gericht zur Tragung der Kosten des Verfahrens verpflichtet hat — beurteile und gegenüber der vertretenen Partei feststelle.

## XXVII. Kapitel.

### Geltendmachung und Sicherstellung des privatrechtlichen Anspruches.

§ 486. Der aus der strafbaren Handlung entstehende Schaden ist von Amtswegen nur insofern zu ermitteln, als die Feststellung desselben behufs richtiger Anwendung des Strafgesetzes notwendig ist.

§ 487. Wenn das Strafgericht das Verfahren einstellt oder den Angeklagten freispricht, verständigt dasselbe die Privatpartei, dafs es in betreff des privatrechtlichen Anspruches aus diesem Grunde nicht beschliefst.

§ 488. Wenn das Strafgericht sich davon überzeugt, dafs irgend eine Sache, welche bei dem Thäter, dem Teilnehmer, dem Hehler, dem Begünstiger, oder bei einer Person beschlagnahmt worden ist, welche die Sache von den Genannten zur Aufbewahrung erhalten hat, Eigentum des Verletzten ist oder aus dessen Besitze, beziehungsweise Innehabung unrechtmäfsig weggenommen worden ist, so ordnet dasselbe an, dafs dieser Gegenstand, nachdem das Urteil in Rechtskraft erwachsen, wenn aber der Beschuldigte einverstanden ist und der Gegenstand nicht als Beweismittel dient, auch früher, dem Beschädigten zurückgegeben werde.

Den im vorgehenden Absatze umschriebenen Gegenstand kann während der Nachforschung und Untersuchung der Untersuchungsrichter, in der bis zur Hauptverhandlung sich erstreckenden spätern Periode des Verfahrens aber auch der Präsident des Anklagesenates dem Verletzten zurückgeben, wenn die Parteien hiermit einverstanden sind und der Gegenstand als Beweismittel nicht benötigt wird.

Der wegen Rückgabe eines solchen Gegenstandes erhobene Anspruch ist auf den Zivilrechtsweg zu verweisen, wenn der Anspruchserhebende seinen Anspruch nicht nachweisen kann, wenn die in Frage stehende Sache in einer zur Eigentumsübertragung geeigneten Weise oder als Pfand in den Besitz einer im guten Glauben befindlichen Person gelangt ist, welche bezüglich der strafbaren Handlung weder Thäterschaft, noch Teilhaberschaft, Hehlerei oder Begünstigung belastet; schliefslich wenn mehrere auf die Sache Anspruch erheben.

§ 489. Wenn die Sache, auf welche der Beschädigte Anspruch erhebt, in natura nicht zurückgegeben werden kann, oder wenn der Anspruch des Beschädigten sich nicht auf die Rückgabe irgend eines Gegenstandes, sondern auf die Vergütung eines infolge der strafbaren Handlung erlittenen Schadens, einer Verletzung oder eines entgangenen Nutzens bezieht, und weder bezüglich der Berechtigung, noch der Person des Berechtigten ein Zweifel obwaltet, der Schadenersatzbetrag aber genau festgestellt werden kann, urteilt das Strafgericht den Schadenersatz zu. Wenn es den geforderten Betrag übertrieben findet, kann es denselben, eventuell nach Anhören von Sachverständigen, entsprechend herabmindern.

§ 490. Wenn die Schuld des Angeklagten die volle oder teilweise Ungiltigkeit irgend eines mit ihm abgeschlossenen Rechtsgeschäftes nach sich zieht, erklärt das Strafgericht, insofern das Ergebnis des Beweisverfahrens hierfür eine sichere Grundlage bietet, das Rechtsgeschäft gänzlich oder zum Teil als ungiltig und beschliefst auch betreffs der hieraus sich ergebenden Rechtsfolgen. Die Ungiltigkeit einer Ehe kann das Strafgericht nicht aussprechen.

§ 491. Der Verletzte kann mit seinem, die im rechtskräftigen Strafurteile enthaltene Feststellung übersteigenden oder abgewiesenen privatrechtlichen Anspruche sich an das Zivilgericht wenden, welches über diesen Anspruch selbständig beschliefst.

§ 492. Wenn kein Zweifel darüber obwaltet, dafs derjenige zur Schadenersatzleistung verpflichtet ist, welchen ein gewichtiger Verdacht eines Verbrechens oder Vergehens belastet, aber mit Grund zu befürchten steht, dafs die Entfremdung oder Verheimlichung eines Vermögens die Geltendmachung des Schadenersatsanspruches vereiteln könnte, kann auf die Mobilien desselben bis zur Höhe des wahrscheinlichen Schadenbetrages die Sequestrierung verhängt werden.

Die strafrechtliche Sequestrierung ordnet über die Bitte des Verletzten oder über Ansuchen der königl. Staatsanwaltschaft, beziehungsweise des Mitgliedes der die Nachforschung pflegenden Polizeibehörde oder auch von Amtswegen in der Regel der Untersuchungsrichter an.

In betreff einer solchen Bitte oder eines solchen Ersuchens mufs stets schleunigst verfügt und die angeordnete Sequestrierung sofort durchgeführt werden.

Wenn der Beschuldigte behufs Entfremdung oder Verheimlichung seines Vermögens Anstalten trifft, kann auch die die Nachforschung pflegende Polizeibehörde die strafrechtliche Sequestrierung verhängen.

Bei Durchführung der Sequestrierung sind im Notfalle ein oder mehrere Schätzmeister zu verwenden und der Wert der unter Sequester genommenen Gegenstände im Protokolle stets ersichtlich zu machen.

Im übrigen sind bezüglich der Durchführung der Sequestrierung die Bestimmungen der §§ 178, 181, 182, 183, 185 und 187 entsprechend anzuwenden.

Die Sequestrierung hat keine pfandrechtliche Wirkung.

Die Sequestrierung ist von Amtswegen aufzuheben, wenn der Grund zur Anordnung derselben aufgehört hat, oder wenn die Privatpartei binnen dreifsig Tagen von der Anordnung der Sequestrierung gerechnet im Sinne des § 493 um die Sicherstellungsexekution nicht angesucht hat.

§ 493. Insofern die im § 492 erster Absatz bestimmten Bedingungen obwalten oder das Vorhandensein einer Gefahr nachgewiesen erscheint, kann über die von Seite der Privatpartei während des Verfahrens wann immer vorgetragene Bitte bis zur Einreichung der Anklageschrift der Untersuchungsrichter, von der Einreichung der Anklageschrift angefangen bis zur Abhaltung der Hauptverhandlung der Anklagesenat, in einer spätern Periode des Verfahrens aber das urteilende Gericht sowohl auf das bewegliche als unbewegliche Vermögen des Beschuldigten die Sicherstellungsexekution anordnen.

Die Bitte kann mündlich oder schriftlich gestellt werden. Der gewünschte Schadenersatz ist in einem bestimmten Betrage anzugeben und der Betrag glaubhaft zu machen.

Den Schadenersatzbetrag stellt der Untersuchungsrichter, beziehungsweise das Gericht nach freiem Ermessen fest.

Wegen der Durchführung der Sicherstellungsexekution ist das gemäfs des Gesetzes über das Exekutionsverfahren zuständige Zivilgericht, beziehungsweise die Grundbuchsbehörde zu ersuchen. Wenn das Strafgericht das Verfahren mittelst rechtskräftigen Beschlusses einstellt oder den Angeklagten rechtskräftig freispricht, mufs es die Aufhebung der durchgeführten Sicherstellungsexekution von Amtswegen anordnen und vollziehen lassen.

Im übrigen sind bezüglich des Gesuches um die Sicherstellungsexekution, sowie bezüglich der Anordnung, des Vollzuges, der Wirksamkeit, der Aufhebung, der gegen den Vollzug zu benützenden Rechtsmittel, der Versteigerung der nicht haltbaren Fahrnisse und des Anspruchprozesses die Bestimmungen des Gesetzes über das Exekutionsverfahren entsprechend anzuwenden.

## XXVIII. Kapitel.

## Vollzug.

### I. Allgemeine Bestimmungen.

§ 494. Ein Strafurteil, beziehungsweise einzelne Verfügungen des Strafurteiles können nur nach eingetretener Rechtskraft vollzogen werden.

Das Urteil, gegen welches ein Rechtsmittel überhaupt nicht oder nur im Interesse der Rechtseinheit (§ 441) ergriffen werden kann, tritt mit der Erbringung desselben, ein anderes Urteil aber dann in Rechtskraft, wenn die Berechtigten das zu ergreifende Rechtsmittel verabsäumt, beziehungsweise zurückgezogen haben, oder wenn das Gericht das Rechtsmittel zurück- oder abgewiesen hat.

Die Vollstreckbarkeit des Bescheides ist nach § 380, jene des Strafbefehles aber nach § 535 zu beurteilen.

Die Vollstreckbarkeit bezeugt auf den Ausfertigungen des Beschlusses der Präsident, beziehungsweise der Leiter des Gerichtshofes erster Instanz.

Die Durchführung des Vollzuges bezüglich der Strafe und innerhalb der Schranken der Verfügungen des Ges.-Art. XLIII vom Jahre 1890 auch bezüglich der aus dem Staatsschatze vorschufsweise bestrittenen Kosten steht der königl. Staatsanwaltschaft zu.

Hinsichtlich sonstiger zugeurteilter Kosten und des zugeurteilten privatrechtlichen Anspruches ist die Exekution nur auf Grund der Bitte der interessierten Person zulässig.

Zu diesem Zwecke ist die mit der Klausel der eingetretenen Rechtskraft des Beschlusses versehene Ausfertigung der königl. Staatsanwaltschaft und auch demjenigen zuzustellen, zu dessen Gunsten ein Schadenersatz oder ein andrer Anspruch festgestellt ist. Insofern der Beschlufs vor dem Eintritt der Vollstreckbarkeit ausgefertigt worden ist, ist auf demselben die Klausel der eingetretenen Rechtskraft des Beschlusses über die Bitte der interessierten Person nachträglich anzumerken.

Über die Details des Vollzuges der Strafen verfügt eine Verordnung.

§ 495. Wenn bezüglich der Interpretation eines strafrechtlichen Beschlusses, besonders bezüglich der Berechnung der festgestellten Strafe ein Zweifel obwaltet: ist der Beschlufs jenes Gerichtes einzuholen, dessen Urteil Anlafs zum Zweifel geboten hat.

## II. Vollstreckung der Todesstrafe und das derselben vorangehende Verfahren.

§ 496. Die Todesstrafe darf nur dann vollstreckt werden, wenn der König den Verurteilten nicht begnadigt hat.

§ 497. Wenn der richterliche Senat des Schwurgerichtes die Todesstrafe festgestellt hat, richtet der Präsident nach der Verkündung des Urteiles an den Verurteilten die Frage, ob er um Gnade zu bitten wünscht. Die Antwort des Verurteilten ist zu Protokoll zu nehmen.

Unmittelbar darauf gibt der richterliche Senat des Schwurgerichtes nach in nicht öffentlicher Sitzung erfolgter Anhörung des Vertreters der königl. Staatsanwaltschaft ein motiviertes Gutachten darüber ab, ob er den zum Tode Verurteilten der Begnadigung würdig hält und im bejahenden Falle welche Strafe er anstatt der Todesstrafe festzustellen beantragt.

§ 498. In dem Falle des § 497 fordert der Präsident des vorgegangenen Senates den Verteidiger, der bei der Hauptverhandlung intervenierte, auf, im Interesse des zum Tode Verurteilten binnen drei Tagen ein Gnadengesuch einzureichen.

Sämtliche Akten der Angelegenheit sind samt dem Gnadengesuche, wenn ein solches eingereicht worden ist, — der königl. Kurie auch dann vorzulegen, wenn gegen das die Todesstrafe feststellende Urteil eine Nichtigkeitsbeschwerde nicht ergriffen worden ist.

§ 499. In betreff eines jeden die Todesstrafe aussprechenden Urteiles ist auch die königl. Kurie verpflichtet, im Sinne des § 497 zweiter Absatz ein Gutachten abzugeben.

Dieses Gutachten stellt der in der Angelegenheit vorgehende Strafsenat der königl. Kurie in einer geschlossenen Sitzung, und zwar im Falle einer Nichtigkeitsbeschwerde bei Gelegenheit der Verwerfung derselben, sonst aber in einer besondern Sitzung fest.

Der Abgabe des Gutachtens geht in beiden Fällen eine nicht öffentliche Sitzung voran, in welcher nach dem dem Stande der Angelegenheit angepafsten Vortrage des Referenten der Kronanwalt sich über das Gnadengesuch äufsert.

Der Präsident der königl. Kurie übermittelt das Gutachten samt dem Protokolle über die nicht öffentliche und über die geschlossene Sitzung und den sämtlichen Akten an den Justizminister.

§ 500. An den König richtet der Justizminister die Unterbreitung. Er ist bei der Erstattung derselben an das Gutachten der Gerichte nicht gebunden.

§ 501. Das Gericht erster Instanz verkündet die auf das Gnadengesuch bezügliche königl. Entschliefsung und, wenn die königl. Kurie die Nichtigkeitsbeschwerde verworfen hat, erst den diesbezüglich erbrachten Beschlufs, dem Verurteilten und der königl. Staatsanwaltschaft in einer nicht öffentlichen Sitzung.

Zur Verkündung des Urteiles ist auch der Verteidiger zu berufen, doch hindert sein Wegbleiben die Verkündung nicht.

Die Todesstrafe ist am Morgen des der Verkündung folgenden Tages zu vollstrecken.

Nach der Verkündung ist dem Verurteilten ein Seelsorger seines Religionsbekenntnisses beizugeben.

Der Zutritt zu dem Verurteilten ist aufser den Kraft ihres Amtes hierzu Verpflichteten nur seinen Angehörigen, seinem Verteidiger und denjenigen Personen gestattet, welchen er selbst zu begegnen wünscht.

§ 502. Geisteskranken oder schwangern Frauenspersonen darf vor ihrer Genesung weder jener Beschlufs des Obergerichtes verkündet werden, infolgedessen die gegen dieselben festgestellte Todesstrafe rechtskräftig geworden ist, noch dürfen dieselben von der Erfolglosigkeit des Gnadengesuches verständigt oder darf an ihnen die Todesstrafe vollstreckt werden.

§ 503. Die Todesstrafe ist in einem umschlossenen Raume zu vollstrecken.

Bei der Vollstreckung müssen der das Verfahren leitende königl. Staatsanwalt oder dessen Vertreter, der von seiten des Gerichtshofes entsendete Richter und Protokollführer, ein höherer Beamter der Ortsverwaltungsbehörde, der Gefängnisinspektor, der Seelsorger und die behufs Feststellung des Todes verwendeten zwei Ärzte anwesend sein.

Die Angehörigen und der Verteidiger des Verurteilten sind auf den Richtplatz zuzulassen.

Der königl. Staatsanwalt kann den Lokalverhältnissen gemäfs auch andern Mannspersonen den Zutritt gestatten.

Wenn mehrere Todesurteile zu vollstrecken sind, mufs verfügt werden, dafs der Verurteilte, auf den die Reihe später kommt, weder bei der Hinrichtung des Frühern zugegen sei, noch den früher Hingerichteten sehen könne.

Über die Vollstreckung nimmt der entsendete Richter und der Protokollführer ein Protokoll auf. In demselben ist der ganze Verlauf der Vollstreckung zu beschreiben und besonders der Zeitpunkt des Beginnes der Hinrichtung sowie des durch die Ärzte konstatierten Eintrittes des Todes anzusetzen.

Das Protokoll unterfertigen der von seiten des Gerichtshofes entsendete Richter und Protokollführer, ferner der königl. Staatsanwalt, beziehungsweise dessen Stellvertreter, der Verwaltungsbeamte und die Ärzte.

Der Leichnam des Hingerichteten kann behufs einfacher und Aufsehen nicht erregender Bestattung den Angehörigen übergeben werden.

### III. Vollstreckung der Freiheitsstrafe.

§ 504. Das Gericht übergibt den zur Freiheitsstrafe rechtskräftig Verurteilten nach Verkündung des Urteiles der königl. Staatsanwaltschaft.

Wenn das Urteil mittelst Zustellung mitgeteilt wird, oder wenn der Verurteilte zur Verkündung des Urteiles nicht stellig gemacht werden kann, steht das fernere Verfahren der königl. Staatsanwaltschaft zu (§ 515).

§ 505. Von der Freiheitsstrafe ist die in dem rechtskräftigen Urteile als ausgestanden erklärte Zeit in Abzug zu bringen.

Über die Einrechnung oder Nichteinrechnung und die Dauer der Einrechnung der vorläufigen Festnahme und der Untersuchungshaft in die Strafe beschliefst, insofern diesbezüglich das Urteil nicht verfügt, das Gericht erster Instanz nachträglich ohne Verhandlung, mit Bescheid.

Aufser den in dem Urteile und in diesem Bescheide festgestellten Abzügen ist noch jene zufolge der vorläufigen Festnahme oder in der Untersuchungshaft zugebrachte Zeit in Abzug zu bringen, welche

1. wenn der Verurteilte gegen ein mit einem Rekurse oder einer Nichtigkeitsbeschwerde anfechtbares Urteil ein Rechtsmittel nicht ergriffen hat, von der Verkündung des Urteiles;

2. wenn der Verurteilte das ihm zustehende Rechtsmittel ergriffen, jedoch zurückgezogen hat, von dem Tage der Zurückziehung;

3. wenn das Rechtsmittel des Verurteilten wegen Verspätung oder Unbestimmtheit (§§ 390, 391) zurückgewiesen wurde, von dem Datum der rechtskräftigen Zurückweisung;

4. wenn aber gegen das Urteil ein Rechtsmittel überhaupt nicht oder nur im Interesse der Rechtseinheit (§ 441) ergriffen werden konnte, vom Datum des Urteils bis zum Beginne des Vollzuges der Strafe abgelaufen ist.

In betreff der Umwandlung der Geldstrafe, wenn dieselbe nicht beigetrieben werden kann, in eine Freiheitsstrafe welcher Art und welcher Dauer beschliefst, insofern diesbezüglich das Urteil nicht verfügt, das Gericht erster Instanz nachträglich ohne Verhandlung, mit Bescheid.

Der gegen diesen Bescheid angemeldete Rekurs hat aufschiebende Wirkung.

§ 506. Die rechtskräftig festgestellte Freiheitsstrafe ist in der Regel sofort zu vollstrecken.

Der Angeklagte, welcher ein Rechtsmittel nicht ergriffen hat oder sich mit der bemessenen Strafart zufrieden gibt und nur gegen das Ausmafs der Strafe ein Rechtsmittel ergreift, kann die wider ihn festgestellte Freiheitsstrafe auch vor eingetretener Rechtskraft des Urteiles antreten.

Bezüglich eines solchen Verurteilten oder desjenigen, wider den eine Freiheitsstrafe rechtskräftig festgestellt worden ist, erteilt der Gerichtshof bei Gelegenheit der Verkündung schriftliche Mitteilung an die königl. Staatsanwaltschaft.

In dieser Mitteilung ist mit Bezeichnung des Namens und der persönlichen Verhältnisse des Verurteilten der verfügende, beziehungsweise zu vollstreckende Teil des Urteiles in kurzem, doch präzisen Auszuge mitzuteilen und insofern das Gericht den anwesenden Verurteilten der königl. Staatsanwaltschaft übergeben hat, ist auch dieser Umstand zu erwähnen.

Von dem nach Ausfertigung der Mitteilung eventuell angemeldeten Rechtsmittel ist die königl. Staatsanwaltschaft sofort zu verständigen.

Im Falle des zweiten Absatzes ist der Verurteilte auch vor der Erledigung des Rechtsmittels allsogleich auf freien Fufs zu setzen, sobald die Zeit der bemessenen Strafe abgelaufen ist.

§ 507. Wenn der auf freiem Fufs befindliche Verurteilte zur Zeit, wo er die wider ihn festgestellte Freiheitsstrafe anzutreten hätte, an einer Geisteskrankheit oder an einer solchen schweren Krankheit leidet, zufolge welcher die Vollstreckung der Strafe sein Leben gefährden würde, ist die Vollstreckung der Freiheitsstrafe welcher Art und Dauer immer bis zur Genesung des Verurteilten aufzuschieben.

§ 508. Die Vollstreckung der Freiheitsstrafe kann aufgeschoben werden, wenn der Verurteilte an einer wenn auch nicht schweren, doch ansteckenden Krankheit leidet oder wenn die Schwangerschaft der verurteilten Frauensperson so weit vorgeschritten ist, dafs der Eintritt der Geburt während der Strafdauer zu erwarten ist.

Aus einem andern Grunde darf zum Antritte der Zuchthaus-, sowie der Kerker- oder Gefängnisstrafe in der Dauer von mehr als einem Jahre aufser dem Falle des § 514 ein Aufschub in der Regel nicht bewilligt werden.

§ 509. Der Beginn der Vollstreckung der Einsperrung, sowie der Gefängnis- oder Kerkerstrafe in der Dauer von einem Jahre oder weniger kann, wenn auch keine der in den §§ 507 und 508 erwähnten Ursachen obwaltet, einmal höchstens auf zwei Monate aufgeschoben werden, wenn der auf freiem Fufs befindliche Verurteilte nachweist, dafs die sofortige Vollstreckung der Strafe ihm oder seiner Familie eine aufserhalb des Zweckes der Strafe fallende schwere Schädigung verursachen würde und wenn die Entweichung des Verurteilten nicht zu besorgen ist.

Die Vollstreckung einer nicht länger als sechs Monate andauernden Freiheitsstrafe wider einen zum Militärdienst verpflichteten Verurteilten kann über Ansuchen der kompetenten Militärbehörde, wegen Einberufung des Verurteilten zur aktiven Dienstleistung bis zum Ablaufe dieses Dienstes im Sinne der hierauf bezüglichen Vorschriften aufgeschoben werden.

§ 510. Das Ersuchen um Aufschub (§§ 507, 508 und 509 erster Absatz) ist vor dem Beginne der Strafvollstreckung einzubringen.

Zur Beschlufsfassung ist die königl. Staatsanwaltschaft beziehungsweise der Justizminister kompetent.

Der Beginn der Vollstreckung wird durch das Einbringen des Gesuches nicht gehemmt noch unterbrochen.

Insofern besonders berücksichtigungswürdige Umstände obwalten, kann der Justizminister zur Vollstreckung einer die Dauer von zwei Jahren nicht übersteigenden Freiheitsstrafe welcher Art immer, eventuell unter Forderung einer Kaution mehrere Male und auch einen länger als zwei Monate andauernden Aufschub bewilligen.

§ 511. Betreffs des Aufschubes der Vollstreckung der Staatsgefängnisstrafe verfügt der Justizminister.

§ 512. Die zum Aufschub der Strafe berechtigte Behörde kann gestatten, dafs der Verurteilte die über ihn verhängte Einsperrung, die Gefängnis- oder Kerkerstrafe von weniger als einem Jahre nicht in dem am Amtssitze des Gerichtes erster Instanz befindlichen, sondern in einem andern Gefängnisse beziehungsweise Kerker verbüfse.

§ 513. Die Unterbrechung der Vollstreckung welcher Freiheitsstrafe immer kann mit Ausnahme der in den §§ 453 und 468 bestimmten Fälle nur der Justizminister aus wichtigen Gründen gestatten.

§ 514. Aufser dem Falle des § 498 ist das bei dem Gerichte oder der königl. Staatsanwaltschaft eingereichte oder zu Protokoll gegebene Gnadengesuch unmittelbar dem Justizminister zu unterbreiten.

Das Gnadengesuch hat in der Regel keine aufschiebende Wirkung, der Justizminister kann jedoch den Aufschub oder die Unterbrechung der Vollstreckung der Freiheitsstrafe bis zur meritorischen Erledigung des Gnadengesuches anordnen.

§ 515. Die königl. Staatsanwaltschaft ladet den auf freiem Fufs befindlichen Verurteilten in der Regel zum Antritte der Freiheitsstrafe vor.

Wenn er zufolge der Vorladung nicht erscheint oder wenn seine Flucht zu besorgen ist, kann die königl. Staatsanwaltschaft einen Vorführungs- oder Haftbefehl, wenn er jedoch flüchtig ist oder sich verbirgt, auch einen Steckbrief gegen ihn erlassen.

Wenn der Verurteilte im aktiven Militärdienste steht, ist die vorgesetzte Militärbehörde im Sinne der bestehenden Vorschriften wegen der Vollstreckung der Strafe beziehungsweise wegen der Überführung des Verurteilten zu diesem Zwecke zu ersuchen.

Gegen den Verurteilten, welcher während der Strafdauer aus der Detentionsanstalt entwichen ist, kann der Direktor des Landeszuchthauses, des Distriktsgefängnisses, der Besserungs- oder Vermittlungsanstalt, beziehungsweise der königl. Staatsanwalt oder der Bezirksrichter einen Steckbrief erlassen.

§ 516. Die während der Strafvollstreckung im Spitale zugebrachte Zeit ist in die Strafe einzurechnen, ausgenommen, wenn der Verurteilte eine Krankheit simuliert oder seine Krankheit — behufs Verhinderung der Strafvollstreckung — selbst herbeigeführt hat.

Hinsichtlich der Nichteinrechnung dieser Zeit beschliefst über Antrag der königl. Staatsanwaltschaft jener Gerichtshof, in dessen Sprengel der Verurteilte seine Strafe verbüfst.

Das Gericht läfst den Verurteilten durch einen Untersuchungsrichter oder Bezirksrichter verhören und erbringt ohne Verhandlung einen Bescheid.

## IV. Vollstreckung mehrerer mit rechtskräftigen Urteilen festgestellter Freiheitsstrafen.

§ 517. Wenn jemand mit verschiedenen rechtskräftigen Urteilen zu mehreren Freiheitsstrafen verurteilt wurde und bei der Fällung der Urteile die bezüglich der Gesamtstrafe beziehungsweise der Vereinigung der Strafen maſsgebenden Vorschriften (§ 96 Ges.-Art. V vom Jahre 1878, § 36 Ges.-Art. XXXVII vom Jahre 1880) nicht angewendet wurden: sind die Strafen nachträglich in eine Gesamtstrafe zusammenzufassen.

Dieses Verfahren hindert nicht die Vollstreckung der bemessenen Strafen, von welchen erst die schwerste Strafart zu vollziehen ist.

§ 518. Die Bestimmung der Gesamtstrafe beziehungsweise die Vereinigung der Strafen erfolgt über Antrag der königl. Staatsanwaltschaft oder des Verurteilten.

Wenn die Dauer der in den einzelnen Urteilen bemessenen Freiheitsstrafe zusammengenommen zwei Jahre übersteigt, oder wenn der Verurteilte auſserhalb des Amtssitzes des zur Urteilsfällung berufenen Gerichtes sich in Haft befindet, ist für ihn von Amtswegen ein Verteidiger zu bestellen.

Zum Verfahren sind die richterlichen Mitglieder jenes Schwurgerichts, beziehungsweise jener Gerichtshof oder jenes Berirksgericht kompetent, dessen Urteil oder bezüglich dessen Urteil das oberrichterliche Urteil die schwerste Strafe verhängt hat.

Wenn dies zweifelhaft ist, geht jenes Gericht vor, dessen Urteil spätesten Datums ist.

Das Gericht setzt infolge des Antrages einen Termin zur öffentlichen Verhandlung fest und ladet hierzu die königl. Staatsanwaltschaft, den auf freiem Fuſs befindlichen oder am Amtssitze des Gerichtes in Haft befindlichen Angeklagten und, wenn ein Verteidiger vorhanden ist, auch diesen vor.

Die Verhandlung beginnt mit der Verlesung der Urteile. Sohin trägt die königl. Staatsanwaltschaft ihren Antrag vor. Hierauf kann der Verurteilte, wenn er anwesend ist, und sein Verteidiger antworten. Das Gericht entscheidet mit Urteil und verkündet dieses sofort.

Die Festsetzung der vereinigten, beziehungsweise Gesamtstrafe erfolgt einzig und allein auf Grund der Dauer der mit den frühern Urteilen bemessenen Strafen und nach Maſsgabe der Schwere derselben.

Erschwerende oder mildernde Umstände können nicht mehr in Betracht genommen werden.

Gegen dieses Urteil kann nur wegen Bemessung der Strafe, ferner auf Grund der im § 384 Punkt 1, 3, 4, 6 und 10 bezeichneten Nichtigkeitsgründe an die königl. Kurie eine Nichtigkeitsbeschwerde eingelegt werden.

Die königl. Kurie beschlieſst in einer Senatssitzung.

### V. Vollstreckung betreffend die Geldstrafe und den privatrechtlichen Anspruch.

§ 519. Die auf die Vollstreckung der Geldstrafe bezüglichen Vorschriften stellt der Justizminister mit Verordnung fest.

§ 520. Das rechtskräftige Urteil des Strafgerichtes besitzt hinsichtlich des in demselben zugeurteilten privatrechtlichen Anspruches und derjenigen zugeurteilten Kosten, welche die Vertretung der Privatanklage, beziehungsweise die Verteidigung verursacht hat, die Wirksamkeit einer vollstreckbaren öffentlichen Urkunde.

Die Vollstreckung ordnet das Zivilgericht an.

## XXIX. Kapitel.

## Verfahren vor dem Bezirksgerichte.

### I. Allgemeine Bestimmungen.

§ 521. Die Anordnungen der vorhergehenden Kapitel sind auch in den in den Wirkungskreis des Bezirksgerichtes gewiesenen strafrechtlichen Angelegenheiten anzuwenden, insofern dieses Kapitel nicht abweichende Vorschriften enthält.

§ 522. Die öffentliche Anklage vertritt vor dem Bezirksgerichte in der Regel ein Bevollmächtigter der königl. Staatsanwaltschaft.

§ 523. Der Beschuldigte kann auch während seiner Haft ohne behördliche Kontrolle mit seinem Verteidiger verkehren.

Ein Verteidiger ist von Amtswegen nicht zu bestellen.

Der Verteidiger des Beschuldigten und der Bevollmächtigte des Verletzten kann auch ein männlicher Angehöriger derselben (§ 205 Punkt 1), wenn derselbe auch nicht Advokat ist, ferner auch ein Advokaturskandidat sein, letzterer aber hat sich im Laufe des Verfahrens sowohl mündlich als schriftlich der Staatssprache zu bedienen.

Der Vater oder die Mutter kann in Vertretung seines (ihres) Kindes, der Gatte in Vertretung seiner Gattin, der Vormund oder Kurator in Vertretung seines Mündels, beziehungsweise Kuranden auch ohne spezielle Vollmacht vorgehen und wegen über Privatanklage zu verfolgender strafbarer Handlungen (§ 41) auch eine Anklage erheben.

§ 524. Privatindividuen können jede Erklärung oder jede Bitte auch mündlich anbringen.

Der Bezirksrichter beziehungsweise der staatsanwaltschaftliche Bevollmächtigte nimmt, nachdem er sich von der Personidentität des sich Meldenden überzeugt hat, über die Erklärung beziehungsweise Bitte ein Protokoll auf.

### II. Einleitung des Verfahrens.

§ 525. Die Anzeige oder der Privatantrag (§ 41 erster Absatz) ist in der Regel bei dem zuständigen Bezirksgerichte zu machen, es sind jedoch auch andre königl. Gerichte, die Staatsanwaltschaft und die Polizeibehörden und Organe verpflichtet dieselben anzunehmen und im Sinne des § 89 zweiter Absatz an das zuständige Gericht zu leiten.

Die von dem Verletzten beziehungsweise seinem gesetzlichen Vertreter, ferner von dem Gatten der beschädigten Gattin gemachte Anzeige ist als Anklageantrag zu betrachten und ersetzt auch den im Sinne des Strafgesetzes zur Einleitung des Verfahrens notwendigen Privatantrag (§ 90).

Das Bezirksgericht teilt die unmittelbar bei demselben gemachte oder an dasselbe gelangte Anzeige oder den Privatantrag behufs Antragstellung, beziehungsweise Äufserung (§ 41 und § 532 zweiter Absatz) ohne Verzug dem staatsanwaltschaftlichen Bevollmächtigten mit. Gleichzeitig jedoch veranlafst dasselbe die behufs Aufbewahrung der Corpora delicti oder der Verhinderung der Flucht des Beschuldigten, beziehungsweise die infolge der Festnahme desselben keinen Aufschub duldenden Verfügungen, namentlich auch die dringenden Augenscheine und Zeugenvernehmungen.

§ 526. Der staatsanwaltschaftliche Bevollmächtigte kann in betreff der von Amtswegen zu verfolgenden strafbaren Handlungen auch ohne seitens des Verletzten oder einer Behörde erfolgten Anzeige Anklage erheben.

Wenn der staatsanwaltschaftliche Bevollmächtigte auf Grund der bei demselben gemachten oder ihm mitgeteilten Anzeige oder des Privatantrages (§ 525) die Vertretung der Anklage nicht übernimmt, verständigt er hiervon unter Übersendung der Anzeige und der Beilagen derselben das Bezirksgericht, welches, insofern eine im § 525 zweiter Absatz benannte Person die Anzeige, beziehungsweise den Privatantrag machte, auf Grund derselben (desselben) ohne Verzug so vorgeht, als hätte der Verletzte die Vertretung der Anklage übernommen.

In jedem andern Falle stellt der staatsanwaltschaftlich Bevollmächtigte auf Grund der an ihn gelangten Anzeigen und Anträge bei dem Bezirksgerichte einen entsprechenden Antrag.

§ 527. Wenn keiner der zur Erhebung der Anklage Berechtigten (§§ 2, 41, 42) die Einleitung des Verfahrens wünscht oder wenn die Strafhandlung, wegen welcher der Privatantrag oder die Anzeige gemacht worden ist, nicht strafbar ist, oder schliefslich, wenn ein Privatantrag nicht vorliegt: lehnt das Bezirksgericht die Einleitung des Strafverfahrens mit Bescheid ab und verständigt hiervon den Ankläger, beziehungsweise den Anzeiger.

Wenn die Erledigung der Angelegenheit in den Wirkungskreis oder zur Kompetenz eines andern Gerichtes oder einer andern Behörde gehört, übersendet das Bezirksgericht die Akten der Angelegenheit an dasselbe (dieselbe) und läfst, aufser dem Falle des § 144 dritter Absatz den festgenommenen Beschuldigten dorthin überstellen, verständigt jedoch auch in diesem Falle den Ankläger.

Die Übermittlung der Angelegenheit kann nicht angeordnet werden, wenn der Gerichtshof oder das höhere Gericht die Angelegenheit in den Wirkungskreis und zur Kompetenz des Bezirksgerichtes gehörend erklärt oder als solche zurückgesendet hat.

Insofern zur Unterlassung des Verfahrens oder zur Übermittlung der Angelegenheit ein Grund nicht vorhanden ist. leitet das Bezirksgericht das Verfahren ein.

§ 528. Die Nachforschung beschränkt sich auf das unvermeidlich Notwendigste und besorgt oder veranlafst dieselbe nach der erfolgten Anzeige der vorgehende Richter. Eine Untersuchung findet nicht statt.

Das Verfahren ist in der Regel mit der Festsetzung des Verhandlungstermines zu beginnen.

Gegen die Festsetzung des Termines und die Ladung zur Verhandlung ist ein Rechtsmittel nicht zulässig.

Die Bestimmungen des XV. Kapitels können nicht angewendet werden.

Vor der Verhandlung ist der Beschuldigte nur dann zu verhören, wenn er als Häftling zum Bezirksgerichte überstellt worden ist, der Verletzte aber nur gelegentlich des mündlichen Vortrages der Anzeige oder des Privatantrages, sowie auch dann, wenn der Gegenstand der Anklage in andrer Weise nicht erforscht, beziehungsweise der zur Unterstützung der Anklage dienende Beweis in andrer Weise nicht beschafft werden kann.

§ 529. Zur Verhandlung sind der Beschuldigte, sein Verteidiger, der staatsanwaltschaftliche Bevollmächtigte, oder wenn dieser es ausdrücklich wünscht, die königl. Staatsanwaltschaft, beziehungsweise der Privatankläger oder der als Privatankläger zu betrachtende (§ 525 zweiter Absatz) Verletzte, ferner die Privatpartei sowie die Zeugen und die erforderlichen Sachverständigen vorzuladen.

Wenn der im § 41 dieses Gesetzes bestimmte Fall nicht obwaltet und die königl. Staatsanwaltschaft die Vertretung der Anklage übernommen hat, ist der Verletzte nur dann zur Verhandlung vorzuladen, wenn sein Verhör im Interesse der Beweisführung notwendig ist.

Das Gericht kann den Beschuldigten, den Privatankläger und den Verletzten auch zum persönlichen Erscheinen verpflichten.

§ 530. In der Vorladung sind die Parteien aufzufordern, ihre noch nicht angemeldeten Zeugen und sonstige Beweismittel mitzubringen oder dem Gerichte vor der Verhandlung zu einer solchen Zeit anzumelden, dafs sie noch rechtzeitig vorgeladen, beziehungsweise herbeigeschafft werden können.

In dem Vorladeschein des Beschuldigten (§ 130) ist, wenn die Ladung ausschliefslich wegen einer Übertretung oder wegen eines blofs mit einer Geldstrafe zu ahndenden Vergehens erfolgte, — zu erwähnen, dafs der Beschuldigte für sich auch einen Vertreter entsenden kann und dafs die Verhandlung auch in seiner Abwesenheit abgehalten werden wird; wenn jedoch der Vorladeschein wegen eines mit einer Freiheitsstrafe zu ahndenden Vergehens oder nebst diesem Vergehen, auch wegen eines andern Vergehens, beziehungsweise einer Übertretung erlassen worden ist, ist in demselben der Beschuldigte aufmerksam zu machen, dafs im Falle er nicht erscheint und sein Wegbleiben in einer annehmbaren Weise nicht entschuldigt, er vorgeführt werden wird.

Der Termin ist derart unzuberaumen, dafs zwischen demselben und der Übernahme des Vorladescheines dem Beschuldigten aufser der zum Erscheinen erforderlichen Zeit, mindestens noch eine Zwischenzeit von einem Tage bleibe, ferner, dafs die Verhandlung vor Ablauf der im § 537 erster Absatz festgestellten Frist nach Möglichkeit abgehalten werden könne.

Der Privatankläger, beziehungsweise der als Privatankläger zu betrachtende Verletzte ist mit dem Beisatze zu laden, dafs insofern zur Stunde der Verhandlung weder er noch sein Vertreter vor Gericht erscheint, dies so betrachtet wird, als wäre er von der Anklage zurückgetreten.

Die Privatpartei ist aufmerksam zu machen, dafs im Falle ihres Wegbleibens, beziehungsweise der Verabsäumung ihrer Vertretung das Gericht ihren privatrechtlichen Anspruch auf Grund der vorgetragenen Bitte beurteilen wird.

Der Verletzte ist von dem Verhandlungstermine mit der Erinnerung zu verständigen, dafs im Falle er nicht erscheint, beziehungsweise sich nicht vertreten läfst, das Gericht annehmen wird, dafs er die von dem öffentlichen Ankläger eventuell fallen zu lassende Anklage zu übernehmen nicht gewillt ist.

§ 531. Wenn die Parteien gleichzeitig beim Bezirksgerichte erscheinen oder sofort vorgerufen werden können, kann die Verhandlung mit Einwilligung des Beschuldigten auch ohne vorhergegangenes Verfahren und vorhergegangene Ladung abgehalten werden. Jedoch mufs aufser dem Falle der Ergreifung auf frischer That und des Geständnisses, auf Wunsch des Beschuldigten diese Verhandlung, nachdem die Anklage und die zur Unterstützung derselben dienenden Beweise ins Reine gebracht worden sind, auf die zur Herbeischaffung der Beweise des Beschuldigten erforderliche Zeit unterbrochen werden.

§ 532. Wenn eine Behörde, ein öffentlicher Beamter, ein Polizeiorgan, ein Militärwachposten oder eine Militärwache, ein beeideter Forstwart, Feldhüter oder Weinberghüter auf Grund ihrer (seiner) während des amtlichen Vorgehens gewonnenen unmittelbaren Wahrnehmung die Anzeige erstattet und gegen die Richtigkeit ein Bedenken nicht auftaucht, der Gegenstand der Anzeige aber nur eine Übertretung oder ein blofs mit Geldstrafe zu ahndendes Vergehen ist und der Richter eine zweihundert Kronen nicht übersteigende Geldstrafe zu bemessen findet, kann derselbe über motivierten schriftlichen Antrag des öffentlichen Anklägers gegen den auf freiem Fufs befindlichen Beschuldigten einen Strafbefehl erlassen.

Wegen der bezeichneten strafbaren Handlungen und bis zur Höhe der bezeichneten Strafe kann der Richter über Antrag des öffentlichen Anklägers oder über zustimmende Erklärung desselben gegen den auf freiem Fufs befindlichen Beschuldigten auch dann einen Strafbefehl erlassen, wenn ein Privatindividuum die Anzeige erstattete oder den Privatantrag stellte, die Schuld des Beschuldigten aber mit einer öffentlichen oder Privaturkunde oder mit einem andern Beweis glaubhaft machte und der Richter von der Grundhältigkeit der Anklage überzeugt ist.

§ 533. Der Strafbefehl verhängt wider den Beschuldigten ohne vorhergehende Verhandlung eine Strafe.

Der Strafbefehl hat zu enthalten: den Namen und die Stellung oder Beschäftigung des Beschuldigten, die Benennung der zum Gegenstande der Anklage gemachten strafbaren Handlung, sowie die Bezeichnung derselben nach Gegenstand, Ort und Zeit, den Namen des Anzeigers, beziehungsweise des den Privatantrag stellenden Verletzten, die Aufzählung der Beweisdaten, die Festsetzung des Betrages der Geldstrafe und im Uneinbringungsfalle derselben die Art und Dauer der Freiheitsstrafe, in welche jene umgewandelt werden wird und die Anführung der Paragraphen des angewendeten Gesetzes oder der Verordnung, sowie den Auftrag, dafs der Beschuldigte die Geldstrafe binnen fünfzehn Tagen bei dem Bezirksgerichte erlege; der Strafbefehl hat ferner die Erinnerung zu enthalten, dafs das Gericht im Falle der Verabsäumung der Einzahlung der Geldstrafe nach Ablauf des zur Einzahlung anberaumten Termines, — über Ansuchen des Beschuldigten, des Ehegatten oder des gesetzlichen Vertreters desselben aber sofort eine vorschriftsmäfsige Verhandlung anberaumen wird; schliefslich ist der Beschuldigte aufmerksam zu machen, dafs, wenn er sich mit dem Strafbefehl zufrieden gibt, er zur Einzahlung der Geldstrafe bei dem Bezirksgerichte um einen Aufschub oder um die Bewilligung von Ratenzahlungen einschreiten kann.

§ 534. Der Strafbefehl wird am Amtssitze des Gerichtes von seinem hierzu bestimmten Organe, anderswo in einer mit Munizipalrecht bekleideten, oder in einer Stadt mit geregeltem Magistrat von einem hierzu geeigneten und betrauten Organe der Behörde, in Grofs- und Kleingemeinden vom Gemeinde- beziehungsweise vom Kreisnotär zugestellt.

§ 535. Wenn der Beschuldigte die bemessene Geldstrafe innerhalb der bestimmten Frist nicht eingezahlt hat und auch um einen Aufschub nicht eingeschritten ist, oder auch um die Bewilligung von Ratenzahlungen nicht angesucht hat, oder wenn der Beschuldigte, beziehungsweise der Ehegatte oder gesetzliche Vertreter desselben um die Verhandlung der Angelegenheit ansucht, setzt das Gericht zur Verhandlung der Angelegenheit sogleich einen Termin fest.

Zur Verhandlung ist der Beschuldigte unter Erinnerung an die mit dem Wegbleiben gemäfs des vierten Absatzes dieses Paragraphen verbundenen Rechtsfolgen zu laden.

Die Zustellung der Ladung erfolgt nach den allgemeinen Zustellungs-Vorschriften.

Insofern zur Stunde der Verhandlung weder der vorschriftsmäfsig vorgeladene Beschuldigte, noch sein Verteidiger, beziehungsweise Ehegatte oder gesetzlicher Vertreter vor dem Gerichte erschienen sind und ihr Wegbleiben in annehmbarer Weise nicht entschuldigt haben, spricht das Gericht ohne Verhandlung aus, dafs der Strafbefehl vollstreckbar ist.

Wenn die Parteien erscheinen, ist die Verhandlung gemäfs der in den §§ 539—544 enthaltenen Vorschriften abzuhalten und bindet bei dem Urteil der Strafbefehl das Gericht in keiner Richtung.

### III. Verfügungen betreffend die Person des Beschuldigten.

§ 536. Gegen den Beschuldigten kann weder ein Steckbrief erlassen, noch die Kurrentirung seiner Personsbeschreibung angeordnet werden. Der Aufenthaltsort des abwesenden Beschuldigten ist womöglich auszuforschen, und wenn dies gelingt, der Beschuldigte zu laden, beziehungsweise insofern hierfür die im § 131 bestimmten Bedingungen vorhanden sind, seine Vorführung anzuordnen.

Eine Untersuchungshaft kann gegen den Beschuldigten überhaupt nicht angewendet werden.

Die vorläufige Festnahme ist nur wegen einer mit einer Freiheitsstrafe zu ahndenden Handlung nur auf Grund des § 141 Punkt 2, 4 oder 5 und auch in diesem Falle nur dann zulässig, wenn den Beschuldigten ein sehr gewichtiger Verdacht belastet, oder wenn er verurteilt ist und gegen das Urteil appelliert hat.

Gegen ein im aktiven Dienste stehendes Mitglied der bewaffneten Macht oder der Gensdarmerie kann die vorläufige Festnahme, ausgenommen wenn es flüchtig ist, nicht verfügt werden, und ist wegen der Haltung eines solchen Beschuldigten unter Aufsicht seine vorgesetzte militärische Behörde zu ersuchen.

Der festgenommene Militärflüchtling ist der nächsten Militärbehörde zu übergeben.

§ 537. Die vorläufige Festnahme kann wegen einer Übertretung nur achtundvierzig Stunden, wegen eines Vergehens vor dem Urteile nur acht Tage dauern.

Dieselbe ist auch früher aufzuheben, wenn der Beschuldigte oder für ihn jemand andrer eine den §§ 162 und 163 entsprechende Kaution erlegt, oder wenn der Brotherr, beziehungsweise Arbeitgeber des Beschuldigten, oder eine dem Gerichte bekannte andre Person Bürgschaft dafür leistet, dafs der Beschuldigte über vorschriftsmäfsige Vorladung vor dem Gerichte wann immer erscheint, und wenn gegen die Unbescholtenheit und Vertrauenswürdigkeit des Bürgen ein Zweifel nicht auftaucht.

Wenn der Beschuldigte der Vorladung nicht Folge leistet, ist der Bürge in die Kosten der Verhaftung und der Vorführung des Beschuldigten zu verfällen.

Im Falle eines freisprechenden Urteils ist die vorläufige Festnahme sogleich aufzuheben, im Falle eines eine Strafe feststellenden Urteiles aber auch dann, sobald dieselbe die Dauer der bemessenen Freiheitsstrafe erreicht hat.

Die volle Dauer der vorläufigen Festnahme ist von der Strafe immer in Abzug zu bringen.

§ 538. Hinsichtlich der Anordnung und der Aufhebung der vorläufigen Festnahme steht der Wirkungskreis des Untersuchungsrichters (§§ 143 und 160) dem erkennenden Richter zu.

Derselbe beschliefst über die Annehmbarkeit der Kaution oder der Bürgschaft.

Der staatsanwaltschaftliche Bevollmächtigte ist vor der Aufhebung der über seinen, oder den Antrag der königl. Staatsanwaltschaft angeordneten oder aufrechterhaltenen (§ 160 zweiter Absatz) vorläufigen Festnahme anzuhören.

Gegen den die vorläufige Festnahme aufhebenden Bescheid ist ein Rekurs nicht zulässig.

## IV. Die Verhandlung.

§ 539. In einer Angelegenheit, welche wegen eines von Amtswegen zu verfolgenden Vergehens oder einer ebensolchen Übertretung eingeleitet worden ist, kann die Verhandlung ohne Anwesenheit des staatsanwaltschaftlichen Bevollmächtigten nicht abgehalten werden.

Insofern nicht der öffentliche Ankläger die Anklage vertritt, erbringt das Bezirksgericht einen Einstellungsbescheid auch in dem Falle, wenn am Verhandlungsorte zur anberaumten Stunde weder der Haupt- noch der Ersatz-Privatankläger, beziehungsweise der als Privatankläger zu betrachtende Verletzte, oder ihr Bevollmächtigter trotz der ordnungsmäfsigen Ladung erschienen ist, und ihr Wegbleiben in annehmbarer Weise nicht entschuldigt haben, von den zur Erhebung der Anklage Berechtigten aber niemand anwesend, oder der anwesende Berechtigte zur Übernahme der Vertretung der Anklage nicht geneigt ist.

Gegen den zufolge Wegbleibens des Privatanklägers beziehungsweise des Verletzten erbrachten Einstellungsbeschlufs ist mit Ausschlufs eines Rechtsmittels nur die Rechtfertigung zulässig.

Der Richter kann jedoch den bereits erbrachten Einstellungsbeschlufs ebenfalls beiseite legen und die Verhandlung abhalten, wenn der Verletzte nach Beendigung der Verhandlung noch zu einer Zeit erscheint, wo die übrigen Vorgeladenen sich noch nicht entfernt haben.

Gegen die im vorhergehenden Absatze erwähnte Verfügung ist ein Rechtsmittel nicht zulässig.

§ 540. Wenn der wegen eines mit einer Freiheitsstrafe zu ahndenden Vergehens oder mit der Verpflichtung persönlich zu erscheinen (§ 529 letzter Absatz) vorgeladene Beschuldigte ungerechtfertigt wegbleibt, läfst das Gericht ihn vorführen, oder insofern dies am Verhandlungstage nicht mehr möglich ist, vertagt es die Verhandlung und verfügt, dafs der Beschuldigte zur neuen Verhandlung vorgeführt werde.

Wenn der weggebliebene Beschuldigte nur wegen einer Übertretung oder eines blofs mit Geldstrafe zu ahndenden Vergehens vorgeladen worden ist, und der Thatbestand auch ohne sein Verhör ins Reine gebracht werden kann, hält der Richter die Verhandlung ab und urteilt auf Grund der ermittelten Beweise.

Das Urteil ist im letztern Falle dem Angeklagten zuzustellen.

Gegen dieses Urteil kann der Angeklagte auch um Rechtfertigung ansuchen. Wenn das Gericht derselben stattgibt, ist eine neue Verhandlung abzuhalten. Insofern der Angeklagte auch von dem neuen Termin wegbleibt, und auch sein Verteidiger oder gesetzlicher Vertreter nicht erscheint, bleibt das in Abwesenheit des Angeklagten gefällte frühere Urteil in Kraft.

§ 541. Jede Angelegenheit ist nach Möglichkeit in einer Verhandlung zu beendigen.

Die Verhandlung beginnt mit dem Vortrage der Anklage.

Hierauf kann der Beschuldigte sich äufsern.

Hernach ist der Beweis aufzunehmen.

Nach Beendigung derselben stellt der Ankläger seineu Antrag, in welchem er auf Grund der Daten der Anklage um ein Urteil ansucht, sohin aber tragen der Beschuldigte und eventuell sein Verteidiger die Verteidigung vor.

Nach den Vorträgen folgt die Urteilsfällung und die Verkündung, welch letztere nur in einer Angelegenheit von grofsem Umfange oder von prinzipieller Bedeutung auf vierundzwanzig Stunden aufgeschoben werden kann. Das verkündete Urteil ist womöglich sofort, spätestens aber, auch im Falle der Aufschiebung der Verkündung binnen vierundzwanzig Stunden schriftlich zu verfassen.

§ 542. Die Bestimmungen des XVIII. Kapitels sind auch bei der vor dem Bezirksgericht abgehaltenen Verhandlung entsprechend anzuwenden.

Wenn das Verfahren wegen eines wider § 258 oder 261 Ges.-Art. V vom Jahre 1878 verstofsenden Vergehens anhängig ist, mufs auf übereinstimmende Bitte der Parteien der Ausschlufs der Öffentlichkeit immer angeordnet werden.

Die Agenden des Präsidenten und des Gerichtshofes versieht der verhandelnde Richter, der gegen jene, die seiner Anordnung nicht Folge leisten, oder ungeachtet seiner Ermahnung die Ordnung der Verhandlung stören, oder während der Verhandlung ein rohes oder verletzendes Betragen bekunden, im Sinne der im § 124 Absatz 1—7 enthaltenen Vorschriften vorgeht.

Gegen die Bescheide des verhandelnden Richters mufs das Rechtsmittel allsogleich angemeldet werden. Der Richter hat hierauf die Parteien nach der Verkündung des anfechtbaren Bescheides aufmerksam zu machen. Das Rechtsmittel ist nur bei Gelegenheit der Überprüfung des Urteiles zu erledigen.

Unter königl. Staatsanwaltschaft ist in der Regel der staatsanwaltschaftliche Bevollmächtigte zu verstehen.

Das Wegbleiben, die Erkrankung oder die Entfernung des Verteidigers bildet überhaupt, die des Beschuldigten aber im Falle einer Übertretung oder eines nur mit Geldstrafe zu ahndenden Vergehens keinen Grund, die Verhandlung zu unterbrechen oder zu vertagen.

Das über die Verhandlung aufgenommene Urteil ist vor der Urteilsfällung stets anzufertigen und durch den Richter zu überprüfen und zu unterschreiben. In dasselbe dürfen die Parteien, ihre Vertreter und die Zeugen bei sonstiger Nichtigkeit nichts eintragen.

§ 543. Der Beweis ist in der Verhandlung aufzunehmen.

Im Dringlichkeitsfalle oder wenn die Beweisführung wesentlich erleichtert wird, kann die Verhandlung auch an dem Thatort oder dem Orte, wo der Augenschein stattgefunden hat, abgehalten werden.

Wenn jedoch das Verhör eines in dem Sprengel eines andern Gerichtshofes oder noch entfernter wohnhaften oder eines solchen Zeugen sich als notwendig erweist, welcher aus den im § 201 aufgezählten Ursachen vor dem Gericht nicht stellig gemacht werden kann, veranlafst der Richter das Verhör im Requisitionswege beziehungsweise in der Wohnung des

Zeugen nach Möglichkeit unter Eid und unter entsprechender Anwendung der im § 125 zweiter Absatz enthaltenen Bestimmungen und unterbricht oder vertagt zu diesem Zweck die Verhandlung.

Auch ein entfernt wohnender Zeuge ist zur Verhandlung vorzuladen, wenn sein Verhör vor dem verhandelnden Richter sich als notwendig erweist.

Wenn ein Augenschein oder die fachmännische Untersuchung und Begutachtung aus dem Grunde, weil dieselben viel Zeit in Anspruch nehmen, oder wegen örtlicher, beziehungsweise technischer Schwierigkeiten in der Verhandlung nicht vorgenommen werden können, sind diese mit Unterbrechung oder Vertagung der Verhandlung aufserhalb der Verhandlung vorzunehmen.

§ 544. Bei den gemäfs §§ 525, 528 und 543 aufserhalb der Verhandlung vorzunehmenden richterlichen Handlungen geht der Richter gemäfs der Vorschriften der Kapitel IX, XII, XIII und XIV vor.

Er kann jedoch den Beschuldigten behufs Beobachtung des Geisteszustandes desselben in die zu diesem Zweck dienende Anstalt nicht überführen lassen; Privaturkunden nur dann durchforschen, wenn dieselben im Besitze des Beschuldigten sind; Briefe und Telegramme während ihrer Weiterbeförderung nicht beschlagnahmen und öffnen.

Ein ordentliches Protokoll ist nur über jene Handlungen aufzunehmen, welche bei der Verhandlung als Beweis dienen und dort nicht wiederholt werden können.

In andern Fällen macht der Richter oder der Protokollführer über das Ergebnis des Verfahrens kurze Aufzeichnungen.

### V. Rechtsmittel.

§ 545. Die Beschlüsse des Bezirksgerichts überprüft jener Gerichtshof, in dessen Sprengel der Amtssitz des vorgehenden Bezirksgerichts gelegen ist.

§ 546. Gegen jene Bescheide des Bezirksgerichts, bezüglich welcher das Gesetz ein Rechtsmittel nicht ausschliefst, kann ein einmaliger Rekurs ergriffen werden.

Die Verfügungen des § 378, des § 379 Absatz 2—5 und des § 380 sind entsprechend mit der Abweichung anzuwenden, dafs der Rekurs bei jenem Bezirksgerichte anzumelden oder einzureichen ist, welches den Bescheid erbracht hat; dafs den verspäteten, unbestimmten, von einer hierzu nicht berechtigten Person ergriffenen, oder im Gesetze ausgeschlossenen Rekurs das Bezirksgericht zurückweist.

§ 547. Gegen ein Urteil eines Bezirksgerichtes kann aufser dem Falle des § 518 Absatz 9 als Rechtsmittel nur die Appellation und das im Interesse der Rechtseinheit gestattete Rechtsmittel (§ 441) ergriffen werden.

Eine Appellation kann in Hinsicht auf den verfügenden Teil des Urteiles, ferner wegen der bei der Verhandlung und der Urteilsfällung aufgetauchten Nichtigkeitsgründe (§§ 384, 385), sowie auch bezüglich der Begründung des Urteiles ergriffen werden.

Blofs hinsichtlich der Bemessung der Strafe ist eine Appellation nicht zulässig:

1. zu Gunsten des Angeklagten dann, wenn das Bezirksgericht den Angeklagten, — sei es mit Anwendung des § 92 Ges.-Art. V vom Jahre 1878, beziehungsweise des § 21 Ges.-Art. XL vom Jahre 1879, sei es ohne dem — als Hauptstrafe, oder als Haupt- und Nebenstrafe zusammengenommen, — nur zu einer fünfzig Kronen nicht übersteigenden Geldstrafe verurteilt hat. Im Falle einer Annullierung mehrerer strafbaren Handlungen ist eine Appellation ebenfalls nicht zulässig, wenn die Strafe keiner der strafbaren Handlungen fünfzig Kronen übersteigt;

2. zum Nachteile des Angeklagten überhaupt, ausgenommen, wenn das Bezirksgericht den § 92 Ges.-Art. V vom Jahre 1878 beziehungsweise den § 21 Ges.-Art. XL vom Jahre 1879 angewendet hat.

§ 548. Die Appellation ist bei der Verkündung des Urteiles bei jenem Bezirksgerichte anzumelden, welches das Urteil geschöpft hat.

Wenn das Urteil im Wege der Zustellung mitgeteilt wird, kann die Appellation binnen acht Tagen von der Zustellung gerechnet schriftlich angemeldet oder zu Protokoll gegeben werden.

Der Ehegatte und gesetzliche Vertreter des Angeklagten können innerhalb der für den Angeklagten offenstehenden Frist die Appellation ergreifen.

Die Appellation kann im Falle des ersten Absatzes dieses Paragraphen binnen drei Tagen von der Anmeldung, im Falle des zweiten Absatzes aber binnen drei Tagen von der Zustellung gerechnet in einer besonderen Eingabe auch begründet oder ihre besondere Begründung auch abgeändert oder ergänzt werden.

Eine Appellation können die im § 383 Benannten und der staatsanwaltschaftliche Bevollmächtigte, der letztere und die königl. Staatsanwaltschaft auch in den Fällen der infolge einer Privatanklage zu verfolgenden Vergehen und Übertretungen (§ 41), ergreifen.

Bezüglich der Bestimmung des Gegenstandes der Appellation, der Appellationseingabe, der Gegenbemerkungen, der neuen Beweise und der Zurückziehung der Appellation sind die §§ 390—394 mafsgebend.

Wenn gegen ein ohne Anhörung des Angeklagten gefälltes Urteil die Appellation angemeldet und zugleich wegen Verabsäumung des Termins auch um Rechtfertigung angesucht wird, so ist in erster Reihe die Frage der Rechtfertigung zu entscheiden, und die Appellation nur im Falle der Verweigerung der Rechtfertigung dem Gericht zweiter Instanz zu unterbreiten.

§ 549. Ein appellirtes Urteil kann, mit Ausnahme des im § 506 zweiter Absatz bezeichneten Falles nicht vollstreckt werden.

Die verspätete, unbestimmte (§ 390), von einer hierzu nicht berechtigten Person eingebrachte, oder im Gesetze ausgeschlossene Appellation weist das Bezirksgericht zurück. Im entgegengesetzten Falle unterbreitet es die Akten unter entsprechender Anwendung der im § 396 enthaltenen Verfügungen an den Gerichtshof, beziehungsweise übersendet es, wenn gegen das Urteil des Bezirksgerichtes nur der staatsanwaltschaftliche Bevollmächtigte zum Nachteile des Angeklagten appelliert hat, die Akten an den an der Seite des Gerichtshofes wirkenden königl. Staatsanwalt.

Der königl. Staatsanwalt geht im Sinne des § 396 zweiter Absatz vor.

§ 550. Die appellierte Angelegenheit überprüft der Gerichtshof erst in der gemäfs der Vorschriften des § 399 abzuhaltenden Senatssitzung, und erledigt dieselbe auch in den nachstehenden Fällen.

Wenn formale Gründe oder Mängel (§ 400, Punkte 1, 2, 3, 4 und 6) die Urteilsfällung hindern, weist der Gerichtshof die Appellation zurück, beziehungsweise weist derselbe das Bezirksgericht zum Verfahren gemäfs des § 391 an, verordnet die Übersendung der Akten, oder die erforderlichen Ergänzungen, eventuell entsendet derselbe behufs der nachträglichen Beweisaufnahme oder der Ergänzung derselben seinen eigenen Richter, oder betraut hiermit einen Richter der in seinem Sprengel befindlichen Bezirksgerichte.

Wenn bezüglich des erkennenden Richters, des Verfahrens oder des Urteiles desselben irgend ein im § 384 aufgezählter Nichtigkeitsgrund obwaltet, und derselbe gemäfs des dritten, vierten und letzten Absatzes des zitierten Paragraphen in Betracht genommen werden kann, so sind die im § 404 für die königl. Gerichtstafel festgestellten Vorschriften entsprechend, jedoch mit der Abweichung anzuwenden, dafs die Angelegenheit nur dann an ein in seinem Sprengel befindliches anderes Bezirksgericht zu verweisen ist, wenn die Erledigung der Angelegenheit durch einen anderen Richter des zuständigen Bezirksgerichts nicht angeordnet werden kann.

Wenn die Appellation blofs wegen eines Zwischenbescheides (§ 542, vierter Absatz) oder in betreff der Bemessung der Strafe, der strafrechtlichen Kosten, oder des privatrechtlichen Anspruches ergriffen worden ist, so entscheidet der Gerichtshof sofort in der Wesenheit, und bestätigt das Urteil des Bezirksgerichts oder ändert dasselbe ab.

Wenn endlich die als Grundlage des bezirksgerichtlichen Urteiles dienenden thatsächlichen Feststellungen oder die in dem vorhergehenden Absatze des Urteiles nicht berührten Verfügungen des Urteiles angefochten sind, oder bezüglich der Richtigkeit der ersteren der Gerichtshof einen in anderer Weise nicht zu behebenden Zweifel hegt, weist er die Angelegenheit zur Appellationsverhandlung.

§ 551. Wenn der Gerichtshof im Sinne des § 550, letzter Absatz die Abhaltung einer Appellationsverhandlung anordnet, beschliefst derselbe gleichzeitig, ob in der Appellationsverhandlung die Beweisführung sich auf die gesamten Feststellungen des Thatbestandes oder nur auf einzelne strittige Teile desselben erstrecken soll, welcher Beweis aufzunehmen sein wird, und wer von den Parteien anwesend zu sein hat.

Der Verhandlungspräsident setzt mit Inbetrachtnahme des § 286 zweiter Absatz, den Tag der Verhandlung fest, ladet hierzu die Parteien, die Privatpartei und ihre Vertreter eventuell die in dem die Verhandlung anordnenden Bescheide bezeichneten Zeugen und Sachverständigen.

Diejenigen, deren Anwesenheit der Gerichtshof für notwendig findet, sind unter Androhung der Vorführung, die Übrigen nur mit dem Bemerken zu laden, dafs die Verhandlung auch im Falle ihres Wegbleibens abgehalten werden wird.

Der in Haft befindliche Angeklagte kann nur auf Grund eines Beschlusses des Gerichtshofes zur Appellationsverhandlung eskortiert werden.

§ 552. In der Appellationsverhandlung mufs der königl. Staatsanwalt anwesend sein, ausgenommen, wenn der Gegenstand der Anklage nur ein Vergehen oder eine Übertretung ist, welche im § 41 aufgezählt sind, und weder der staatsanwaltschaftliche Bevollmächtigte noch die königl. Staatsanwaltschaft die Vertretung der Anklage übernommen hat.

Die Verhandlung kann auch in Abwesenheit der zum persönlichen Erscheinen Verpflichteten nicht abgehalten werden.

Der Verhandlungs-Präsident hat vor allem die Anwesenheit der letzteren festzustellen.

Der Gerichtshof kann die Vorführung der Weggebliebenen, eventuell deren abermalige Vorladung unter Vertagung der Verhandlung oder auch ohne diese anordnen.

§ 553. Insofern die nachstehenden Vorschriften nicht abweichend verfügen, ist die Appellationsverhandlung mit entsprechender Anwendung der Bestimmungen des XVIII. Kapitels abzuhalten.

Wenn der Gerichtshof die Wiederholung des ganzen Beweisverfahrens angeordnet hat, sind in der Appellationsverhandlung anstatt der im § 304 bezeichneten Teile des Anklagebeschlusses, beziehungsweise der Anklageschrift das bezirksgerichtliche Urteil, ferner, insofern die appellierende Partei, beziehungsweise die Gegenpartei derselben nicht erschienen ist, und für sich einen Vertreter auch nicht entsendet hat, die Begründung der Appellation und die Gegenbemerkungen zu verlesen.

Wenn der Gerichtshof von der Wiederholung des Beweisverfahrens gänzlich abgesehen, oder nur die teilweise Wiederholung desselben als notwendig erachtet hat, folgen nach der Eröffnung der Verhandlung gemäfs der Weisung des § 418 das Referat der Angelegenheit, die Aufklärungen, beziehungsweise die Verlesung einzelner Teile des bezirksgerichtlichen Verhandlungsprotokolles oder sonstiger Schriften.

Hierauf ist der erschienene Angeklagte zu verhören und der Beweis aufzunehmen.

Am Ende der Verhandlung trägt der königl. Staatsanwalt (§ 552 erster Absatz) seinen Antrag mündlich vor, und wenn die Parteien zu sprechen wünschen, machen die Parteien, die Privatpartei oder deren Vertreter ihre Vorstellung. Das erste Wort gebührt dem Appellanten, die Schlufsrede oder die Replik immer dem Angeklagten und seinem Verteidiger.

§ 554. Der Gerichtshof erbringt gemäfs dem Ergebnisse der Appellationsverhandlung eventuell die im § 550 erwähnten Bescheide, insofern jedoch formale Gründe oder Mängel kein Hindernis bilden, urteilt er in der Wesenheit der Sache.

Der Gerichtshof bestätigt im letztern Falle das Urteil des Bezirksgerichtes oder ändert dasselbe ab, im Falle des im § 385 bestimmten Nichtigkeitsgrundes geht derselbe gemäfs § 423 zweiter Absatz, schliefslich im Falle des § 404 zweiter Absatz, mit Anwendung der im § 423 erster Absatz enthaltenen Vorschrift vor.

Wenn das Bezirksgericht im Falle einer solchen strafbaren Handlung geurteilt hat, welche seinen Wirkungskreis übersteigt, kassiert der königl. Gerichtshof das Urteil des Bezirksgerichtes und insofern sein Wirkungskreis dies zuläfst, derselbe den Thatbestand aber als ermittelt sieht. und die neue Vorbereitung der Anklage oder Verteidigung nicht notwendig ist, kann derselbe mit Aufseracbtlassung des im XV. Kapitel geregelten Verfahrens ein erstinstanzliches Urteil fällen.

Im entgegengesetzten Falle übermittelt derselbe die Angelegenheit an das zuständige Gericht, ordnet die Untersuchung oder einzelne Untersuchungshandlungen an.

§ 555. Sowohl in den Fällen des § 550, als auch der §§ 553 und 554 sind bei der Erbringung des Bescheides, beziehungsweise des Urteiles die in den §§ 386, 387 und 424 enthaltenen Bestimmungen auch für den Gerichtshof verpflichtend.

§ 556. Gegen den Bescheid des Gerichtshofes als Gerichtes zweiter Instanz ist ein Rekurs nicht zulässig. Gegen das in einer appellierten Angelegenheit erflossene Urteil des königl. Gerichtshofes ist, wenn der Gegenstand der Beurteilung sowohl nach der Anklage, als auch den Urteilen eine Übertretung oder ein blofs mit einer Geldstrafe zu ahndendes Vergehen war, nur das im Interesse der Rechtseinheit zu ergreifende Rechtsmittel (§ 441) zulässig.

In einer Angelegenheit, welche sich auf ein mit einer Freiheitsstrafe zu ahndendes Vergehen oder nebst einem solchen Vergehen noch auf ein andres Vergehen, beziehungsweise eine andre Übertretung bezieht, kann der des Vergehens Angeklagte oder wegen desselben Verurteilte, ferner sein Ehegatte, gesetzlicher Vertreter und Verteidiger gegen das zweitinstanzliche Urteil des Gerichtshofes sich an die königl. Kurie im Falle des § 385 Punkt 1a und c mit einer Nichtigkeitsbeschwerde wenden.

Der Ankläger kann in denselben Angelegenheiten nur dann eine Nichtigkeitsbeschwerde einbringen, wenn der Gerichtshof eine strafbare Handlung, welche nach dem Gesetze ein Verbrechen ist, als Vergehen oder Übertretung qualifiziert hat.

§ 557. Die Nichtigkeitsbeschwerde ist bei Gelegenheit der Verkündung des Urteiles, oder wenn das Urteil im Zustellungswege mitgeteilt wurde, binnen acht Tagen von der Zustellung gerechnet, bei dem in erster Instanz erkennenden Bezirksgerichte anzumelden.

Letzteres weist die verspätet eingebrachte, die im Gesetze ausgeschlossene, die von einer nicht berechtigten Person ergriffene, oder die, den geltend zu machen gewünschten Nichtigkeitsgrund nicht bezeichnende Nichtigkeitsbeschwerde zurück.

Im übrigen sind die §§ 429—439 bezüglich der gegen das zweitinstanzliche Urteil des Gerichtshofes ergriffenen Nichtigkeitsbeschwerde und auch der Erledigung derselben entsprechend anzuwenden.

### VI. Gemischte Bestimmungen.

§ 558. Eine Wiederaufnahme ist auch in, in den Wirkungskreis des Bezirksgerichtes gehörenden strafgerichtlichen Angelegenheiten unter den in den §§ 444—451 bestimmten Bedingungen zulässig. Zur Beschlufsfassung ist aufser dem Falle des § 452 zweiter Absatz jenes Bezirksgericht zuständig, welches das erstinstanzliche Urteil gefällt hat.

Dieses Bezirksgericht beraumt, insofern es den Antrag nicht infolge formaler Mängel (§ 454) zurückzuweisen findet, eine Verhandlung an, und ladet hierzu die im § 529 erster Absatz aufgezählten Beteiligten, die in Antrag gebrachten Zeugen und Sachverständigen, sowie auch von den bereits Vernommenen jene vor, deren Aussage beziehungsweise Gutachten der Antragsteller zu entkräften wünscht.

Das Bezirksgericht urteilt auf Grund des Ergebnisses der Verhandlung ohne Zwischenbescheid, sogleich in der Wesenheit der Sache. Es hält das angefochtene Urteil entweder in seiner Wirksamkeit aufrecht, oder setzt dasselbe im ganzen, beziehungsweise zum Teil aufser Kraft und fällt ein neues Urteil.

§ 559. Die Vollstreckung seines rechtskräftigen Urteiles veranlafst bezüglich der Strafe, unter Kontrolle der königl. Staatsanwaltschaft das Bezirksgericht selbst.

Das Bezirksgericht kann bezüglich des Antrittes der, in der vor demselben anhängig gewesenen Angelegenheit festgestellten Gefängnis- und Einsperrungsstrafe nach Anhörung des staatsanwaltschaftlichen Bevollmächtigten unter den im § 509 bestimmten Bedingungen einen zweimonatlichen Aufschub gewähren.

Die Abgabe in die Besserungsanstalt vermittelt die königl. Staatsanwaltschaft.

§ 560. Wenn ein vor dem Bezirksgerichte wegen eines Vergehens Angeklagter oder Verurteilter in dem andern Staate der österreichisch-ungarischen Monarchie, oder anderswo im Auslande sich aufhält, und die Bedingungen zur Anordnung der vorläufigen Festnahme, sowie der Erwirkung der Auslieferung vorhanden sind, erläfst das Bezirksgericht einen dem § 475 dritter Absatz entsprechenden Haftbefehl, und übersendet gleichzeitig die Akten behufs Antragstellung, beziehungsweise Unterbreitung an den Justizminister, an die königl. Staatsanwaltschaft.

Wenn aber eine ausländische Behörde das Bezirksgericht um Auslieferung eines, des in den Wirkungskreis desselben gewiesenen Vergehens beschuldigten Individuums ersucht, stellt dasselbe die Staatsangehörigkeit des letztern fest und übersendet die Akten der Angelegenheit an die königl. Staatsanwaltschaft.

Zum weitern Verfahren und zur gutachtlichen Berichterstattung ist im letztern Falle jener Gerichtshof zuständig, in dessen Sprengel der Amtssitz des Bezirksgerichtes sich befindet (§§ 27, 476).

## XXX. Kapitel.

### Verfahren im Falle einer im Wege einer Druckschrift begangenen strafbaren Handlung.

§ 561. Die Bestimmungen dieses Getetzes sind in dem wegen eines, im Wege einer Druckschrift (§ 63 Ges.-Art. V vom Jahre 1879) begangenen

Verbrechens oder Vergehens eingeleiteten Verfahren mit den nachstehenden Modifikationen anzuwenden.

§ 562. Zum Verfahren ist jenes Prefsgericht zuständig, auf dessen Gebiet die Druckschrift hergestellt worden ist, wenn jedoch der Ort, wo die Druckschrift hergestellt wurde, unbekannt oder aufserhalb des Gebiets des ungarischen Staats gelegen ist, jenes Prefsgericht, auf dessen Gebiet das für die Druckschrift verantwortliche Individuum wohnt oder sich aufhält.

Wenn sowohl der Ort der Herstellung der Druckschrift, als auch der Wohn- beziehungsweise Aufenthaltsort der verantwortlichen Person unbekannt sind, oder aufserhalb des Gebietes des ungarischen Staates fallen, ist jenes Prefsgericht zuständig, auf dessen Gebiet die zum Gegenstande der Anklage gemachte Druckschrift in Verkehr gebracht wurde.

§ 563. Unter mehreren gleich zuständigen Prefsgerichten entscheidet das Zuvorkommen (§ 16).

Nichtsdestoweniger, wenn die königl. Staatsanwaltschaft vor Einreichung der Anklageschrift es beantragt, ist das nach dem Wohn- oder Aufenthaltsorte des Beschuldigten zuständige Prefsgericht verpflichtet, die Fortsetzung des Verfahrens dem nach dem Orte der Herstellung der Druckschrift zuständigen Prefsgerichte zu überlassen.

Über die bis zu dem oben bezeichneten Zeitpunkte vorgetragene Bitte des Privatanklägers oder des Beschuldigten kann das nach dem Wohn- oder Aufenthaltsorte des Beschuldigten zuständige Prefsgericht die Übermittlung der Angelegenheit anordnen.

Das nach dem Orte der Herstellung der Druckschrift zuständige Prefsgericht kann die an dasselbe übermittelte Angelegenheit nicht zurückweisen.

§ 564. Bezüglich der im Wege einer Druckschrift begangenen Verbrechen und Vergehen besorgt die Agenden des öffentlichen Anklägers auf dem ganzen Gebiete des Prefsgerichtes die am Amtssitze dieses Gerichtes befindliche königl. Staatsanwaltschaft.

§ 565. Der Anordnung der Hauptverhandlung mufs die Untersuchung vorangehen.

Die Untersuchung kann der Untersuchungsrichter eines jeden Gerichtshofes anordnen und führen, bezüglich dessen irgend einer der im § 562 bestimmten Umstände obwaltet. Er ist jedoch verpflichtet, von der Anordnung der Untersuchung den Anklagesenat des zuständigen Prefsgerichtes unverzüglich zu verständigen.

Der Anklagesenat kann die Führung der Untersuchung dem Untersuchungsrichter des Prefsgerichtes vorbehalten oder bestimmen, welcher von den in seinem Sprengel wirkenden Untersuchungsrichtern die Untersuchung zu führen oder fortzusetzen habe.

§ 566. Die zum Gegenstande der Anklage gemachte Druckschrift ist dem Antrage auf Anordnung der Untersuchung anzuschliefsen oder in demselben der Titel, die Zeit und der Ort des Erscheinens genau zu bezeichnen.

Aufserdem ist der Ankläger verpflichtet, jene Teile der Druckschrift anzuführen, auf welche er seine Anklage gründet.

§ 567. Eine Druckschrift kann wegen ihres ein Verbrechen oder ein Vergehen feststellenden Inhaltes nach der erfolgten Anzeige oder gleichzeitig mit dieser nur über Antrag des Anklägers mit Beschlag belegt werden.

Zur Anordnung und Durchführung der Beschlagnahme ist in der Regel der zuständige Untersuchungsrichter (§ 565) oder das Prefsgericht (§ 462), wenn jedoch Gefahr im Verzuge ist, auch jeder Untersuchungsrichter oder jedes Bezirksgericht berechtigt.

Die Beschlagnahme erstreckt sich auf alle, sowohl in Verkehr gebrachten, als auch der Post oder einer Transportanstalt übergebenen und schliefslich auf die beim Redakteur, dem Herausgeber, dem Drucker oder einem andern Individuum in Vorrat befindlichen Exemplare der Druckschrift. Sie kann ferner auf die zur Herstellung der Druckschrift dienenden Formen, Stiche und sonstige Vervielfältigungsvorrichtungen ausgedehnt werden.

Die Beschlagnahme der Form kann auch durch das Zerteilen der Lettern des gesetzten Textes ersetzt werden.

§ 568. Der Ankläger ist binnen acht Tagen von der Beschlagnahme gerechnet verpflichtet, einen Antrag auf Anordnung der auf die beschlagnahmte Druckschrift bezüglichen Untersuchung zu machen, insofern er dies bereits noch nicht gethan hätte.

Im entgegengesetzten Falle verliert die Beschlagnahme ihre Wirksamkeit und sind die beschlagnahmte Druckschrift und die Vervielfältigungsvorrichtung hinauszugeben.

Wenn der Ankläger die Anklage zurückzieht, hebt der Untersuchungsrichter die Beschlagnahme auf.

§ 569. Über die gegen die Verfügung des Untersuchungsrichters gestattete Beschwerde und den Rekurs beschliefst der Anklagesenat jenes Gerichtshofes, an dessen Seite der Untersuchungsrichter wirkt.

Hingegen beschliefst hinsichtlich der Fortsetzung oder Ergänzung der Untersuchung, wenn diesbezüglich zwischen dem Ankläger und dem Untersuchungsrichter eine Meinungsverschiedenheit sich ergibt, ferner aufser dem im § 128 erster Absatz bestimmten Falle in betreff der Einstellung des Verfahrens, beziehungsweise der Anordnung des Hauptverfahrens oder der Erbringung des Anklagebeschlusses der Anklagesenat des zuständigen Prefsgerichtes.

§ 570. Die im § 566 enthaltenen Vorschriften sind auch bezüglich der Anklageschrift entsprechend anzuwenden.

§ 571. Sobald der Ankläger die Anklageschrift eingereicht hat, beziehungsweise sobald die zur Einreichung derselben im Gesetze bestimmte Frist abgelaufen ist, hat der Untersuchungsrichter sämtliche Akten der Angelegenheit dem Anklagesenat des zuständigen Prefsgerichtes vorzulegen.

Der Präsident des Prefsgerichtes verfügt in betreff der Mitteilung der Anklageschrift an den Beschuldigten.

§ 572. Der Beschuldigte kann auch in den gegen die Anklageschrift einzubringenden Einwendungen (§§ 256, 257) denjenigen namhaft machen, dessen zur Verantwortungziehung die Einstellung des wider ihn eingeleiteten Verfahrens nach sich zieht.

Eine unmittelbare Vorladung zur Hauptverhandlung kann nur gegen den Verfasser der den Gegenstand der Anklage bildenden Druckschrift angeordnet werden.

§ 573. Hinsichtlich des im Wege einer Druckschrift begangenen Verbrechens oder Vergehens ist die Verhandlung im Sinne der im XIX. Kapitel festgesetzten Bestimmungen vor dem Schwurgerichte abzuhalten.

§ 574. In der an die Geschworenen zu richtenden Hauptfrage (§ 355) sind als zur Unterscheidung der zum Gegenstande der Anklage gemachten strafbaren Handlung dienender Thatumstand, die als Gegenstand der Anklage dienende Prefsmitteilung mit Hinweis auf die in der Anklageschrift bezeichneten Worte derselben und der Umstand ausdrücklich zu erwähnen, in welcher Eigenschaft (Verfasser, Herausgeber, Druckereibesitzer usw.) der Angeklagte verantwortlich ist.

In dem Urteile mufs über die zum Gegenstande der Anklage gemachte Druckschrift im Sinne der §§ 61 und 62 Ges.-Art. V vom Jahre 1878 verfügt werden.

Bei Büchern, Zeitschriften und solchen Druckschriften, bei welchen die Scheidung möglich ist, können nur jene Teile der mit Beschlag belegten Druckschrift eingezogen und vernichtet werden, welche die zum Gegenstande der Anklage gemachte Prefsmitteilung enthalten.

Wenn das Verbrechen oder Vergehen in einer periodischen Zeitschrift begangen worden ist und das Gericht die Schuld des Angeklagten festgestellt hat, ist anzuordnen, dafs das Urteil in der nächsterscheinenden Nummer des Blattes veröffentlicht werde.

§ 575. Die Bestimmungen dieses Kapitels sind nicht anzuwenden:

1. bezüglich der Einziehung und Vernichtung einer solchen Druckschrift, wegen welcher das Strafverfahren gegen niemanden anhängig gemacht werden kann;

2. bezüglich der durch Verletzung der Vorschriften des Prefsgesetzes begangenen Vergehen und Übertretungen.

Im Falle des Punktes 1 ist gemäfs der im XXV. Kapitel dieses Gesetzes enthaltenen Bestimmungen vorzugehen.

Im Falle des Punktes 2, wenn auch die in demselben bezeichneten strafbaren Handlungen im Wege einer Druckschrift begangen worden sind, sind die allgemeinen Vorschriften dieses Gesetzes anzuwenden.

## XXXI. Kapitel.

## Entschädigung im Falle der unschuldig erlittenen vorläufigen Festnahme, Untersuchungshaft und Strafe.

§ 576. Derjenige, den das Gericht von der Anklage rechtskräftig freigesprochen, oder gegen den das Gericht das Verfahren rechtskräftig eingestellt hat, hat dann auf Entschädigung Anspruch, wenn derselbe die von Seite des Gerichtes angeordnete vorläufige Festnahme oder Untersuchungshaft wegen einer solchen Handlung ausgestanden hat:

1. welche nicht er begangen hat;

2. welche überhaupt nicht begangen worden ist;

3. welche er zwar begangen hat, die aber im Sinne des Gesetzes keine strafbare Handlung ist.

§ 577. Eine Entschädigung für die ausgestandene vorläufige Festnahme oder Untersuchungshaft kann derjenige nicht beanspruchen, der

1. einen Fluchtversuch gemacht hat oder geflüchtet ist;

2. eine falsche Selbstanzeige oder ein falsches Geständnis gemacht hat;

3. die Spuren der That zu verwischen, einen Zeugen oder Mitangeklagten zur falschen Aussage, einen Sachverständigen zur Abgabe eines falschen Gutachtens zu bewegen, oder von der Aussage, beziehungsweise von der Abgabe des Gutachtens abzuhalten bestrebt war.

§ 578. Derjenige, der auf Grund eines rechtskräftigen Urteiles eine Freiheitsstrafe erlitten oder eine Geldstrafe bezahlt hat, beziehungsweise von dem die Geldstrafe beigetrieben worden ist, hat Anspruch auf Entschädigung,

1. wenn er infolge Wiederaufnahme mit rechtskräftigem Urteile freigesprochen worden ist;

2. wenn infolge der Wiederaufnahme mit einem rechtskräftigen Urteile eine geringere Strafe wider ihn festgestellt worden ist, als welche er auf Grund des aufser Wirksamkeit gesetzten Urteiles verbüfst hat.

§ 579. Eine Entschädigung kann derjenige nicht beanspruchen:

1. der eine falsche Selbstanzeige, oder ein falsches Geständnis gemacht hat;

2. der in dem Hauptprozesse wissentlich jene Beweismittel verschwiegen hat, auf welche das Gericht in dem wiederaufgenommenen Verfahren sein Urteil gegründet hat;

3. der gegen das seine Strafbarkeit feststellende Urteil unterer Instanz ein Rechtsmittel nicht ergriffen hat;

4. der die mit dem Urteile des Gerichtes unterer Instanz wider ihn festgestellte Freiheitsstrafe, bevor noch das Urteil in Rechtskraft erwachsen ist, angetreten hat (§ 506 zweiter Absatz, § 549 erster Absatz).

§ 580. Die Entschädigung leistet der Staat.

Der Entschädigungs-Anspruch erstreckt sich: auf eine entsprechende Geldentschädigung, ferner auf jene Summe, welche der Verurteilte als Geldstrafe und als strafgerichtliche Kosten bezahlt hat; auf den Wert jener Gegenstände, welche auf Grund des § 61 Ges.-Art. V vom Jahre 1878 von ihm eingezogen wurden, und auf das Reinerträgnis jener Arbeit, welche der Verurteilte während der Dauer der unrichtig festgestellten Freiheitsstrafe ins Verdienen gebracht hat.

Aufserdem ist der die Entschädigung feststellende Beschlufs im Amtsblatte, eventuell auch in einer am Amtssitze des Gerichtes, oder an einem in der nächsten Nähe desselben gelegenen Orte erscheinenden Zeitung zu Lasten des strafgerichtlichen Pauschales zu veröffentlichen, und bei der Ortsbehörde der Zuständigkeit, sowie des Wohnsitzes des Verurteilten an der für die Kundmachungen bestimmten Stelle auszuhängen.

§ 581. Der Entschädigungsanspruch erlischt, wenn der hierzu Berechtigte seinen Anspruch binnen sechs Monaten, von der Verkündung, beziehungsweise Zustellung des rechtskräftigen Einstellungsbeschlusses oder freisprechenden Urteiles gerechnet, nicht geltend macht.

§ 582. Diejenigen, welche auf Grund des Gesetzes oder der gesetzlichen Gepflogenheit von dem zur Entschädigung Berechtigten einen Unterhalt zu fordern berechtigt sind, können im Falle seines Ablebens auf die im § 580 bestimmte Entschädigung Anspruch machen. Zu diesem Behufe können sie, wenn der zur Entschädigung Berechtigte seinen Anspruch innerhalb der im § 581 bestimmten Frist geltend gemacht hat, — die Fortsetzung des Verfahrens verlangen; wenn aber der zur Entschädigung Berechtigte vor dem Ablauf der erwähnten Frist gestorben ist, ohne seinen Anspruch geltend gemacht zu haben, können sie binnen sechs Monaten von dem Tage des Ablebens gerechnet, um die Einleitung des Verfahrens ansuchen.

§ 583. In dem Falle, wenn ein rechtskräftiges Urteil feststellt, dafs jenes Individuum, an welchem die Todesstrafe vollstreckt wurde, freizusprechen gewesen wäre, gebührt seinen zur Forderung des Unterhaltes berechtigten Angehörigen, wenn sie darauf angewiesen sind, eine dem entgangenen Unterhalte entsprechende Geldentschädigung.

Bezüglich der Veröffentlichung des diese Entschädigung feststellenden Beschlusses ist die Bestimmung des § 580 letzter Absatz mit der Abweichung anzuwenden, dafs der Beschlufs bei der Ortsbehörde des letzten Wohnsitzes des Verurteilten, sowie, wenn die Angehörigen in einem andern Orte wohnen, auch bei der Ortsbehörde ihres Wohnortes, jedoch nur über ihr Ansuchen auszuhängen ist.

In dem Falle dieses Paragraphen ist die in dem § 581 festgesetzte Frist von dem Tage angefangen zu rechnen, an welchem der Einstellungsbeschlufs oder das freisprechende Urteil in Rechtskraft erwachsen ist.

§ 584. Das Entschädigungsverfahren ist bei jenem Gerichtshofe einzuleiten, welcher in der Strafsache als Gericht erster Instanz vorgegangen ist, oder in dessen Sprengel das in erster Instanz vorgegangene Gericht gehört.

§ 585. Um die Einleitung des Entschädigungsverfahrens kann, nachdem der das Strafverfahren einstellende Beschlufs oder das freisprechende Urteil in Rechtskraft erwachsen ist, schriftlich oder mündlich angesucht werden.

In dem Ansuchen sind jene Umstände, welche zur Unterstützung desselben dienen, mit der möglichsten Bestimmtheit zu bezeichnen.

§ 586. Das Gericht erforscht die zur Feststellung der Entschädigung dienenden Daten von Amts wegen.

Im Laufe der Nachforschung fordert es den Berechtigten zur Äufserung und die königl. Staatsanwaltschaft zur Meinungsabgabe auf.

Im Notfalle kann es auch Zeugen und Sachverständige verhören.

Von der Beendigung der Nachforschung ist der Berechtigte mit der Erinnerung zu verständigen, dafs er seine Bemerkungen und Wünsche binnen acht Tagen schriftlich einreichen oder zu Protokoll geben könne.

Der Berechtigte kann in die Schriften Einsicht und von denselben Abschrift nehmen.

§ 587. Nach Beendigung der Nachforschung unterbreitet das Gericht sämtliche Akten der königl. Kurie, welche im Falle des Obwaltens des Entschädigungsanspruches endgiltig beschliefst und wenn sie demselben stattgiebt, die Schriften an den Justizminister übersendet.

Auf Grund des Beschlusses der königl. Kurie stellt der Justizminister den Entschädigungsbetrag fest.

§ 588. Dem Staate steht bis zur Höhe des Entschädigungsbetrages das Regrefsrecht gegen alle jene zu, deren Handlung oder Versäumnis Ursache zur Entschädigung geboten hat.

Gegen den Richter, richterlichen Beamten, sowie gegen das Mitglied der königl. Staatsanwaltschaft steht dem Staate ein Regrefsrecht nur in dem Falle zu, wenn es rechtskräftig festgestellt ist, dafs ihre Handlung oder ihr Versäumnis, welche als Ursache der Entschädigung diente, ein Disziplinar-Vergehen oder eine strafbare Handlung ist.

Der bezügliche Anspruch ist im Laufe des Disziplinar- oder Strafverfahrens, eventuell im Zivilprozefswege geltend zu machen.

Gegen andre kann das Staatsärar sein Regrefsrecht ohne die im zweiten Absatze dieses Paragraphen festgestellte Einschränkung geltend machen.

§ 589. Derjenige, der durch eine falsche Anklage oder eine falsche Zeugenaussage, sowie auch jener öffentliche Beamte, der mit irgend einer der im zweiten Teile Kapitel X oder XII des Ges.-Art. V vom Jahre 1878 enthaltenen strafbaren Handlungen die unschuldig erfolgte Verurteilung oder die vorläufige Festnahme, beziehungsweise Untersuchungshaft eines andern verursacht hat, schuldet volle Entschädigung für jenen Schaden am Vermögen, welchen der Verurteilte oder der Verhaftete infolgedessen erlitten hat, insofern der Entschädigungsanspruch festgestellt ist (§ 587) und der Schaden die auf Grund des § 580 gewährte Entschädigungssumme übersteigt.

Der zur Entschädigung Berechtigte kann in diesem Falle anstatt der Entschädigung ein Schmerzensgeld bis zu dem Betrage von zwei tausend Kronen fordern, dessen Betrag das Gericht nach seiner Einsicht festsetzt.

## XXXII. Kapitel.

## Schlufsbestimmungen.

§ 590. Mit dem Inslebentreten dieses Gesetzes verlieren die mit diesem Gesetze in Widerspruch stehenden Bestimmungen der Gesetze, Verordnungen, Vorschriften und des Gewohnheitsrechtes ihre Wirksamkeit.

§ 591. Dieses Gesetz ist in den auf die Gefällsübertretungen bezüglichen Angelegenheiten nicht anzuwenden.

§ 592. Über den Zeitpunkt des Inslebentretens dieses Gesetzes und die Übergangsbestimmungen handelt ein besonderes Einführungs-Gesetz.

Mit dem Vollzuge dieses Gesetzes wird der Justizminister betraut.

---

Druck von Leonhard Simion in Berlin SW.

Kolibri 360 GmbH
Ferdinand-Jühlke-Straße 7
99095 Erfurt, Deutschland
produktsicherheit@kolibri360.de